古典文獻研究輯刊

三七編

潘美月・杜潔祥 主編

第30冊

《瀛舟筆談》點校本（上）

〔清〕阮亨 記

羅恰、張曉沖 點校

國家圖書館出版品預行編目資料

《瀛舟筆談》點校本（上）／羅恰、張曉沖 點校 -- 初版 --
新北市：花木蘭文化事業有限公司，2023〔民112〕
目 2+150 面；19×26 公分
（古典文獻研究輯刊 三七編；第 30 冊）
ISBN 978-626-344-493-5（精裝）
1.CST：瀛舟筆談 2.CST：研究考訂
011.08   112010531

ISBN-978-626-344-493-5

古典文獻研究輯刊
三七編　第三十冊　　　　　　　ISBN：978-626-344-493-5

《瀛舟筆談》點校本（上）

作　　者　羅恰、張曉沖（點校）
主　　編　潘美月、杜潔祥
總 編 輯　杜潔祥
副總編輯　楊嘉樂
編輯主任　許郁翎
編　　輯　張雅淋、潘玟靜　美術編輯　陳逸婷
出　　版　花木蘭文化事業有限公司
發 行 人　高小娟
聯絡地址　235 新北市中和區中安街七二號十三樓
　　　　　電話：02-2923-1455 ／傳真：02-2923-1452
網　　址　http://www.huamulan.tw 信箱 service@huamulans.com
印　　刷　普羅文化出版廣告事業
初　　版　2023 年 9 月
定　　價　三七編 58 冊（精裝）新台幣 150,000 元

《瀛舟筆談》點校本（上）

羅恰、張曉沖　點校

作者簡介

　　羅恰，男，本名怡，曾用名昊宸，字伯宇，西元 1986 年生，湖北應城人，歷史學碩士，現為湖北省博物館館員，主要從事古籍版本學、校勘學、出土文獻與古文字學的研究工作，在各類學術刊物及學術會議上公開發表論文 30 餘篇，編撰著作 2 部，點校古籍 1 部，參與國家級重大、重點、一般社科項目數項。

　　張曉沖，女，西元 1981 年生，湖北武漢人，現為湖北省博物館館員，主要從事古籍保護研究工作，發表論文數篇。

提　要

　　《瀛舟筆談》一書，為阮元堂弟阮亨所編，其內容主要記錄了阮元鎮壓海盜、辦賑救災、詩文唱和以及與目錄學、金石學研究有關的史事、文章，著書目的大致是為表揚阮元的學術與政績。全書共十二卷，大略以事分卷，內容十分豐富。由於書中保存了一批不見於他書的珍貴史料，且所收錄之詩文與通行本存在大量異文，因而對於阮元本人、東亞海盜史、版本目錄學、金石考據學、乾嘉學人以及學術史等方面的研究都具有重要價值，故近代以來不少學人曾加以評介或引用，如葉德輝、梁啟超、張舜徽、來新夏、漆永祥等。

　　《瀛舟筆談》原刻於嘉慶二十五年（1820），迄今再無他版，也從未有學者對其進行過整理點校，相關專題研究幾近於無。一直以來，此書都只有原刻本流傳，但頗為少見，近來雖有影印本行世，亦不易得。由於年代久遠、流傳不廣以及版刻錯誤較多等原因，極大影響了學者對此書的研究與利用。本次點校，力爭為學界提供一個相對便捷的本子，以期促進有關學術進步。

目

次

前　言

　　《瀛舟筆談》一書乃阮元從弟阮亨所編，原刻於清嘉慶二十五年（1820）。全書共分十二卷，無卷目，大略以事分卷，錄入有關資料，其中卷一至卷三記錄阮元鎮壓蔡牽、朱濆等海盜的有關史事，主要內容即所謂《洋程筆記》與《續洋程筆記》。卷四至卷五主要記錄阮元在浙江整修孔廟、建立詁經精舍以及辦賑救災等政事，其在浙江辦賑之事，即張鑑所編《兩浙賑災記》。卷六至卷十主要記錄阮元及其友朋、僚屬與親族的詩文、軼事。卷十一記載阮元撫浙時採進各書之提要，即《四庫未收書目提要》。卷十二記載阮元積古齋所藏金石器物的有關考證及詩文。張宗泰說「統觀是書，大致為表揚其兄雲臺先生起見。」〔註1〕所說大抵不差。

　　阮亨（1783～1859），字梅叔，號仲嘉，阮元從弟，過繼給阮元二伯父阮承義為子。據亨自述：「父諱承義，字方訓，弱冠後早卒，貤贈翰林院庶吉士。亨以姪繼為後。亨本生父諱承春，字載陽，縣學生員，深於儒術。」〔註2〕阮亨年未弱冠，即能詩歌。王豫《羣雅集》稱：「梅叔為雲臺中丞哲弟，耽吟詠，無貴介習。輯《瀛舟筆譚〈談〉》《珠湖草堂筆記》，以品詩表人為主。家蘭泉司寇公嘗曰：『江淮間詩道干城，端推梅叔。』在都中作《蕉花曲》，傳誦輦下。童蕚君工部有句云：『小欄曾倚吟花客，衫影分明漾碧羅』，稱為『阮蕉花』。」〔註3〕嘉慶二十三年（1818），阮亨貢舉「副榜第一」。咸豐元年（1851），舉孝

〔註1〕　（清）張宗泰：《魯巖所學集》卷十《書阮亨瀛舟筆談後》，清道光三十年（1850）刻本，第 12 頁 a。

〔註2〕　（清）阮亨：《瀛舟筆談》卷六，清嘉慶二十五年（1820）刻本，第 6 頁 b。

〔註3〕　（清）王豫：《羣雅集》卷三十二《阮亨》，清嘉慶十二年（1807）刻本，第 11 頁 b。

廉方正不就。「晚遭兵亂，境益坎坷而吟興不衰，卒年七十六。」〔註4〕阮亨幼隨阮元讀書，詩文精敏，稍長入其幕，長期跟隨左右，與王豫、符葆森、江藩等相善，曾受阮元委任，主持彙輯《文選樓叢書》。阮亨一生編撰、輯校有《瀛舟筆談》《珠湖草堂詩鈔》《珠湖草堂筆記》《廣陵名勝圖》《皋亭唱和集》《淮海英靈續集》《廣陵詩事補》《律賦經畬集》等書。〔註5〕劉梅先有詩云：「瀛舟隨筆富篇章，點筆珠湖舊草堂。豈僅一家私記述，網羅文獻極輝煌。」〔註6〕可謂稱譽有加。

　　關於《瀛舟筆談》一書，梁啟超云：「實一種別體之年譜」，〔註7〕來新夏說：「此書雖纂輯不得其例，但所錄入各類資料，尚有參考價值」。〔註8〕是書編次雖稍顯蕪雜，但所錄內容頗值得重視。首先是保存了一批珍貴的海盜史料，尤以涉及蔡牽、朱濆的史料為多，且以日記形式敘述，並大量援引阮元有關奏摺、書信內容，許多不見載於他書，是研究清代嘉慶年間東南沿海海盜問題的重要資料。書中對於一些海盜幫派的介紹較為詳細，諸如盜首、盜船數量、活動情況等都有記述，這在其他史料中甚為少見。其中關於蔡牽、朱濆的內容尤為重要，所錄包括其活動軌跡、與官兵作戰情況、最後被剿滅情形等，相比張鑑所編《雷塘庵主弟子記》的內容更為豐富，對於相關問題之研究，顯得十分珍貴。其次是記載了阮元在杭州建詁經精舍、辦賑救災等事，錄入了大量阮元友朋、僚屬、親族的詩文及生平傳記資料，其中許多詩文或為佚文，或與通行本存在異文，更有眾多人物生平、交遊活動不見於他書，涉及大批乾嘉學人，涵蓋眾多名家，如朱珪、劉墉、翁方綱、錢大昕、王念孫、洪亮吉、孫星衍、

〔註4〕（清）英傑修，（清）晏端書等纂：《續纂揚州府志》卷十三《人物五·文苑》，清同治十三年（1874）刻本，第21頁b。

〔註5〕參見南京師範大學古文獻整理研究所：《江蘇藝文志·揚州卷》，南京：江蘇人民出版社，1995年，第508~510頁。不少論著提及《春草堂叢書》乃阮亨所作，實乃以訛傳訛。此書又名《春草堂集》，為謝塈所撰，有道光二十五年（1845）刻三十六卷本，阮亨題簽並作序。阮亨序中明言：「甘泉謝君佩禾，幼孤苦，隱於市，喜詩文詞曲，兼工蕫字……其將平日所著書十一種，在曲阜彙刻巾箱本……予不獲辭，即署其首曰《春草堂叢書》云。」同書孔慶鎔《重刻春草堂集序》云：「春草堂集者，謝君佩禾之所著也。」是書卷端署名即作「甘泉謝塈佩禾」。

〔註6〕劉梅先著，趙昌智整理：《揚州雜詠（外三種）》，揚州：廣陵書社，2010年，第35頁。

〔註7〕梁啟超：《飲冰室合集·文集》卷四四下《書籍跋·阮仲嘉瀛舟筆談》，上海：中華書局，1936年，第16頁。

〔註8〕來新夏：《清人筆記隨錄》，北京：中華書局，2008年第2版，第345頁。

焦循、凌廷堪、汪中、江藩、王昶、邵晉涵、程瑤田、陳壽祺、張廷濟、姚文田、張惠言、劉逢祿、凌曙、惠棟、陳鱣、洪頤煊、朱為弼、張鑑、張廷濟、鮑廷博等，都是當時以及後世影響較大的學者，對於乾嘉學術史和文學史的研究頗具參考價值。最後是書中收錄了一百零五種古籍善本提要以及阮元積古齋所藏金石器物的有關考證文章，對於版本目錄學、考古學、古文字學等相關學科研究都具有參訂價值。

一、保存了大量清嘉慶年間中國東南沿海一帶海盜活動史料

清嘉慶年間，中國東南沿海一帶海盜活動猖獗。《清稗類鈔》記載：「嘉慶初，東南海上多盜，曰鳳尾幫，曰水澳幫，曰蔡牽幫，閩盜也。曰箬橫小幫，浙盜也。曰朱濆幫，粵盜也。續出者，有黃葵幫及和尚秋等小盜，則皆閩、粵間人。」〔註9〕此外還有越南過來的「夷盜」。這些海盜集團規模大、實力雄厚，如蔡牽甚至發展到「謀佔台灣，僭號稱王」，給清廷的統治帶來巨大威脅。

嘉慶四年（1799）冬，阮元出任浙江巡撫，始籌劃剿滅海盜之事。《瀛舟筆談》中有關海盜的史料，集中在前三卷，其中卷一記載了阮元在嘉慶四年撫浙後鎮壓蔡牽一夥和越南海盜的有關史事與詩文，卷二的主要內容是阮亨根據阮元幕友所作《洋程筆記》，以日記形式擇錄嘉慶四年冬至十年夏阮元剿滅鳳尾幫、水澳幫、越南海盜的大事記，卷三主要講述的是嘉慶十三年夏至十四年八月，阮元再次巡撫浙江時最終剿滅蔡牽等海盜的史事。與《雷塘庵主弟子記》所記有關內容相比，所載內容更為豐富和具體。

書中對於安南艇匪、浙洋土盜以及蔡牽海盜集團活動情況的記載十分詳細，收錄的大量阮元以及閩、浙大員上呈嘉慶帝的奏摺，是了解當時中國東南沿海海盜情況的珍貴史料。如關於安南艇匪的武器裝備、人員數量，卷二所錄《起程前赴溫台查辦艇匪請添設船砲摺》便描述了很多細節：

> 艇匪船高砲大，舷邊圍裹牛皮，網紗甚厚，其船比兵船大至三
> 四倍。兵船砲子重者不過斤許，匪船砲子重至十三四斤。三鎮兵丁
> 合計不過三四千人，匪船二百餘隻，總計約有萬人。

又如越南海盜首領倫貴利的出身及活動軌跡，卷二所錄一摺亦說得很詳細：

〔註9〕徐珂編撰：《清稗類鈔》，北京：中華書局，1984年，第5305頁。

倫貴利即王貴利，原籍廣東澄海縣，於乾隆五十九年投入安南匪艇，跟隨該國寶玉侯，與農耐國打仗有功，封為善體隊統兵、貴利侯，給與劄付一紙。因該國避稱「王」字，改姓為倫，娶妻蓄髮。第三年，又給劄付一紙，加封為善體隊大統兵、進祿侯。今年，該國王派伊同善體三和侯總兵耀、善體後支大統兵總兵金、善體後支統兵總兵南率領艇船二十八隻，並各帶印信砲械，駕駛巡海。總兵耀與伊商量，瞞著國王私來浙江行劫，椗泊太平縣龍王堂洋面。

書中關於浙江沿海一帶海盜的記載，給後人研究當時浙江海盜幫派的情況提供了有力的依據。諸如箬黃幫、鳳尾幫、補網幫等，書中對各幫盜首、盜船數量、活動情況都有詳略不等的介紹，這在其他史料中是比較罕見的。[註10] 對於蔡牽一夥海盜的記載，尤為詳備，從其出沒軌跡、人員裝備、官兵追剿情況、覆滅下場等均有記錄，如蔡牽頻繁出沒於浙江沿海的時間、地點、船隻數量的記載就十分具體，[註11] 許多細節不見於他書，其首次出現在浙境的時間，書中卷二就有記載：

> （嘉慶五年）七月初六日，據平陽縣楊鑅稟報，六月二十六日蔡牽幫盜船七十餘隻竄入浙境，被陸路兵勇堵禦，遂遁往溫屬之三盤洋。

嘉慶十二年冬，蔡牽因被浙江提督李長庚率兵追剿窮蹙，遠遁廣東、越南沿海一帶。嘉慶十三年，蔡牽與朱濆合夥，實力驟增，於七月初七日率領五十餘船再次犯浙，至定海一帶。書中卷三錄有一摺略云：

> 據定海文武稟報，盜船五六十隻分合不常，有烏底艇船、橫洋大艍及夷式大洋船在內。又據寧紹台道稟，探查南來匪船，蔡牽及朱濆俱在船內，在東北外洋分幫遊奕。

從摺中可以看出蔡牽一夥裝備的船隻質量甚高。蔡牽之覆滅經過，書中亦交待得十分詳盡，從嘉慶十四年七月十七日蔡牽一夥再次竄入浙江沿海，官兵隨即追剿，一直到八月十八日閩、浙兩省舟師合力將之剿滅，生擒多少人、斬首多少顆、繳獲多少炮械、官軍自身傷亡情況無一不詳。特別是書中收錄的有關奏摺內容，記述得更為細緻具體。

〔註10〕 楊躍贇：《〈瀛舟筆談〉的海盜史料價值》，《名作欣賞》2018 年第 14 期，第 60 頁。

〔註11〕 松浦章據《瀛舟筆談》所載有關內容做過細緻統計，見氏著《清代帆船東亞航運與中國海盜研究》，上海：上海辭書出版社，2009 年，第 302～303 頁。

　　書中除了記載海盜一方的情況，對於阮元為肅清海盜而做的大量工作，亦詳加記錄。如阮元在沿海一帶實行的杜絕接濟、編查保甲之法，首創的分船隔攻之法，設計製造新式戰船等細節，均有記錄。

二、收錄了大量乾嘉學人的集外佚文

　　阮元是文壇巨擘，其所交遊對象涵蓋了大批乾嘉學人。《瀛舟筆談》一書收錄了眾多相關詩文，其中許多為散佚文獻，不見於傳世詩文集中，具有很高的輯佚價值。如卷一所錄阮元的佚詩：

> 殘臘孤山感歲華，蕝祠風暖有梅花。年來選得聯吟處，半是蘇
> 家半白家。

> 中書省筆烏臺簡，明聖湖樓虎阜詩。高處不寒閒處樂，多應遠
> 勝長公時。

　　此二首詩為嘉慶十年（1805）阮元和馮培所作，阮氏《揅經室集》未收。又如《同人分詠遠物得紅毛時辰表》一詩，《瀛舟筆談》卷八云：「此詩兄於稿中自刪之。」〔註12〕阮元的佚文亦有收錄，如卷七所記其總裁己未會試時所作《衡文瑣言》，所論與科舉作文有關，大抵乃自身體會，不無可取之處，茲摘錄兩條於下：

> 鄉試之題，須兼容並包，即題不能兼併各事，亦須以三題並配
> 用之。出一題，須合化、治、正、嘉、隆、萬、天、崇各法及國初江
> 西派墨卷諸家皆下得手。為鄉試大題，若徒偏於一家，則有棄材。

> 不能為唐、宋人古近體詩者，其為試帖也必俗矣。不工可也，
> 俗不可也。

　　嘉慶九年（1804）浙江水災，阮元在賑災時所作《賑廠札諭》一文，對開廠煮賑施粥之若干細節一一開列明示，以禁絕侵蝕冒濫諸弊，可見其施政之細，實為救災史之可貴史料。如其中一條對米粥質量的規定，就極為細緻：

> 米粥大口須實有四合，小口須實有二合，不得稍有虧短。倘人
> 多粥少，即給以米。粥糜務要稠厚如原奏，以裏巾不滲、立筯不倒
> 為度。嚴查水火夫等攪和穈秕、石灰等物，如有此等弊端，是救民
> 適以害民，一經察出，必將作弊者立斃仗下，官員紳士皆大干未便。

　　其他學人之佚詩文如卷八所錄江藩所作舊鏡銘：

〔註12〕《瀛舟筆談》卷八，第 6 頁 a。

古鐵頑銀不計年，道袍一拂泠光鮮。分明照得人間事，賣與無
鹽不值錢。

江藩與阮亨友善，其《漢學師承記》刊後，曾郵寄初印本給阮亨，阮亨見
而愛之，以為深得史家之體例，為之校勘並重刊，所刊之本即嘉慶二十五年
（1820）揚州黃氏藝古堂刻二酉堂藏版本。江藩詩文收錄最全者，乃今人漆永
祥之《江藩集》，而未收此銘。〔註13〕

又如卷四收錄梁同書所作《嘉禾謠》，原題於馮洽《嘉禾應瑞》圖上，同
題者汪志伊、周春、吳錫麟、馮集梧、阮元、孔廣平、莫晉數人，而梁同書居
首。〔註14〕梁同書為清代著名書法家，追求自然，名滿天下，與翁方綱、劉墉、
王文治並稱「翁劉梁王」四大家，亦能詩，然詩名為書名所掩，著有《頻羅庵
遺集》，集中未收此詩。

又乾嘉學者孫星衍著述宏富，所刻有《問字堂》《岱南閣》《五松園》《嘉
穀堂》《平津館》諸集，而未入集者尚多，後人輯集者不止一家。《瀛舟筆談》
卷六所收有孫星衍《大清誥封光祿大夫戶部左侍郎加三級阮公湘圃暨妻林夫
人合葬墓誌銘》一文，「阮公湘圃」即阮元父阮承信，諸集均未收此文。

其他集外佚文如童槐《李忠毅公致阮儀徵師手札第一卷跋》《李忠毅公致阮
儀徵師手札第二卷跋》，童氏《今白華堂文集》未收；洪亮吉《題阮梅叔珠湖漁
隱圖》與《西漢定陶鼎歌寄阮雲臺中丞》，今人劉德權所點校《洪亮吉集》為目
前所見最為完備的洪亮吉詩文集，然未收此二詩。其他佚文尚夥，不能盡列。

三、收錄之詩文與通行本存在大量異文

《瀛舟筆談》一書除收錄了許多散佚文獻外，還有大量詩文與通行本存在
異文，有些是個別字詞的不同，有些是整句整段的差異，這些異文並非訛脫衍
倒導致，而是或可兩存，為研究寫作者的創作思想提供了珍貴材料。

如卷一所錄許宗彥《臘月十九日蘇公祠小集》一詩云：

蘇公祠宇水彎環，故事來修許共攀。南斗辰原同吏部，西湖祀
合並香山。雲頭暖意堆晴絮，酒面春風露翠鬟。滿院梅花香不斷，
羅浮昔夢試招還。

〔註13〕 參見高明峰：《江藩佚文稽考》，《古籍整理研究學刊》2016 年第 6 期，第 26
頁。

〔註14〕 此手卷題名下署「嘉慶甲子十月立冬前一日崔山人馮洽」，見《西泠印社 2011
年春季拍賣會·中國書畫古代作品專場拍賣圖錄》第 1270 號拍品。

許氏《鑑止水齋集》卷四題作《蘇文忠公生日項金門墉招集祠下》，不僅個別字詞有所不同，如「辰原」作「生還」，乃至整句都有改動，如「蘇公祠宇水彎環，故事來修許共攀」作「梅花滿樹綴苔斑，夢醒羅浮在此間」，「滿院梅花香不斷，羅浮昔夢試招還」作「蘋藻年年期此日，詩人故事許同攀」。

又如卷四所錄朱為弼《第一樓詩》云：

> 已開廣廈萬千間，大庇橫經弟子班。學溯無雙齊北海，樓名第一對南山。羣仙絳節時相過，下界丹梯尚可攀。入夜憑欄向空望，文昌珠彩照江關。

朱氏《蕉聲館詩集》卷二題作《登西湖第一樓》云：

> 大開廣廈萬千間，底得傳經弟子班。學海淵源傳鄭許，瓊樓氣象鎮湖山。羣仙考餉時相過，上界軒楹信可攀。入夜憑欄看空闊，文昌珠彩照江關。

短短 56 個字，竟有 25 個字的差異。

再如卷六所錄查揆《誥封光祿大夫湘圃太老夫子七十壽序》一文，查氏《筼谷文鈔》卷四亦有收錄，題作《誥封光祿大夫阮湘圃先生七十壽序》，全篇兩千字左右，兩相對讀，異文達四十處以上。個別字詞不同之處如「曳鄭尚書之履綦，奉王太保之如意」一句，《筼谷文鈔》作「曳尚書之履綦，執太保之如意」，「金藻四升，罽帳百尺」一句，《筼谷文鈔》作「金灌四升，罽帳百步」等；整句不同之處如「獻海人之膏，酌榨里之醴。婁留三浙，江水騰歡；姑蔑百城，部民負曝」一句，《筼谷文鈔》作「上方文綺，出供官廚；南海伽楠，濃熏寶鼎」等。

全書所錄與傳世詩文集有異文之詩文甚多，難以枚舉，茲檢出數例，如阮元的《臘月十九日蘇公祠小集》《初秋台州曉發》《戊辰五月辦賊至寧波為前提督壯烈伯李忠毅公建昭忠祠哭祭之》《海運考跋》《嘉禾圖跋》《雷塘阮公樓石刻象記》《送趙介山李墨莊奉使冊封琉球》，朱為弼的《阮芸臺中丞師閱兵海上呈詩四首》，焦循的《神風蕩寇記》《春秋上律表序》《孝女王淑春墓碑》，孫星衍的《重修台州府松門山天后宮龍王堂碑記》《詁經精舍題名碑記》《第一樓詩》，程瑤田的《杭州府文廟增鑄鎛鐘紀事》，陳壽祺的《誥封光祿大夫湘圃太老夫子七十壽序》《周邌仲觶》，孔璐華的《聖駕巡幸闕里隨祖母程太公夫人恭迎宮輦》《冬日雷塘墓廬有感》《江北不養蠶因從越中取蠶種來揚州採桑飼之得繭甚多詩以紀事》《詠牡丹》《漢金釭歌》，張鑑的《同人皋亭看桃花作》《商父

乙觶》《東晉興寧二年俞氏所作甌》，凌廷堪的《寄阮中丞書》，陳鱣的《論語古訓敘》等。

　　評價某篇文學作品，一般當以作者詩文集所收錄之文本作為依據，然而某些異本也一定程度上保留了作者的創作痕跡，尤其是時間相較更早的異本，這些異文對於深入研究作者的創作思想無疑具有十分重要的意義。

四、記載了大批乾嘉學人的生平事跡

　　阮元一生交往的學者、文人很多，有研究者統計超過四百名，這其中尚不包括與之無學術關係或者僅僅是偶有交往之人。〔註15〕《瀛舟筆談》卷六至卷十集中記錄了阮元及其友朋、僚屬與親族以及一批乾嘉學者的詩文、軼事，許多人的生平事跡不見於他書，端賴《瀛舟筆談》之記載而得以為人所知，如顧炎武曾名圭年，謝啟昆曾輯《史籍考》，談泰作《疇人傳》等。〔註16〕特別是一些軼事遺聞、詩詞文章，於學術史、文學史等均有參考價值。《瀛舟筆談》記載這批學人的內容，從體例上看，很多類似詩話，雖是零碎片段，亦彌足珍貴。如卷七記載王述曾的事跡云：

　　　　仁和王述曾研精博物，尤精小學。余兄為學使時，即深加賞識，拔置詁經精舍。惜天不假年，未及三十而卒。所著《爾雅輯略》，區分八門，為訂誤、正讀、脫字、衍文、舊文、古字、雙聲、反訓，援引精博，多出邵氏《正義》之外。又著《爾雅釋草辨類》，旁徵載籍，尤多得之目驗。嘗謂《爾雅》一書，可以旁通諸經，而一經之中，亦可自相為通，如《釋宮》「東西牆謂之序」，凡「序」之誼可通於敘立之「序」、習射之「序」。「根謂之楔」，凡「根」之誼可通於掌距之「掌」、車掌之「掌」。「其上楹謂之棳」，注云：「侏儒柱也」，而《釋蟲》「蜘蛛」，《方言》亦謂之「蝃」，又謂之「侏儒」。《釋木》：「痤，接慮李」，而《通俗文》曰：「侏儒曰矬，矬與痤通」，是凡言短者之通誼也。又如《釋器》：「緱罟謂之九罭」，不知馬鬣謂之「騣」，樹之細枝謂之「蕘」，布之八十縷亦為「緵」也。「附耳外謂之釴」，

〔註15〕美籍學者魏白蒂曾做過統計，見氏著《清中葉學者大臣阮元生平與時代》，《江蘇學術文化譯叢》，揚州：廣陵書社，2017年，第201頁及同書《附錄Ⅲ：與阮元交往的學者》，第304～312頁。按，實際數字當不止此數，如洪亮吉、伊秉綬、管幹貞、奚岡、許珩等人就未計入。
〔註16〕《飲冰室合集·文集》卷四四下，第16頁。

不知木本謂之「氐」「柢」，謂之「櫐」，門閫亦謂之「櫐」也。「屬
者嶧」，「嶧」之誼為「連」，而《釋言》：「駉，遽傳也」，《釋天》：
「繹，又祭也。周曰繹。」皆可例也。《釋魚》「魁陸」，「陸」之為言
圓而厚也，誼可例諸《釋地》之「高平曰陸。」「蜻小而楮」，「楮」
之而言狹而長也，誼可例諸《釋山》之「巒，山墮」。是說先儒所未
發也。

王述曾，字省吾，號木齋，生年不詳，卒於嘉慶九年（1804）。其除《爾
雅輯略》及《爾雅釋草辨類》外，另撰有小學考證之作《毛詩異字考》《爾雅
猶字說》《爾雅草木蟲魚鳥獸同名考》《爾雅釋草辨類序》《孟子周禮田制異同
考》五篇〔註17〕與《喪服子夏傳》一書〔註18〕，惜未及三十而卒，他書中關於
其生平記載寥寥。其所論《爾雅》諸條，多有可取之處。

又如卷八記載蕭霖臨終時曾將遺稿託付王豫之事云：

> 江都蕭雨垓霖所著有《曙堂詩稿》，其詩抑塞磊落，多幽燕之意，
> 以官終於滇。其未卒之先，頗耳丹徒王柳村豫之名，而未謀面。將
> 卒，因以遺稿數千里緘託其付梓。柳村為人重然諾，遂慨然任其事。
> 因以其詩示余，且乞序。余為誦漁洋山人「君看少谷山人死，獨有
> 平生王子衡」之句。

蕭霖，字雨垓，號曙堂，江都人，乾隆二十一年（1756）舉人，後任雲南
思茅廳同知，任內建玉屏書院，曾參訂《滇南詩略》，為該書撰寫序文並評點。
蕭霖託付王豫刊刻遺稿之事似未果。今哈佛大學燕京圖書館藏有《曙堂詩稿》
之謄清稿本，紙用雲南薄皮紙，行格間有挖改補寫之跡，各家書目皆未著錄。
〔註19〕似此類記述，不僅有助於版本流傳之研究，亦有裨於相關文學研究。

又如清代輯佚學家袁鈞，字秉國，一字陶軒，號西廬，浙江鄞縣人。曾經
阮元、謝啟昆、秦瀛等舉薦，授六品銜。後主講稽山書院，以著述終老。生平
於康成一家之學研究最深，輯有《鄭氏佚書》二十三種，七十九卷。其曾助謝

〔註17〕以上均見嚴杰輯《經義叢鈔》，收入《皇清經解》第一千三百八十二卷，汪家
　　　　禧《東里生爐餘集》卷末亦有附錄。
〔註18〕《販書偶記》記此書有嘉慶間果居山房刻本，今未見。見孫殿起錄：《販書偶
　　　　記》，北京：中華書局，1959 年，第 29 頁。
〔註19〕見沈津：《書城挹翠錄》，上海：上海社會科學院出版社，1996 年，第 366 頁。
　　　　《曙堂詩稿》稿本今已收入樂怡整理：《美國哈佛大學哈佛燕京圖書館藏稿鈔
　　　　校本彙刊》第一百一十二冊、一百一十三冊，桂林：廣西師範大學出版社，
　　　　2016 年。

啟昆輯《史籍考》一事，《瀛舟筆談》卷九有記載云：

> 甬上袁陶軒徵士鈞，予兄所舉士也。從謝韞山中丞、秦小峴觀察游最久。嘗客中丞麗澤軒，修輯《史籍考》。為詩自寫胸臆，不盡規摹古人，而氣格自蒼老。秦川公子，家世中落，故多顓頊婉篤之音。

此段記載對其詩作風格亦有評論，為我們了解袁鈞生平提供了可貴材料。

書中所載其他人物尚有近二百人之多，多同時錄有相關詩文作品，於乾嘉時期之學術、文學研究足資考訂。

五、所錄善本書提要於《四庫未收書提要》有校勘價值

阮元在浙江任內，曾訪得四庫未收書一百七十餘種進呈內府，每進一書，即仿四庫提要之式作提要一篇上奏。道光二年（1822）其子阮福校刻《揅經室集》時將這些提要收入，名曰《揅經室外集》，即《四庫未收書提要》。《瀛舟筆談》卷十一所錄為其中一百零五種提要。兩相對勘，可發現《四庫未收書提要》諸多訛脫之處。

訛：

1.「至順鎮江志二十一卷提要」一條，「鎮江在宋為邊防之地，故其志攻守形勢，網羅古今」之「攻」字，《外集》誤作「岐」，《瀛舟筆談》不誤。

2.「南海百詠一卷提要」一條，「每題之下，各詳其顛末」之「詳」，《外集》誤作「詞」，《瀛舟筆談》不誤。

3.「玉山璞稿二卷提要」一條，「事蹟附《明史・陶宗儀傳》後」，《外集》誤「明」為「元」，《瀛舟筆談》不誤。

4.「注解章泉澗泉二先生選唐詩五卷提要」一條，「其餘諸家皆寥寥」，《外集》誤「餘」為「於」，《瀛舟筆談》不誤。

5.「王周士詞一卷提要」一條，「王以寧」，《外集》皆誤作「王以凝」，《瀛舟筆談》不誤。

6.「詞源二卷提要」一條，「用字紃聲之法」，《外集》誤「紃」為「紀」，〔註20〕《瀛舟筆談》不誤。

7.「皇宋通鑑長編紀事本末一百五十卷提要」一條，「故知此書出仲良手」之「書」字，《外集》誤作「事」，《瀛舟筆談》不誤。

〔註20〕第1～6條訛誤之處，傅以禮早已指出，分別見（清）阮元撰，傅以禮重編：《四庫未收目提要》，上海：商務印書館，1955年，第31頁、78頁、83頁、88頁、94頁、98頁。惟傅氏將《瀛舟筆談》書名誤作《瀛洲筆談》。

8.「爾雅新義二十卷提要」一條，引有一段評述陸佃關於「蚕」字的解釋，茲照錄《瀛舟筆談》原文於下：

> 《釋蟲》：「蟥蚓蟹蚕」，佃則以「蚕」字連下「莫貃」為句，注
> 云：「蚕老而後眠。」不知《經典釋文》讀「蚕」為「他典切」。

此處所謂「蚕」字，《廣韻》云：「蚕，《爾雅》曰：『蟥蚓，蟹蚕。』郭璞云即蛶蟺也。江東呼寒蚓。」《廣雅》云：「蛶蟺，蚯蚓也。」可知非「春蠶」之「蠶」。因「蠶」之俗字有作「蚕」形者，《外集》不查，遂將此處作「蚯蚓」講之「蚕」字全訛作「蠶」，而《瀛舟筆談》不誤。

9.「回溪史韻二十二卷提要」一條，《外集》所述一段文字云：

> 今書平韻自一東至四江、七之至十一模共五卷，上聲一董至三
> 十六豏共八卷，去聲十四泰至五十九鑑共六卷，入聲十二昔至三十
> 四乏共四卷，通計二十三卷，較彝尊見時已多五卷，安知後日不更
> 有多於此者。

而前文引朱彝尊跋云此書合計十七卷，與此處云「通計二十三卷，較彝尊見時已多五卷」不合。《瀛舟筆談》此段文字作「今書平韻自一東至四江、七之至十一模共四卷……通計二十二卷，較彝尊見時已多五卷」，數目正合，知《外集》文字有誤。

10.「嘉量算經三卷提要」一條，「中卷由開方以及十二律通長面冪容積周徑」之「冪」字，《外集》誤作「幕」，《瀛舟筆談》不誤。

11.「策學統宗前編五卷提要」一條，「心易譚異中叔剛校正，存理譚金孫叔金選次，桂山譚正孫叔端訂定」之「譚異中」，《外集》誤作「談異中」，《瀛舟筆談》不誤。

12.「詩苑眾芳一卷提要」一條，述其書作者有名「鄭傳之」者，《外集》誤作「鄭傅之」，《瀛舟筆談》不誤。

凡此諸種，均可據《瀛舟筆談》訂正《外集》之誤。

脫：

1.「王徵士詩集八卷提要」一條，「洪武初，徵為諸王說書」一句，《外集》脫「王」字。

2.「蘋州漁笛譜二卷提要」一條，《外集》「宋周密撰。密著有《癸辛雜識》，《四庫全書》均已著錄」一句，《瀛舟筆談》作：

> 宋周密撰。密字公謹，本濟南人。其曾祖自南渡來居吳興，因

號弁陽老人。所著如《癸辛雜著》《武林舊事》《齊東野語》及《絕
妙好詞》,《四庫全書》均已著錄。

《外集》缺漏不少文字。傅以禮云依《外集》之體例,凡撰人已見四庫全
書總目者,其事蹟概不複載,故原本刪去。〔註21〕或是。

3.「禮記要義三十三卷提要」一條,「昭垂卷首,流傳永久,嘉惠藝林」一
句,《外集》無「流傳永久」四字。

4.「華陽陶隱居集二卷提要」一條,「梁陶弘景撰」與「弘景有《真誥》」
之間,《外集》無「弘景字通明,丹陽秣陵人也。自號華陽隱居。事蹟詳《南
史》本傳」一段文字。

5.「南華真經注疏三十卷提要」一條,「清言曲暢」與「至序文云」之間,
《外集》無「實足與孔穎達之疏相上下」十一字。

6.「詩傳注疏三卷提要」一條,「宋謝枋得撰」下,《外集》無「枋得事蹟
詳《宋史》」七字。

7.《瀛舟筆談》所收「資治通鑑釋文三十卷提要」一條,《外集》未收,而
是收於《揅經室二集》卷七,題作「史炤通鑑釋文跋」,兩文對勘,《二集》所
錄內容在「未免太過」與「三省以地理名家」之間少一段文字。此段文字事關
對胡三省音注之評論,可供相關研究之用,茲迻錄於下:

> 今以炤本與三省本參校,如秦之「范雎」本「千餘切」,而胡改
> 音「雖」;唐之「李芃」本「蒲紅切」,而胡改「居包翻」,遂使「雎」
> 「睢」莫別,「芃」「芃」互淆,豈非以不狂為狂乎?

8.「洞霄詩集十四卷提要」一條,《外集》在「因仿《四庫全書》伯牙琴之
例,歸諸宋人」後無「從其志也。卷末有厲鶚等題詞,而書中所錄亦極修潔,
固可與鄧志並存也」一段。

9.「王周士詞一卷提要」一條,《瀛舟筆談》云「以寧走鼎州乞師解太原
圍」,《外集》無「師」字。

六、記載了大量阮元的金石鑒藏與交遊情況

阮元在金石學研究方面成果卓著、成就斐然,著有《積古齋鐘鼎彝器款識》
《兩浙金石志》《山左金石志》《皇清碑版錄》等,在乾嘉金石學界享有極高聲

〔註21〕 第1~2條脫文,傅以禮早已指出,分別見《四庫未收書目提要》,第84頁、
96頁。

譽。《瀛舟筆談》卷十二記載了阮元鑒藏的青銅器、璽印、錢幣、瓦、甎、硯、碑帖、造像石等眾多古物，於考古學、金石學、古文字學等相關研究均具參考價值。

書中記載阮元與友人之間關於金石搜訪、鑒藏以及詩文唱和的史事，亦頗有裨學林研究。如邀同人為舊藏秦、漢銅印賦詩，又將所藏古印貢入內府，有記錄云：

> 積古齋舊藏秦、漢銅印十種，在浙江撫署時曾邀同人分賦。後續得黃小松易所藏四百餘印，選其完善者二百鈕，於己巳貢入內府。餘印擇其中姓名有見於列史者，自漢至唐共得二十八鈕，予兄自為《印記》，命姪常生釋注之。

又如與申兆定有關遺事：

> 秦、漢瓦當文，其載於《三輔黃圖》及宋敏求《長安志》者，固班班可考。然猶未若乾隆間程氏敦、申氏兆定搜訪之多，著有成錄。兄於嘉慶甲子得陽曲申氏所藏二十餘瓦，以「千秋萬歲」等九瓦入貢內府，餘皆藏之祠塾。曾搨其文為譜研第二圖。

又如記載黃世發曾經在福州得古甎的事跡：

> 閩中黃孝廉世發讀書好古，有其鄉林吉人之風。嘗於福州城外得古甎二十有五，因拓其文，裝潢成冊。其甎文作雜花紋者九，作錢文者十。又一錢文反面作古衣冠士帶劍形，甚奇。又一塊有「紹熙三年」四字，大約皆五代王據閩時及南宋時物。己酉，孝廉曾攜其冊入都門，兄仿甘泉瓦例為詩（詩略）。

或他書未載，或詳於他處，凡此種種，足堪研究者利用。

阮元作為揚州學派的代表，融合了吳派的專精與徽派的通核，其金石學成就在當時達到了很高的程度，曾自作《金石十事記》敘述自己在金石學研究方面做過的十件大事：一為編撰《山左金石志》，二為編撰《兩浙金石志》，三為編撰《積古齋鐘鼎彝器款識》，四為摹刻《散氏盤》，五為摹刻《石鼓》，六為得西漢「中殿第廿八」二石，七為拓琅邪臺秦篆，八為並立漢府門之倅大石人於曲阜闕相圃，九為得四明本全拓延熹《華山廟碑》並摹刻，十為摹刻秦泰山殘篆、吳《天發神讖》二碑。〔註22〕概括而言，主要是三大類：著成金石書籍，

〔註22〕參見（清）阮元：《揅經室三集》卷三《金石十事記》，清道光阮氏文選樓刻本，第 16 頁 a～17 頁 a。

摹刻、模鑄古代金石文字以及訪得石刻古物。〔註23〕《瀛舟筆談》所錄內容基本涉及到了這幾件大事，而在許多細節上面更加具體。在記敘事跡時，往往錄有當事人的詩文，這也是一大特色。阮元的書學思想屬於碑派，其根源來自於其金石學研究，尤其是石刻學研究，〔註24〕因此研究其書學活動，往往難以與研究其金石學活動相分割。《瀛舟筆談》所記阮元金石學活動內容十分豐富，研究者有必要重視利用。

七、其他

《瀛舟筆談》卷四記載了阮元撫浙期間修葺孔廟，開設詁經精舍，創建安瀾書院、靈隱書藏，興修水利，維護祠墓，平整貢院號舍，興辦慈善事業，整頓漕務、關稅，籌畫海運，治理海塘，抓捕盜賊等政事，所錄資料豐富，對於研究阮元之生平事跡頗有價值。如阮元開設詁經精舍，與一般書院專課時文不同，而專重學問，學問到家，功名也就自然到手。書中有記載云：

> 精舍之設，原以勵品學，非以弋科名。故課藝惟用經、史、詩、古文為題，而不用時文、排律，然百餘人中前後成進士者已二十人矣。

又阮元在浙的慈善活動，《瀛舟筆談》亦有諸多記載，且十分注重細節。如設普濟堂賑濟孤貧：

> 其條例：一則通衢夏施茶水，冬施薑湯也；一則造丸藥、膏丹醫民瘧痢、傷寒、瘡癤、溫疫也；一十二月開設粥廠也；一恤嫠會月給錢也；一收瘞局掩埋枯骨也；一施捨棺木棉衣也；一設錢塘江義渡也。

又如杭州育嬰堂向來有名無實，乃至「乳母住堂間有施脂粉、致閒雜人出入者」，阮元細加整頓，「延誠實紳士經理，不准官吏涉手紳士」，甚至其夫人孔璐華「亦間遣老嫗入堂查視」，大小事項均考慮周全，嬰兒得以「不死者多矣」。

嘉慶九年（1804）浙江遭遇水災，阮元積極組織賑災，《瀛舟筆談》卷五所錄即張鑑《兩浙賑災記》全文，內有阮元辦理賑災的奏摺、札論以及嘉慶帝

〔註23〕高明一：《金石考史——「金石」在清代的學術分類與阮元〈南北書派論〉研究》，揚州博物館編：《阮元研究國際學術研討會論文集》，北京：文物出版社，2016年，第366頁。

〔註24〕參見金丹：《論阮元金石學研究的新視域》，《榮寶齋》2011年第3期，第72～76頁。

諭旨等文獻二十餘篇，對於學界相關問題之研究，彌足珍貴。其中關於開設粥廠，購米煮賑的情況記載十分具體，如粥廠選址、人手籌備、操作規程、財務監管、應急措施等等，靡不具載，無疑是一份十分珍貴的賑災史研究資料。

《瀛舟筆談》卷七載有明萬曆十二年《大字縉紳便覽》一書，云「孔夫人闕里舊書」，此書即萬曆十二年刻本《新刊真楷大字全號縉紳便覽》，現藏於中國國家圖書館。書中登載內閣、六部、翰林院、詹事府等京官職名以及各省布按、經歷、照磨、府州縣官職名，《瀛舟筆談》錄有此書京官部分。「是書在當時斷無人珍惜，而數百年後轉成希世珍，亦奇遇也。此書本阮文達公孔夫人奩中物，《瀛洲（舟）筆談》記之。」〔註25〕此書為研究明代政治史、出版史之珍貴文獻。《瀛舟筆談》首次刊載此書內容，為後續研究做了鋪墊。

《瀛舟筆談》一書原刻於清嘉慶二十五年（1820），後無再版。此次點校即以此本為底本。用於參校的資料隨校勘記注出。

點校原則如下：

一、底本有誤，據他書改正者，出校記。

二、底本不誤，他書有誤者，不出校記。

三、底本與他書有異文，文義可兩通或不能斷定是非者，不改底本原文，出校說明。

四、顯著的版刻錯誤，根據上下文可以斷定是非者，如「己、已、巳」「八、入、人」「戌、戍」「干、千」「曰、日」「束、朿」「烏、鳥」「古、占」「貴、責」「母、毋」「今、令」「侯、候」「卿、鄉」等混同之類，逕改而不出校。

五、底本原文避當朝名諱者，一般不改。引用古書而避當朝名諱者，如「唐玄宗」作「唐元宗」、「張佳胤」作「張佳允」、「丘濬」作「邱濬」、「陶弘景」作「陶宏景」、「慶曆」作「慶歷」之類，一律回改，除於首處出校說明外，餘皆逕改不出校。缺筆、改筆者一律改為正字。

六、不常見的異體字及不合規範的俗體字，如「沿」作「沿」、「船」作「舡」、「蓋」作「葢」、「虛」作「虗」、「並」作「竝」、「發」作「彂」、「低」作「佲」、「風」作「凨」等之類，改成通行的繁體字，不出校。小學著述與文中用作說解對象的異體字、俗體字等不改。

〔註25〕徐乃昌撰，柳向春、南江濤整理，吳格審定：《積學齋藏書記》，《中國歷代書目題跋叢書》（第四輯），上海：上海古籍出版社，2014年，第89頁。

七、無關緊要的虛字出入，如「之」「乎」「者」「也」之類，不出校。

八、書中所引詩詞文章與通行本文字不同者，一般不出校，不改動原文。如果引文確實有訛誤或因闕文而致文意不彰，出校說明。

九、有疑問而暫時無法解決者，出校說明。

瀛舟筆談卷首

臣亨編《瀛舟筆談》既成，癸酉夏，兄蒙賜御製詩二集。伏讀《庚午春勝聯句》詩注內敘及近十餘年浙洋奉旨剿撫事宜，一切仰秉睿筭，紀載甚詳，因敬錄之，冠于卷首。

揮戈箬艇鮹空穴　註：浙洋土盜，鳳尾、水澳、箬黃各幫在蔡牽之前最為猖獗。撫臣阮元派令總兵岳璽等督兵四處搜捕，探知箬黃幫匪在太平縣屬之狗洞門等處遊奕肆劫，因飭舟師出其不意，於夜半迅駛抵彼，直前攻擊，鎗礮齊施，轟斃無數，牽獲盜船十二隻，生擒盜首江文五等一百七十餘名。箬黃幫自此剿滅。

洗甲松門燕集檣　註：始洋匪之滋擾浙省者，安南夷艇為尤甚。夷艇本巡夷洋，乃私入浙境之松門，勾結水澳、鳳尾各幫，屯聚伺劫。阮元駐師守捕，先散布間諜，令其互相猜忌，水澳一幫旋即駛退，因籌兵進剿，適颶風驟起，賊船百數十號俱簸蕩擊撞，覆溺無算。官兵乘勢奮擊，賊棄船登山，悉就擒斃，餘匪漂出外洋。經阮元飛檄各鎮，向遼遠島嶼遍行搜捕，盡滅艇匪及鳳尾二幫。由是安南夷不復為患，而土盜亦日漸零星矣。

敢從魚葬生重乞　註：海洋積年首逆，稔惡稽誅，惟蔡牽為最，朱濆次之。朱逆由粵竄閩，尚剩匪船四十餘隻，經許松年等追入粵界，在南澳長山尾洋面督兵奮擊，守備黃志輝坐船撞翻大賊船一隻，並焚燬牽獲多船，殺賊無算，餘船潰竄廣澳外洋。探確該逆已於此次被礮轟傷，旋即斃命。蔡逆窮蹙日久，剩船十餘隻，潛逃浙江之魚山外洋。王得祿、邱良功約會閩、浙師船，躡蹤追及。閩幫擊散各匪，浙師專注逆船，極力追剿，直抵溫州黑水外洋。兩省舟師

合圍火攻，燒壞逆船舷邊尾樓。王得祿用坐船乘勢衝去，斷其後舵，逆船遂沈。該逆同逆妻被浪捲沒，夥眾盡數淹斃。二逆罪惡貫盈，先後殄除，人心大快。

　　貳負寧容縱飽颺　　註：閩、浙兩省自朱渥、張阿治投誠後，全境俱已肅清，而粵省尚剩烏石二一幫。方郭學顯投首時，該匪亦有乞降之請，經百齡奏聞，奉旨查明伊等果出至誠，即照郭學顯之例辦理。奈該匪自外生成，意存携貳，竟以乞降為緩兵之計，仍敢連艟伺擾，圖劫村莊。百齡知其怙惡狡詭，飭令舟師探剿。躡至儋州洋面，該匪船三十餘隻正欲駕逃，兵船驟集，奮力圍攻，將該匪及家口全行擒縛，并擒首夥烏石大、烏石三、鄭耀章、楊片客等百數十名，餘匪殄滅無遺。自此鯨鯢剷盡，海不揚波，陬澨騰歡，共樂承平之宇矣。

瀛舟筆談卷一

揚州阮亨仲嘉記

嘉慶四年冬，余兄由部侍郎奉命出撫浙江。時浙東海寇頗劇，五年始少戢。兄於所居西廂池上葺屋三楹，題曰「瀛舟」。陳君曼生鴻壽為之隸并跋云：「瀛洲仙客舊領清班，橫海將軍新修戰艦。構茲水榭如坐樓船，志在澄清銘諸几席」云爾。嘉慶九年，兄於孤山蘇公祠傍建白少傅祠。祠左荷池數畝，提鶗挈鷺，渺然令人生江湖之思。為屋一楹，亦題之曰「瀛舟」，刻石嵌壁間。每籌大事、慮重囚，輒來獨坐于此，亦謀野則獲之意耳。今凡瀛舟兵事，勒為首卷。西湖向無蘇公專祠，秦小峴觀察瀛始創建之。其地在孤山之麓，先是為南巡時近臣行館，後漸圮敗，止存老屋三楹。觀察乃作前堂後廡，頗為宏敞。落成後，余兄作詩紀事，觀察亦有和作。至其面勢經營，則華秋槎瑞璜之力為多焉。蘇公祠既落成，余兄書楹帖云：「欲共水仙薦秋鞠，長留學士住西湖。」杭人以公官為稱，不以姓也。華秋槎集公詩為聯云：「泥上偶然留指爪，故鄉無此好湖山。」兄摹公手書「讀書堂」三字為額，且為之跋。

癸亥臘月十九日，坡公生辰，兄偕杭之士大夫設祀于祠。馮實菴侍御培、許周生兵部宗彥皆有詩。

《臘月十九日蘇公祠小集》

阮元

西湖臘後待春還，寂寞祠堂竹樹間。澹蕩閒情如遠水，崢嶸殘歲似寒山。幾枝柔櫓搖清響，千朵梅花破冷慳。記取坡公生日後，一年好景最相關。

許宗彥

蘇公祠宇水彎環，故事來修許共攀。南斗辰原同吏部，西湖祀合並香山。雲頭暖意堆晴絮，酒面春風露翠鬟。滿院梅花香不斷，羅浮昔夢試招還。

甲子臘月十九日，蘇公生辰，兄與吳穀人祭酒錫麒、馮實庵侍御培、項秋子墉、何夢華元錫小集蘇公祠，時祠東新建白文公祠方落成。明年，祭酒至揚州主安定書院，侍御至蘇州主紫陽書院。侍御作詩留別，兄和云：「殘臘孤山感歲華，叢祠風暖有梅花。年來選得聯吟處，半是蘇家半白家。」「中書省筆烏臺簡，明聖湖樓虎阜詩。高處不寒閒處樂，多應遠勝長公時。」丙寅春，予兄以憂居家，而西湖蘇、白兩祠之祀不替。許兵部積卿嘗以《同人集蘇文忠秦太虛祠奉懷中丞師》一律寄揚州，曰：「曾此旄幢奉後塵，梅花又報隔年春。湖山祠祀同今日，師友淵源感昔人。殘臘風高雲自迴，峭寒衣冷酒宜頻。素冠望望雷塘路，珍重眉山最後身。」

兄治兵海上，戈船瀛海，不廢雅歌，嘗題《徐碧堂先生秋艇狎鷗圖》二絕云：「鑑湖秋水放輕舟，賀監歸來未白頭。誰與先生最相狎〔註1〕，舟前三十六沙鷗。」「濠梁秋水坐忘機，一抹青山淡夕暉。愧我今年機事重，海鷗終日背人飛。」又《初秋台州曉發》云：「海上臺山碧四圍，新涼時節送將歸。秋來天遣浮雲薄，不待南風也自飛。」時因會閩師破賊，乃閩師後期久未到，而賊已破也。碧堂先生和云：「天遣封姨夜合圍，不教單舸日南歸。記來兩月軍麾駐，刁斗聲寒羽檄飛。萬斛艨艟天影闇，弨弓爭看水犀歸。而今秋晚滄波濶，盡許沙鷗自在飛。」蓋紀殄寇之事，即用題圖詩意也。碧堂名聯奎，佐幕事。

庚申，兄督兵海上，幕中朱椒堂師為弼、吳澹川文溥、孫蓮水韶皆有寄懷之作。予亦繼聲焉。

朱為弼

重來三浙建旌旄，籌海期寬宵旰勞。三鎮新瞻裴度節，諸生舊拜呂虔刀。乍聞貔虎勤蒐討，已見鯨鯢遠遁逃。手布廉泉作甘雨，控弦十萬共春醪。

黃頭卓立海雲邊，新建將軍下瀨船。白日三山聞鼓角，炎風五月耀戈鋋。崇威共仰行營柳，高詠仍開幕府蓮。家世征苗留惠澤，么麼捍網更誰憐。

吳文溥

中丞將門後，雄略見平生。駕海飛樓櫓，驅山走甲兵。一麾白羽扇，萬里赤長鯨。不忍窮

〔註1〕「最」，原作「景」，《揅經室四集》詩卷五《題徐碧堂司馬聯奎秋艇狎鷗圖》作「最」，今據改。

誅戮，諸夷買犢耕。

枉旆向天台，增城返照來。經過石橋路，何處閩風臺。仙果還留樹，胡麻更乞杯。不如稻粱飽，慰此暮鴻哀。

孫韶

防海經綸大，師行六月天。九重鑒忠赤，三鎮肅戈鋌。揮扇真儒將，登壇正少年。諸夷應膽落，山立駕樓船。

征苗家法在，報國敢辭勞。節鉞新開府，風雲舊寶刀。潮聲壯笳鼓，海色上旌旄。會見俘羣醜，青天一笑高。

阮亨

報績勤籌海，棲棲六月詩。鷹揚軍震日，蟻賊膽寒時。刀洗鯨鯢血，風颭虎豹旗。學書吾稊弱，未及仗戈隨。

李總鎮長庚才略過人，深識兵機，而能身先士卒，與同甘苦。予兄治兵海上，于諸鎮中首推薦之。兄嘗贈以詩，李公和焉。

《贈李西巖總鎮》

儒將威名定不虛，風濤千里鎮儲胥。海天飛礮親撾鼓，夜月揚颿坐讀書。造得戈船浮木柹，築成京觀掣鯨魚。封侯自有黃金印，射石將軍恐未如。

《和中丞見贈原韻》

李長庚

開府推心若谷虛，要將民物納華胥。風清海外除奸蠹，令肅軍中畏簡書。報國我宜親矢石，酬知未盡掃鯨魚。庸疏何幸叨青眼，媲美前賢愧弗如。

羽書旁午則籌畫為勞。兄丁憂家居時，嘗輯《瀛舟書記》，并誌其緣起。

《瀛舟書記序》

予于嘉慶四年冬奉命撫浙，其時閩、浙海盜則有安南大艇幫四總兵三十餘艘，鳳尾、水澳、蔡牽三幫各六七十艘，箬橫小幫浙盜二十餘艘。予造巨艇、大礮尚未成，而五年六月神風助順，安南巨盜五六千人全蕩平于台州松門，四總兵溺死者三〔註2〕，礮死者一。奉旨以總兵敕印擲還安南王阮光纘。光纘言但令總兵巡海，不慮其入浙為盜，上表謝罪。自後安南夷寇不復入浙。六年，巨艇成，鳳尾、水澳、箬橫三幫以次擊滅，此三鎮大船大礮之力，然蔡牽尚竄于閩、浙間也。七年冬，蔡牽疊被浙兵剿逼，惟餘二十四船，遁閩詐降，繼而得橫洋大舶，始往來于臺灣。其始往臺也，第為避兵船之計，繼而在臺劫得船米，會合粵盜朱濆，遂復入內海，與兵船

〔註2〕「三」，原作「二」，《揅經室二集》卷八《瀛舟書記序》及民國《象山縣志》卷九《史事考》均作「三」，今據改。

相抗,以致溫州胡總鎮在閩被害,繼且過臺上岸攻城矣。十年夏,余以喪去官。其時蔡牽尚在閩,續出之黃葵幫已於十年春在玉環投誠,所餘者和尚秋等三五小釣船而已。然蔡逆未能殄除,有負國恩,且恨且憂,疚心靡已。十二年,息影于雷塘墓廬,偶檢數年來辦兵事之書記稿本,流連翻閱,其間調度兵船、獎飭鎮將、製造船礮、籌畫糧餉諸舊事,一一如在目前。且其間有可憂者、可喜者、可憤者、可哭者,有與提督蒼公保、李公長庚商籌者,亦一一如在目前。回憶當時每發一函、出一令,皆再三謀慮而為之,有自起草者、有幕友起草者、有幕友起草而自為改訂者。筆墨之蹟,如蠅如繩,以之覆瓿,殊為可惜,因破十數日工,刪其繁、存其要,授寫書人錄為六卷,存之家塾,俾將來覽者知我苦心而已。弟仲嘉別有《洋程日記》一卷,歷敘兵船、盜船往來剿獲起滅之事,亦頗詳明,可與此相輔,因附錄於後。阮元序。

　　安南艇盜之患,嘉慶元二三四年間閩、浙被擾者數矣。海道多歧,風浪不測,賊皆于水路狡于計畫,我出則歸,我歸則出,而兵力、器械、樓艣、礮石之具又不足以殲之。予兄撫浙,即思殄滅之策,請于朝,鑄炮造船,立保甲、稽出入、獎將士、嚴賞罰。庚申五月,賊艇泊于太平之松門黃沙宮。兄勒兵至台州,合將卒會議,方整兵而出,禱於神。六月二十二日,大風起,甚雨,賊舟皆撞擊破碎。參將李公成隆等由松門涉石塘,生獲賊八百餘人,餘死于海,且盡獲其銅、鐵炮及他戰具,且生獲安南偽侯倫貴利,具以事聞。上以為誠感天祐,敕建天后宮、龍王堂于松門,答神貺也。是役苟不遇風雨,諸賊倔強島中,殊未易破,即破滅,亦未必能盡。朝廷威靈,百神受職,飄師雨伯,歡喜効順。一大創之後,沿海永獲寧居,安南夷盜不復來浙矣。焦里堂先生有《神風蕩寇記》一篇,序先後事甚詳核。

　　《神風蕩寇記》

　　甘泉焦循

　　阮侍郎撫浙之明年夏六月,殲賊松門,有神風蕩寇及擒倫貴利事。循始聞於江寧,傳述互異,未獲其詳也。冬至浙,寓居撫院署中,閱諸文移手札,又詢諸從至海上者,乃稍稍得其本末。艇匪者,自安南來者也。浙賊曰「鳳尾」,閩賊曰「蔡牽」、曰「水澳」。初,平陽縣海濱老龍頭石山橫亘於海〔註3〕,為烽火門,其東大嶼、小嶼,兵守嚴密。乾隆五十一年,調征臺灣,代者不嫻於防,閩賊始識徑路而窺浙。嘉慶元年,閩賊李發枝引艇賊深入,而浙賊附之。時侍郎方督學,按部溫、台,有諸生之家被掠者,贖母,力不及婦,婦乃慘死。生泣,愬於侍郎。侍郎有剪滅之志,而非其職也。四年冬,侍郎承命為兩浙巡撫。艇賊歲至者,四稔矣。撫軍既

〔註3〕「山」,原作「上」,《國朝耆獻類徵初編》卷三十九《補錄》及《雕菰集》卷十九《神風蕩寇記》均作「山」,今據改。

菣浙，艇賊猶踞台州大陳山及溫州三盤嶼三路犄角。十二月丁未，定海鎮總兵李公長庚帥舟師趨入賊中轉戰，自午及酉，焚其槍出。有陷於陳者〔註4〕，反篷飛入，脫之。賊大駭。提督蒼公保謀以火攻，或漏於賊。五年春正月戊午，賊夜焚岸毳而遁。李鎮軍追之及粵，夏五月始歸鎮。巡撫以賊情下詢諸官弁及士庶人。定海縣孝廉方正李巽占言曰：「前此武備廢弛，賊匪始擾。訓練既久，官軍知奮。以各憲之勞心緝獲，三鎮之悉力追捕，曾不克擒一渠魁、取一全勝者，其故何也？其船巨炮巨，船外蔽以牛皮網索，使我炮彈不能入。艇既以閩為響導，閩即藉艇為聲援。浙洋自南距北一千里，我南則彼北，我北則彼南。我當艇則閩肆其劫，我當閩則艇為之障。且艇強，即遇亦未能必勝；閩狡，即未遇已望而先走。此所以虛糜糧餉而不獲實效也。今分三鎮，各據要地，巡緝本洋，一遇盜船，盡力攻擊，此可以禦閩賊而不可禦艇。禦艇之計，必備大船、配精兵、利器械，擇善將者統之，重之以節制各鎮之權，扼險於閩、浙之交。艇至，則盡力攻擊。南竄，南追之，與閩師合；北竄，北追之，與三鎮兵合。如此，則兵力既強而責有專歸，庶有濟矣。且盜非皆生而為盜者也，即艇匪，半屬閩、廣土著，亦非處心為盜者也。其以失業之故而竊發者少，以得為盜之利而聚集者多。其所必需者口糧，皆內地奸民所接濟耳。奸民之出，非防守不嚴，則故縱之弊也。採捕小販，半雜奸民，其偷漏必多，甚或以被劫呈報，而實與盜源通。故難民之中，有真有偽，不可不辨也。今欲澄盜源，莫先安民業，嚴行保甲，預絕其通盜之路，漸回其通盜之心。無業者皆遂其生，貪利者盡科其罪，則人亦孰肯冒死而為之哉？內無奸民則盜糧絕，糧絕則潰散。且盜亦人耳，洪波巨浸之中，驚風怒號，崩崖撞激，去死無幾，仰視守法良民安居就業，熙熙然有家人婦子之樂，亦孰不思歸命投誠，而尚忍為盜哉？故統籌禦盜之策，不厚集其勢則未易猝除，不力杜其源則患終未已。而寔力奉行，不使滋弊，則又在親民之吏與統領之將耳。如是數年，而盜猶未靖、民猶未安，恐無是理也。」定海教諭王鳴珂陳防禦之事六、攻擊之事三、預籌之事四，言皆可用。且慷慨言曰：「職承乏海邦，六載之間，會同知縣督率鄉勇晝夜防禦，近岸村落幸免蹂躪。蓋炮聲不絕于耳，火光時屬於目者屢矣。珂籍臨安，非瀕海。官教職無殺賊，任然見賊匪往來縛人妻女、係人父兄，以要人貨，不如約則剖心嚼肉，慘不忍言。雖有官兵，莫能痛剿。每一思之，恨不飛食賊肉，為吾鄉人雪此仇辱！」口陳手畫，目眥欲裂。於是鄞縣令郭文銓請合江、閩舟師，黃巖令孫鳳鳴請先滅土盜，台州府教授沈焯請厲武舉以寓約束，黃巖縣教職李其瀾、湯械請禁商船、漁船，定海令宋如林請查偷漏，紹興府經歷黃敬修言兵船護商之利、外洋追賊之難。大率均以造巨船、鑄巨炮為首務。先是弁兵剿賊失利，多以船炮卑小為辭，至是眾論如一，撫軍乃奏請於上。然以經費重繁，又值川、楚用兵，難於籌款，未有定議。會提督蒼公特請於朝，時廣東按察使吳公俊入

〔註4〕「陳」，《國朝耆獻類徵初編》卷三十九及《雕菰集》卷十九均作「陣」。按，「陳」「陣」古今字，並可通，今不改。

觀，亦言粵東兵船行有成效，上可提督之奏。然提督未知撫軍先已入告也，既而謝曰：「僕欲言此久矣，苦人製肘，故未聞於公。然吾思殺賊以報國耳，雖謫新疆不恤也！」巡撫以浙無大木工匠，不嫻於造船〔註5〕，率官商捐金，得十餘萬，盡以給李鎮軍，使其子弟、親丁造船於閩，曰：「此事奉屬則奉屬耳。吾發銀，平色皆足。艇成，吾不核減工料也。」於杭州、寧波、溫州設冶局，鑄鍛大炮四百餘門。奏令沿海州縣民壯兼習鳥鎗，不增餉而增兵數百。嚴號令、警弛廢、勵廉隅、肅賞罰。檄沿海村岸十丁立一甲，十甲立一總甲，一邨立一總保，一山一嶴立一嶴長，給以費，使之互糾，通賊者獲之有賞。檄漁戶小船堊以白，編其姓名、年貌，屬之埠頭旂長，晨出者莫必返，不返者有稽，遠赴者鳴於長，船之偶者分正腳，私駕者毀其船。檄汛口凡船出牙稽之〔註6〕，人日持米升五合，驗以印票，私漏者執之，執私漏者賞以私漏之物。檄海濱冶者遷入城，私造鐵器出城者有誅〔註7〕。檄兵船漏硝磺以濟賊者斬。檄商船毋獨行，賊來則禁出海，不遵令者有罰，私充標客以誤商者誅。檄營汛察奸民，民有緣商被劫而為保釋者，有以酒米易賊貨為之消贓者，百姓執之有賞。子弟為盜，父兄詭為陷賊者，吏稽之。檄村嶴壯丁團練相守望，立耆老紳士之賢者為村長，有警，鳴金相召，有不應者，梏其頸。檄府縣、營汛實力同心，賢能者敬之擢之，弛者、縱胥吏擾民者疾如仇。遣教職佐雜官數十人，分巡海口，微服步行，率鄉勇線民以為禦捕。雕木印，令其事無鉅細，直達行轅，無少隱。以故千里海澨，事皆如目睹，而營、縣亦互相糾，不敢少諱事。於是定海縣教諭王鳴珂率鄉勇守黃巖。定海令宋如林稽空船出口，凡空出者給以照，使賊無所支飾。平陽令楊鑅肅清漁戶，團練鄉勇二千七百人。鎮海令魏右曾力行保甲，造銕槍千杆，民踴躍從者六百，衣上書「勇」字。黃巖令孫鳳鳴令士民自派壯丁，備木棍、竹筅、鋤耙、石塊，識以旗，旂上書丁名，丁立其下，王鳴珂寔統之。沿海之旂，連續如雲。有警，鳴金相召，在田農業者聞聲並集，故賊不敢近岸窺村落。太平令趙擢彤于海岸壘石為垣，外周以塹，兵勇內伏。寧海令陳鵬南於健跳螺師山設劈山炮，以擊賊船之入口者。象山令徐元梅於石浦泥灣設立炮房。而鎮海之小港、大碶頭，慈谿之後山北，定海之西道頭，臨海之海門、金沙灘，太平之狗洞門、石板殿、鱟殼嶴、金清港、石塘，樂清之岐頭、蒲頭、洛西地嶴，皆奸民偷漏之地。令既行，巡樂清縣之教官王應虞訪有奸民龔大、陸大、阿買等通于賊〔註8〕，誅之。鄞縣之姚家浦夙為土盜之藪，官兵不能制。撫軍用計

〔註5〕「船」字原闕，今據《國朝耆獻類徵初編》卷三十九及《雕菰集》卷十九補。

〔註6〕「牙」，《雕菰集》卷十九同，《國朝耆獻類徵初編》卷三十九作「嚣」，《雷塘庵主弟子記》卷一作「互」，未知孰是。

〔註7〕「鐵」，原作「錢」，《國朝耆獻類徵初編》卷三十九、《雕菰集》卷十九及《雷塘庵主弟子記》卷一均作「鐵」，今據改。

〔註8〕「民」字原闕，今據《國朝耆獻類徵初編》卷三十九、《雕菰集》卷十九及《雷塘庵主弟子記》卷一補。「龔大」，原衍一「大」字作「龔大大」，今據《國朝耆獻類徵初編》卷三十九、《雕菰集》卷十九及《雷塘庵主弟子記》卷一冊一

擒其魁姚富衡,其保長首出姚阿三等十六人〔註9〕。既而溫、台各巡員獲通盜張周貴、陳大海、王兆才等數十人。又有浙盜潛登岸,偽充鄉勇,刺聽官兵虛實者,皆詰獲,立斬之。樂清張阿三素附鳳尾賊,登岸,其兄集族人縊殺之。沿海村民演戲,自約禁偷漏。閩、浙賊窮蹙斷糧,附夷艇。五月丙戌,窺平陽北關〔註10〕,遂泊于黃沙宮。壬辰,撫軍自杭州之寧波。己亥,提督赴台州。李鎮軍之追賊入粵也,返至閩〔註11〕,值賊蔡牽留閩,擊之。既歸鎮,艇賊已踵至。是時,巨舶未成,提標兵分禦各隘口。李鎮初歸,士卒勞頓未息。撫軍以歷年剿賊,閩師俱至,乃請奏撥閩安協舟師會剿。甲戌,撫軍至台州,會提督蒼公保、黃巖鎮總兵岳公壆為會剿計。是時,夷艇三十餘船踞三盤,閩賊與浙賊隙,水澳六七十船南泊玉環外洋,鳳尾六七十船及土盜小船散泊大陳、石塘、鱟殼等嶴。撫軍謀因其隙而間之。葉萬根薦漁山鄭天選,札玉環同知招之,與水澳言蔡牽六七十船往來無定。庚辰,艇賊自三盤入深門〔註12〕。岳鎮軍飭兵船、漁船分泊以俟駕。撫軍具奏,請調粵、閩舟師會剿。略曰:「粵、閩、浙皆有土匪,而艇匪為尤甚。日多一日,年復一年。若不亟為剿滅,則前明倭寇甚可鑑也。此時船炮未辦,各盜皆萃於浙。臣愚以為,分而禦之不若合而擒之之為得也。請飭兩廣督臣選鎮臣帶兵艇二十號乘南風來浙,會同閩、浙會剿,使夷匪知內地兵力之厚、策應之靈,于三省皆為有益。」得旨允行。夏六月,撫軍駐守台州,李鎮軍駐守台州。李鎮軍猶未至,以書速之。自丙午至於丙辰,書六致。辛酉,李鎮軍統師出洋。癸亥,抵普陀,巡韭山。撫軍致以書曰:「立秋已過,捕務尚無眉目。水澳已竄入南洋,夷艇病疫。若會合三鎮,便可試剿,否則七月中閩師始至,未免太遲矣。」丙寅,李鎮軍至銅瓦門。丁卯,駐師石浦。時溫州鎮總兵胡公振聲亦移師楚門。水澳以間,故兩端,退泊玉環與鳳尾鬮,互有傷。夷艇及鳳尾進踞龍王堂,抵松門之下,環于松門山,將為撲岸劫糧計,且避風潮也。時松門守兵五百,鄉勇二百,參將李成隆、同知時敏據松門禦之。提督謀火攻,撫軍令台協李軍造火箭千五百枚,札溫州府備水帶給涉水兵,調撫標兵二百貼防。辛未,江南崇明謝總軍書來,令備舟砲水手于乍浦,彼以兵七百來助戰。撫軍以商船不可催,商人、水手不可用,止其師勿來。閩安協舟師亦終未至。癸酉,撫軍、提督置酒,會定鎮李公、黃鎮岳公於台州校士館之四照樓,屏侍從于梯下,謀所以破賊。謀既定,李鎮軍即乘小船與岳鎮軍同赴海門。撫軍即札胡鎮軍自楚門出,與兩鎮會於金清。是日戊亥間,風大

起且雨。甲戌之子丑，風束轉甚，遣使探兩鎮所在，路沒于水。丙子，有弁兒水至，言是夕風雨狂烈，獨注龍王堂，雨中有火蒸人，賊艇與海山相撞，皆破。李鎮軍船在海門，為風水所舉，掛于岸木乃定。李、岳兩鎮軍兵船損破大半。胡鎮軍師在黃華關，風未之及。是時，賊奔竄海山，水師船不可駕。參將李成隆婦新產，風雨破其屋，驚死不顧，率陸營兵由松門涉石塘剿賊。賊乘破舟，猶能以砲拒，且掠商船，皆就擒。有一艇未損，賊數百爭乘而沒。登岸攘食者，嶴長督鄉勇獲之。參將蔡德耀有五舟〔註13〕，托買米他泛，立褫之。太平武生林羽林率鄉勇及鳥槍兵二十人乘烏鳩杉板船出海搜捕〔註14〕。值鳳尾遺船相拒甚急，李鎮軍以未損八船駛于洋，賊震而退。前後生獲八百餘賊，淹斃約四五千人。獄不足禁，棧郡廳以兵拘守之，首從以下各如律。其為難民被擄者，釋之。李成隆率兵涉水取賊炮，得油布包安南敕文、總兵銅印各四。敕稱「善艚隊大統兵進祿侯倫貴利」。明日，王鳴珂獲三人，一詭為瘖者，一發種種者，訊之，貴利即其人。元年秋，閩中獲艇賊安南總兵范光喜，供辭述安南事。言阮光平既代黎氏，光平死，傳子光纘，其中稱新阮。黎之甥阮種奔暹羅，暹羅妻以女弟，助之克復農耐，謂之舊阮，歲為新阮患。新阮之總督陳寶玉，招集粵艇而肆掠於洋，繼而安南總兵黃文海與賊官伍存七隙〔註15〕，以二艇投誠于閩。今造船用其式也。倫貴利者，廣東澄海人，投附安南寶玉侯，與農耐戰有功，封侯。以巡海，私結閩盜來閩、浙肆劫，王未知也。安南艇七十六，分前中後支，貴利統後支者。四印，其一貴利自佩，其三三總兵佩，曰耀、曰南、曰金，俱沒于海。供若此。難民曰：「此黑旗賊，元年為孫總兵全謨所擊破，與四年來者異。」或曰：「新阮以農耐故，用不足，引粵盜分其所掠而為之障。盜以時拒敵，農耐亦苦之也。」撫軍礫貴利，以其事入奏。天子命軍機大臣字寄兩廣總督照會安南國王。冬十二月丙辰，安南國王呈覆。其略曰：「小番世荷天朝恩庇，曠格逾涯，無能酬報，思以慎守疆圉，永作屏翰。祇因本國極南沿海農耐地方有渠賊阮種，竊據其地，嘯集齊楈盜夥，數為海程之患。本國海防正緊，間亦收撫艙客，以離賊黨，且助洋面帆柁之役。如倫貴利者，前年依附作活，本國聽其住泊，同商伴隨在巡防。詎知該犯暗藏頑狡，私瞞小番〔註16〕，敢爾潛約匪船，越赴內洋肆行搶劫。又敢捏造印劄，轉相誑誘，尤為情罪重大，甘犯天憲，為法律所不容。該犯棲居本國海分，馴習既久，悔不能先燭其奸，此實鈐束稍疏所致。仰蒙聖慈普鑒，洞悉肫誠，訓誨有加，天日垂照，恭譯聖諭，

〔註13〕「耀」，原作「輝」，《國朝耆獻類徵初編》卷三十九、《雕菰集》卷十九及《雷塘庵主弟子記》卷一均作「耀」，今據改。

〔註14〕「乘」字原闕，今據《國朝耆獻類徵初編》卷三十九、《雕菰集》卷十九及《雷塘庵主弟子記》卷一補。

〔註15〕「五」，《國朝耆獻類徵初編》卷三十九及《清史稿》卷五百二十七《屬國二・越南》皆作「伍」，今據改，下文重複出現者逕改不出校。

〔註16〕「私」，原作「利」，《國朝耆獻類徵初編》卷三十九、《雕菰集》卷十九及《雷塘庵主弟子記》卷一均作「私」，今據改。

真感激于五衷,更悚惶而無似!謹當遵奉訓彝,綏靖封守,嗣令本國所委巡海人員,一一嚴加警飭,密施鈐勒,斷不容結同匪夥越境作非。務期桂海永清,以上副聖天子懷柔之至德,是所自勉也。」是役也,李成隆率外委林鳳飛、陳際會登山追擊,守備陳世勳、把總崔榮華、鄭殿魁、秦得勝於松門龍王堂、小菱陳獲賊三百餘人,武生林羽林、鄫長朱大錢、義民徐國恩、鄉勇劉向榮等獲賊百餘人,巡員鄧必玉、杜兆熊、易元曜及提標兵武生林兆鱉獲各有差。獲得竹盔、紅布包夷冠服。鄉民於水中得紫銅炮,重二千四百斤、二千八百斤者五六門,洋鍈大炮重四千斤餘,鍈炮三十餘門。又船桅大者長八丈,其夾長丈餘,以鐵梨、紫榆、青栗等木為之。楒木櫓長三丈餘,番木椗二丈餘,棕筊長三十餘丈〔註17〕。教諭王鳴珂既擒倫貴利,感海氣,至今病疽。風之三日,閩賊蔡牽入浙洋,平陽副將徐錕及平陽令楊鑠擊之。水澳賊附之南遁。賊登岸掘番薯,鄉勇林深入賊隊,斬其紅衣一人。秋九月,溫、黃二鎮舟師大擊水澳于東臼,斃其賊首林亞孫。水澳餘十餘船,附于蔡牽。叛夥侯齊添為一幫。風後,艇匪餘二船,一船沒于海,一船至閩糧絕,投誠。鳳尾鮮有存者,存者惟蔡牽及侯齊添。明年,土盜陶小貓、張阿愷等投誠,言今海盜惟蔡牽有五十船、水澳十七船,二者恃眾,敢于拒捕。又有剃鬚烏艕十二船、晉江邱念二船,然遇官兵則遠避,而畏舟山李鎮軍尤甚。六月癸亥之事,天子以為誠感神應,敕建天后宮、龍王廟於松門,事詳陽湖孫觀察星衍所撰《碑記》。六年夏四月,巨艇成,長十餘丈。撫軍檄每鎮統艇十、每艇統兵八十人,載紅衣、洗笨等炮六門、劈山炮十四門。三鎮之合統于李,兩鎮之合統于岳。有知盜不追、臨敵退縮者,都司以上,參劾治罪;千總以下,治以軍法。獲蔡賊者,賞銀三千兩;獲侯賊者,賞銀一千兩。著為令。入夏及秋,夷中大艇果不復來閩、浙矣。

海上之役,獲寇兵甚多,真辱金不祥金也。既不可用,又棄之可惜,因銷以鑄岳墓佞人。徐、吳二君皆有詩,甚奇偉。

《毀海寇兵鑄岳墓鐵佞人詩》

徐熊飛

秋風吹海長鯨立,飛將船頭挺戈入。水仙就縛出重圍,多少殘兵解刀泣。

鱟帆不起波濤平,干矛擲地鏗有聲。弛弓矜甲大旗下,白虹吞吐蛟涎腥。

棲霞嶺上精忠墓,僉壬長跪墳前樹。行人蹴踏佞臣頭,地下應悲鐵鑄錯。

野花寒食風淒淒,神姦夜共鵂鶹啼。千秋忠憤激雷電,殘骸劈坼蒼苔泥。

孫盧一夕收兵仗,太乙然爐下青嶂。殺氣銷為日月光,銛鋒鎔出讒邪狀。

草間觳觫形貌新,姓名深刻龍蛟文。揚旗回首海天雪,鑄金極目蒼山雲。

〔註17〕 「筊」,《雕菰集》卷十九同,《國朝耆獻類徵初編》卷三十九作「纜」。按,「筊」字不識,或為「繂」字俗寫。

如今越嶠兵戈息，賣刀買犢耕春色。沙民步屧岳王墳，鐵像摩挲知順逆。

吳東發

天明威，自我民明威。自有天地至今，凶人弗克違。有宋中葉弗敬典，悖天命，討亂民彝。佞人既死罪罔恕，佞人雖死銖鑄之。褫取面縛揭名氏，蒲伏于鄂王墓門東西隈。或唾或訾，或溲或笞，歲久隕首解體支。行人過者翻慍佞人無完尸，曰：「鐵則渺，厥辜已胡時。」佞亦不幸不服罪于當日之有司。天明威，自我民明威。自有天地至今，凶人弗克違。瞥彼海寇不畏死，殺越人于貨于海涯。天高聽卑監觀赫，非海不容自速災。

皇帝五年六月二十有二日，天大動威，以風佑我師伐殄之。自是絡繹繫繯，殄劉開釋咸用勸〔註 18〕，俘有兵仗積纍纍。我軍我農器械備，烏用是不祥之金為？其以鑄佞人，常舊服，彰天之罰迪民彝。於戲！鯨鯢淫忒，魑魅罔兩胥昭茲。

夷寇殄滅事聞，天子以為誠感天祐，敕賜天后祠、龍王堂扁額。時孫淵如觀察方主詁經精舍講席，乃為碑銘，揚國威靈，言必典要。

《重修台州府松門山天后宮龍王堂碑記》

孫星衍

海之祀，見于經證者，惟《詩·周頌·般》序有祀四岳河海之文，《禮·學記》云〔註 19〕：「三王之祭川也，先河而後海。」漢武詔以河海潤千里，令祠官修祠為歲事。南北朝已來，有蓬萊海若之祀。隋始近海立祠。唐始封王東海，曰「廣利」。宋加「淵聖廣德」「助順廣德」之號祀于明州定海，詔為大祀。而天妃之祀見于正史，則始于元至元以護海運有奇應，加封號積至十字、十二字，廟曰「靈應」。他書以為始自宋，又舉人神以實之，皆未見于正史。前明已來，屢加封號。崇禎時，又封「碧霞元君」。國朝康熙十九年封「護國庇民妙靈昭應宏化普濟天妃」。明年，復以舟師南征大捷，有反風之應，改封「昭靈顯應仁慈天后」。嘉慶四年，今天子敕封為「護國庇民妙靈昭應宏行普濟福佑羣生誠感咸孚顯神贊順垂慈篤祐天后」。蓋籲后之靖海氛也。浙江台州府松門山天后宮、龍王堂在焉。嘉慶五年，太歲庚申，為今撫部阮公蒞浙之明年，察海盜之鴟張日久，將大創，預絕其齎糧偵伺之路。先請捐製大戰舶，又奏請閩、粵舟師會剿。得旨，則嚴守禦、設方略。購獲濟匪盜數十人，盜大窘蹙。六月廿二日合師，海風大作，一夕漂沒盜船數百，殲戮沉溺無算。設伏島嶼，擒獲其竄匿者又數百人。海疆之民鼓譟相慶，曰：「撫部之力。」撫部曰：「此天子之德。」天子曰：「繄神之功。」乃俞撫臣所請，發藏香、葺神廟，御書扁額，縣于天后宮、龍王堂，以答神休。《經》曰：「天明威，自我民明威。」《傳》

〔註 18〕「劉」字原闕，今據《尊道堂詩鈔》卷上《毀海寇兵重鑄岳墓鐵佞人詩》補。

〔註 19〕「學」，原作「樂」。按，《禮記·學記》：「三王之祭川也，皆先河而後海。」今據改。

曰：「陽感天，不旋日，諸侯不旋時，大夫不過期。」惟撫部知民疾苦，為之造海船、請舟師，故師未至而盜氣懾；惟天子能用儒臣，伸國威、奮智勇，故士氣倍而神靈格；惟神鑒聖君賢臣一德一心，與民噢咻，故不費折衝、不煩轉餉，俾海隅覯安陼之日。不然，神廟之建數百年，海盜之患非一日，海風波濤亦時作，而必乘國家赫怒整旅之日，以效靈受賜于宣室。是則神之靈皆天子之德、撫部之力，民之所不能忘、不可不紀也。若夫水為土，妃又居坎位，陽函陰，故海神有女象焉。有其舉之，莫敢廢，亦祀典也。星衍授經茲土，撫部阮公以親見其事，屬為文以紀靈應錫予之盛，不敢以位卑辭。銘曰：「皇皇地祇，孰主宰是？居陰配天，有元肇祀。朝宗于東，為百谷王。翼翼神廟，溯自隋唐。神光之祐，管寧以濟。越在我朝，反風示異。松門巖巖，海若所依。潢池出沒，神怒睨之。天子命我，魷魷開府。靖此海隅，有文有武。聲威大張，詗伺以窮。取其鯨鯢，覆其艨艟。屏翳乘之，況有胥種。神之格思，仁者有勇。殲厥渠魁，福我蒸黎。海波不揚，明臺受釐。天章昭回，輝是神宇。滄桑無變，祀典有舉。勿弛民務，勿齎盜糧。遠臣監司，敢告封疆。」

　　嘉慶元年，閩中獲艇賊安南總兵范光喜，供詞述安南事。言阮光平即阮惠，既代黎氏，光平死，傳子光纘，稱新阮。黎氏之甥阮種即阮福映，奔暹羅，暹羅妻以女弟，助之克復農耐，曰舊阮，歲為新阮患。新阮之柄臣陳寶玉侯，招集亡命，肆掠于海，而安南總兵黃文海與賊伍存七隙，以二艇投誠于閩。倫貴利者，廣東人，投附安南寶玉侯，與農耐戰勝封侯，嘉慶初，歲為浙患。兄之獲安南盜也，隔別親鞫之，咸稱阮光纘幼昏，陳寶玉專國，舊阮漸強，新阮因分國內善艚好船也為二隊，一以禦舊阮，一以入閩、浙劫掠，春來冬去，以充軍實。并鞫知安南一切虛實，眾口如一。安南之事，自兩廣總督孫文靖士毅失利、阮光平觀歸之後，舊阮強而新阮弱。此時若不斬倫貴利等，而用為嚮導，授機農耐，約滅光纘，大兵分兩路，一水師由海道，一陸師出廣西，則光纘必滅。然此時川、陝教匪未平，廣東洋匪亦多，兵力難分，事機難屬，是以但就浙事結案。繳上安南敕書印花，皇上以敕印擲還安南阮光纘，光纘謝罪。此後光纘因入浙之艇艚無片帆返者，惟餘本國善艚一隊，又乏軍實，連年窘弱，遂為舊阮阮福映所吞滅，即請封之越南國也。

　　兄平安南夷寇之後，獲其大銅、銕碗無算，其銅碗尤堅滑異常，兄置之水師，名之曰「正威碗」，復銘之：

赤堇之質，黃金之色。瀆神脩貢，自交趾國。長贏兩尋，規圓繩直。嘉慶五年，天風蕩賊。敜而柲焉，全其本德。歸正服逆，允宣厥職。駕海奔雷，萬鈞聲力。值發無虛，當堅必克。守

我浙東〔註20〕，制彼遐域。元戎寶之，視茲銘刻。

保甲之法，行之初，若煩擾，久久遵循，自有成効。然其實簡而易行，所謂煩擾者，地方官視為具文，不以實心實力行之，致吏胥為奸欺以擾之耳。兄于嘉慶五年頒示州縣保甲事宜十二條，其大要以保正慎選，得人必從公舉。沿海地方舊有嶼長、旅長等名，然往往舞弊弄法，在別擇人以任之，不以他事差遣之。沿海廳縣，有孤懸海外之島嶼，原係內地無業民人搭蓼居住，畊漁為生，閩省寄籍尤多，隨潮往來，奸宄易于潛蹤于各島嶼內，擇其守分畊作者舉充保正，同內地一體編查。若漁汛，外來人居住不常，另立一簿，書記人名、年貌、籍貫，以備稽查。籍設在民，官為稽察。其一切給牌造冊、心紅紙筆及書辦下鄉飲食，俱由官給，不使胥吏因緣為奸，以致有滋擾而無利益。并代縣撰為告示，畫一行之。且言此十二條簡便易行，並非繁瑣難辦，行之永久，百廢俱興。舉凡夫家之多寡、戶口之貧富、習尚之馴囂、良頑之改格、地土之肥瘠，按冊而稽，瞭如指掌。于是用一緩二，則賦役可均；齊伍約什，則外侮可禦；懲頑扶弱，則詞訟可平；禁暴詰奸，則盜匪可戢；彰善癉惡，則教化可行。一切休養生息、董勸化導諸政，一以貫之矣。

沿海兵少，不得不團練鄉勇。少有盜警，即為擊卻。是以七年之中，無一邑一村致盜上岸焚掠者。溫州平陽南關與閩北關相連，南關鄉勇張玉珍等團千人，甚有律。兄獎賞之，歷年逾勇。兄丁憂去浙後，平陽副將徐錕陞任福建福寧鎮總兵，近與溫州隣接。十二年，蔡逆在福寧上岸，三砂等處被擾，官兵失利。錕近約張玉珍〔註21〕，以五百人過閩助官兵，遂大破賊。此玉珍之力，徐總兵自言之者也。

定海普陀、衢港等處，夏鱅冬鰳之利，歲以百萬計。每至四五月、十一二月，名曰漁洋。漁船數千來集，大約閩民居其六，浙民居其三，江蘇民居其一。閩漁之船頗褻，盜匪于其中乘間殺劫。向來兵船嚴緊，捕魚有利，則盜化為民；兵船不緊，捕魚無利，則民即是盜，又相為消長者也。兄每屆漁期，輒嚴督兵船梭織巡拏，又糜數千金僱漁船，配兵丁、鄉勇于船中，夾雜漁船之內，掩旗誘劫，是以漁匪不敢擾亂漁洋，而外來大幫閩盜如蔡逆、張阿治等亦不能收漁規。良民得利，匪民亦與有利焉。

〔註20〕「東」，原作「事」，《揅經室四集》卷二《水師正威大銅礮銘》作「東」，今據改。

〔註21〕「錕」，原作「琨」。按，「平陽副將徐錕」見於前後文，今據改。

兄于嘉慶十年丁憂後，李提督長庚在安南夷洋陣亡。兄于十三年復撫浙，至寧波為之建昭忠祠，祭哭之，三軍皆感泣。兄記以四律，又葺李公手書數十通，裝為二卷，童萼君先生跋之，足知始末焉。又溫州鎮總兵胡振聲先以入閩，奉總督令迎擊蔡逆，眾寡不敵，陣亡。乙丑秋，定海鎮總兵羅江太，以被風溺亡，至是亦祀于祠之後屋及溫州祠中。

《戊辰五月辦賊至寧波為前提督壯烈伯李忠毅公建昭忠祠哭祭之》

粵海閩天接燧烽，火星如斗墜殘冬。一生精氣乘箕尾，百戰功名稱鼎鐘。死後人知真盡命，生前帝許得崇封。至尊震悼廷臣哭，早有孤忠動九重。誰遣孫恩剩一船，非公追不到南天。公擊蔡牽于粵海，喉間被砲，薨。後蔡牽惟剩單舸，逃入安南海中。遠探蛟穴五千里，苦歷鯨波二十年。隔歲過門皆不入，公連年在海不歸，即歸，亦但在鎮海修船備糧，未嘗一返家署。乘潮徹夜每無眠。雅之若與牢之合，早見澎臺縛水仙。

六載相依作弟兄，節樓風雨共籌兵。余乙丑以憂去浙後，總督每掣公肘，致有粵洋之變。手中曾擊千舟盜，公所擊滅、攻散如水澳、鳳尾、箸橫、補網、黃葵、賣油、七都等幫，前後不下千艘。海上如連萬里城。絕吭原知關運數，寄牙早已斷歸情。公在洋，封所落齒寄夫人。以身許國，恐無歸櫬也。誰憐伯道終無子，好與恩勤待館甥。公無親子，襲爵者，族子也。其女壻，同知陳大琮從公久，知盜情，余奏留浙江，補寧波同知。甬上重來特建祠，舊時部曲竟依誰。鈴轅月冷將軍樹，余來甬上，寓提督虛署中。泮水苔深叔子碑。公捐修府學，曾自撰碑文記之。如此致身真不恨，為何賫志也休疑。臨沮久合關家識，仿佛英風滿廟旗。公出師時，禱于寧波關帝廟，占得籤詩有云：「到頭不利吾家事，留得聲名萬古傳。」

《李忠毅公致阮儀徵師手札第一卷跋》

李忠毅公鎮定海，在吾儀徵師視學浙江之三年。時閩、浙海寇方熾，鳳尾、水澳、箸黃各幫游奕肆劫，大小舶以百數。槐家寧波郡城，聞警洶懼，既而定海人傳李公捕盜狀，皆曰：「有公在，無恐。」蓋公勇過人，撫士卒如子弟，自創舟師營陣，教親兵以捩舵公戰之法，賊遇之輒糜碎焦爛，無敢偪近境者。每裹糧窮追，必數閱月乃返。居平忠憤激發，誓出死力以報國家，其天性然也。槐因私念封疆大臣遇良將如公，深相倚任，俾展其股肱心膂之效，即盡剪羣醜無難，奚獨使吾郡得專此保障邪？歲戊午，從師入都。己未冬，師奉簡命撫浙，槐留邸第，於浙事不相聞。辛酉還，南謁師於幕府，聞前歲督師松門，大破夷匪，禽其渠帥倫貴利事。歸而訊之鄉人，則諸幫匪皆以是二年次第摧滅，餘盜桀黠者獨蔡牽耳。嗚呼！自蔡逆恣擾東南，吾師上體朝廷宵旰之勤，委心忠毅籌督，靡所不至，卒致賊勢窮蹙就殄，而忠毅亦以此殉身。遠邇

震於其事遂，若劇盜之祇一蔡逆，孰知蔡逆是時甫蘗芽其閒，而前此之如蔡逆者固已芟薙其什八九哉？然忠毅僅一鎮兵力，其於兩省巨懟，久以埽除為志，勢顧不能一。值吾師涖浙，而所志竟無弗獲遂焉者，師蓋未嘗一言也。槐近者鉤考樞直舊檔，見庚申五月師特表公為閩浙總統摺，內推薦甚力，遂蒙報可。總統之官，定制所未有。公雖素以勇戰聞，實因此結主知、獲事柄。其益盡瘁報國，蓋亦期無負於知。而吾師平日忠誠御將，所以相與有成者，足知其概已。是卷為公作鎮時致撫軍各書，詞氣奮迅感激，若以一切機宜皆出自教令。或言忠毅性剛鯁、多觸迕，又豈於吾師獨冒為虛詞溢美耶？洪稚存編修撰公墓志，具詳定海任中所獲各盜，與是卷印證，可得吾師籌海之略。然使人目為阿私附會之言，非師所許，亦非槐所敢任。因偶觸先後所聞見者，聊誌卷末。質之人人聞見，當無不是云爾。

《李忠毅公致阮儀徵師手札第二卷跋》

儀徵師既表忠毅為總統次年，公遂拜提督之命。未幾，師居憂旋籍。終制入覲，任戶部侍郎，出為河南巡撫，復調撫浙，而公已死事。是卷所書，當在甲子以前，皆剿捕蔡逆機宜也。自鳳尾、水澳各匪幫相繼殲盡，而蔡逆以鬼蜮之伎潛伏伺劫，誘脅夥匪漸眾，濱海繹騷。逆氛飄瞥變幻，由浙竄閩，由閩竄粵。其在閩，至豎旗稱王，攻掠臺郡，負嵎困鬥，極滔天之惡。公追逃及此，迺助閩師圍剿，幾蹙之絕地，賊冒死乘風濤逸出北汕。報聞朝廷，以是役雖少失利，終賴公逼退賊，詔暫削翎頂，仍戴罪立功。而督師方嫉公，誣搆公以死罪。疏屢上，不報。既乃特降硃諭，切責督師，比之「莫須有」，且追論前此養癰之失，任公益堅。是書俱未之及者，以其事在吾師去浙後也。嗟乎！蔡逆特么麼販豎耳。今滋事之日，大吏能推誠倚公，代為運籌策應，如曩者捕水澳、鳳尾諸幫，必且不旋踵撲滅。即不能或聽公，所嚮不為牽掣阻撓，賊雖詭譎善犇駛，亦何至鴟張如是之甚哉！方公涖浙任時，師按部寧郡，相見把臂，誓共滅賊，情詞慨慷，聞者皆為傾動。時即有齟齬之人，師調撥其間，俾公屢獲戰績。卷中云云，約略按也。師去，公勢孤，賊勢始熾。迨聖上洞究情弊，既專責成於公，公乃奮然自任，而逆匪肆惡日久，憤恨切骨，遂有必死之志。丙寅秋，敗賊於漁山，血戰受傷。戊辰十二月二十五日，窮追至黑水洋，賊舟將覆，未覆而公竟中礮死矣。公死之後，師隨復至浙，督將帥、授方略，鼓怒出師，斬獲幾盡。己巳八月二十二日，師祝釐，交印北上。時賊纔餘三舟，飭水軍乘機速捕，實已于八月十八日殲于溫州。不數日，署督臣遂以殲逆奏報，實在浙之溫州外洋。其就殲之日，則八月十八日也。豈公之英爽在浙，故斃賊於本任所轄之境，以示靈異耶？抑吾師盡心盡力，所以復公仇而快公志者，固宜彰於是耶？雖然公官浙江提督，故事不親出洋，以兼總統、受上倚任深故，頻歲越界蹈險，卒被害於賊。昔張睢陽之死，玄宗謂〔註22〕：「不知張巡何許人」。公聞至，上召見軍機大臣曰：「朕從未見李長庚之面，閱此摺，為之手戰墮淚。」蓋聖明深知良

〔註22〕「玄」，原避清聖祖玄燁諱作「元」，今回改。

將，非玄宗於睢陽可比，是以痛悼倍至。吾師實薦公於上者，俯仰之間又烏能已已。且師任籌剿，浙之將士雖聽命無違，然憂危皆所獨任，欲求相知如公者，已不可得。覆檢公札，追念往事，殆不禁涕涔涔下也。裝是卷及前卷成，以示槐，因并覯縷誌之。甬東受業弟子童槐謹識。

兄于十四年立專注蔡逆分船隔攻之法。蔡逆自李忠毅並船被砲之後，閩、浙兵船人人餒葸，十三年兩次入浙，兵船已逼近首逆坐船，皆未能直與併命。兄乃立專注首逆分船隔攻之法，疊次密札各提鎮，約俟蔡逆入浙，分兵船若干，專隔蔡逆之餘船，以不能救首逆為功，不以獲盜為功。分精銳若干船，專注首逆之船，將其篷柁節節打破，俾其不能再逃，然後盡力攻擊，則兵將皆無畢命之慮，首逆難掛逃遁之賊帆。八月十七日，邱、童兩提鎮攻擊蔡逆于台州漁山洋，帆已破如魚網，死者狼藉，窮一夜之力逃，不能遠至。十八日，又被兵船追攻于溫州外洋，全船沉沒。若是前數次攻法，十七夜未有不遠逃者。此次得力，未始非專注首逆之法合宜也。觀于署督張公奏摺，一切蹤跡可靜索而得。在《後洋程日記》之末。

按兄自嘉慶五年滅安南夷寇之後，十年丁憂去官，惟餘蔡逆、張阿治未滅。十三年復撫浙，張阿治被剿乞降，土盜已淨。十四年秋八月十八日，蔡逆被殲，兄以八月二十二日祝釐北上，再到瀛舟，計前後七年，皆仰秉睿謀，得靖海洋，以符題署「瀛舟」之初志，故詳記之，并錄《洋程日記》二卷次于後。

瀛舟筆談卷二

揚州阮亨仲嘉記

　　浙江海盜嘉慶元二三四年間結連安南夷艇，大為民害。余兄自嘉慶四年仲冬抵任後，首籌海事，凡島嶼之隱伏、口岸之險要、盜艘之往來、兵船之剿獲、營縣之稟報、鎮將之功過，屬幕中友人以文案為據，逐日筆之於簡，名為《洋程筆記》。是以千里之外，時日程途，將弁不能欺隱。發蹤指示，屢獲巨憝；條奏軍情，悉為稱旨。數年以來，海洋較前頗為斂戢，蓋有由也。今將《筆記》內事之大者擇錄如左。

　　嘉慶四年冬，盜船之在浙者，最大為安南夷艇，其次有鳳尾幫、水澳幫、箬黃幫，共數百船，盤踞浙洋，隱伺劫掠。十二月二十四日，定海鎮總兵李長庚會同閩、浙舟師，攻捕夷艇于溫洲之三盤洋，砲沉盜船一隻，斃盜無算。閩師外委陳國寶一船，陷死于賊。

　　五年正月初五日，艇匪及鳳尾幫盜竄回閩洋，定海鎮總兵李長庚率舟師追之入閩，直至廣東南澳洋。

　　初八日，巡撫赴台州，將往溫州。

　　《起程前赴溫台查辦艇匪請添設船砲摺》略云：「艇匪船高砲大，舷邊圍裹牛皮，網紗甚厚，其船比兵船大至三四倍。兵船砲子重者不過斤許，匪船砲子重至十三四斤。三鎮兵丁合計不過三四千人，匪船二百餘隻，總計約有萬人。強弱眾寡之勢，迥不相同。必當添設大船、大砲，加配兵將，始能痛加剿除，以絕其窺伺內地之路。至沿海一帶奸民，偷漏米糧、淡水、火藥出洋濟匪，尤應嚴密查拏。海洋近日商船亦少，若艇匪外無所掠，而內地米不偷漏，必將近岸滋擾，是以沿海口岸尤應嚴防。臣當沿途查察，遇有兵少之處，即將陸路守兵酌調，嚴緊守

禦，不致疏懈。」

十五日，巡撫聞盜已竄閩，乃自台州回省。

《報艇匪南竄防捕土盜事宜摺》略云：「查上年艇匪來浙，似與往年不同。往年夏來秋去，至遲不過冬初，上年則八月始來，臘盡未去。往年艇匪與土盜為仇，近來則土盜恃艇匪為倚靠，艇匪以土盜為嚮導。艇匪船大砲大，足以牽制兵船之力。兵船不能更有餘力追捕土盜，土盜乃得肆出搶劫，艇船坐分其肥。臣在沿海細訪輿論，上年商船被劫較少，艇匪人多用大，所劫不敷所需，或因此虧折，不復再來，固未可知，但鳳尾土盜欲假其勢，必將糾約來浙，倘夏秋竟添多艇而至，更不可不厚為籌備。」

二月初四日，巡撫奏請捐造船砲。

摺略云：「臣于上年冬間到浙後，體訪剿捕艇匪事宜，須用大船、大砲，又聞閩省有黃文海等投首艇船二隻，可仿樣製造，于剿捕似能得力。且閩省木料較為便宜，臣與督臣玉德及鹽臣、各司、道、府前後所捐，共約銀五六萬兩，大船每隻工料約需三千餘兩。誠如聖諭，照粵省米艇一百餘隻之數，成造十分之三四，亦須三四十隻方資配用，即須十餘萬兩，加以添鑄大砲、增配兵丁、水手口糧、歲修篷索、損具等費，終有未敷相應，遵旨在於浙省存貯閒款內湊用。查艇匪現已南竄，但夏秋之交不能保其不來，趁此春時，在閩趕緊造辦，庶幾有備無患。」

黃巖鎮總兵岳璽由溫州出口，開往北洋剿捕土盜。

十一日，巡撫奏籌緝捕土盜。

摺略云：「臣查艇匪南竄閩洋，鳳尾幫亦已隨去，蔡牽幫本在閩界，前經定海鎮臣李長庚帶領舟師窮追入閩。臣恐鳳尾土盜折回滋擾，囑令黃巖鎮臣岳璽挑配兵船，由溫州出海偵探賊蹤，乘此艇匪離浙之時，務將土盜痛加剿除，絕土盜之根株，即以翦艇匪之羽翼。查浙洋大陳山嶴，前經玉德奏明封禁，又平陽之黃沙宮、小屺、布袋等嶴，亦經查飭封禁，誠恐日久漸弛，又有奸徒潛匿，臣札致各鎮，於兵船追捕路經各嶴時，便往搜查。又溫州三盤嶴洋面，最為各盜盤踞門戶，因山上有居民一千餘戶，前撥陸路官兵二百五十名防守，此時雖無匪船在彼，但恐土盜復來，民勢孤懸，且恐良奸混雜，前項守兵仍令緩撤，以防竄踞。再如鄞縣之姚家浦，太平之石板殿、狗洞門，皆有通盜濟匪奸民，臣前已密訪姓名、居址，懸立重賞，嚴飭該營縣確切查拏，陸續已有獲者，仍恐搜捕太驟，或致誤累良民，並飭慎重區別，期無枉縱。如有兵役、民人盤獲漏米銷贓匪徒，即以其物賞之。各縣城外鐵器匠店，俱令遷入城內，除農器及民間常用物件外，槩行嚴禁製造。現在濱海之廳、州、縣已蒙恩准民壯兼習鳥鎗，臣即飭趕造齊全，移營分派弁兵一同教演，並諭沿海村民自為團練，設有賊匪上岸，即鳴鑼合捕。臣擬秋審事竣後，親赴各處查閱賞勸，即秋間艇匪復至，似亦可資防禦矣。」

二十一日，黃巖鎮總兵岳璽率同副將胡振聲等，在太平縣屬之狗洞門截拿箬黃幫土盜，攻獲盜船十二隻，擒獲盜首江文五等一百七十六人。箬黃幫自此剿滅。

《報獲土盜江文五等摺》略云：「臣于正月十五日在台州面見黃巖鎮臣岳璽，因其時艇匪已經南竄，仍恐尚有土盜折回本境滋擾之事，囑令出洋四處搜捕。該鎮于二月二十一日探聞台州太平縣狗洞門等處土盜駕船遊奕伺劫。是日，兵船仍護送商船過狗洞門之北，就紀青地方暫泊，三更時候，出其不意，疾馳回南。查探該處港口繁多，四門可通，該鎮即派各將弁分守各門，堵截兜擒，復派弁帶兵上山，并近岸看守，以防盜匪上山上岸逃走。該鎮于五更率同胡振聲等馳至該處，一擁而進，即開鎗砲攻擊。匪等抵死拒捕，經官兵奮勇，殺死盜匪及落水淹斃者不計其數。匪等赴水登塗，四散逃竄，經官兵追趕，擒獲者共七十餘名，又埋伏弁兵，兜獲山下逃竄者七十餘名，又松門汛弁及巡司差役兜獲盜匪二十餘名。計此次生擒盜匪一百七十六名，首級三顆，共獲盜船十二隻并鎗、刀、旗、砲、火藥等件。現在委賢能之員馳赴台州，會同該府研審，不使少有枉縱，以歸詳慎。」

閏四月二十三日，定海鎮李長庚率領舟師押帶五艇木料由閩回浙。

五月初十日，巡撫赴寧波。

摺略云：「臣于五月初十日起程，前赴寧波、鎮海一帶迎會提鎮商辦諸事。所有添造大船木料，閩省亦甚短少，督臣玉德極力採辦，先將五船之料與李長庚帶回浙江起緊製造，其餘木料陸續帶浙。至于應添礮位，臣已于杭州、寧波、溫州三處設廠，如法鑄造，以備配用。近日，海洋土盜因艇匪已去，雖略為斂跡，而閩、浙各幫土盜，出沒伺劫勒贖者，仍屬不少。幸此時初夏，漁汛已過，三鎮兵船齊備，兵力較厚，臣當催令合力兜擒，并飭海疆各縣，僱募鄉勇，協同兵役于近洋搜捕。又思沿海奸民通盜銷贓，積習已久，經臣分委幹員，會同各縣編查保甲，嚴立規條，出示曉諭，令其互相糾察，如有舉報不法情事者，給以賞賚。應需飯食、紙筆之費，皆臣等官為捐給，不許胥役藉端需索。臣于此次赴寧，便道親為抽查，以期覈實。」

十八日，大小夷艇七十餘號于五月初五六日竄入浙江溫州之北關外洋，旋向三盤等處遊奕，分咨三鎮舟師會剿，並咨總督，仍派前署閩安協事遊擊陳名魁帶領舟師來浙會剿。

巡撫由寧波赴台州，奏請以定海鎮李長庚總統三鎮舟師，以專號令。

摺略云：「浙江水師三鎮分洋剿捕，遇有大幫賊匪必須會剿，但軍情密速，海面遼闊，攻守進退未便，少有歧誤。仰懇皇上天恩，諭令李長庚一人總其號令，庶幾機宜畫一，賞罰可行。」

二十九日，巡撫奏請，飭調粵、閩舟師來浙會剿艇匪。

摺略云：「竊查粵、閩、浙三省皆有洋匪，而艇匪為尤甚。該匪半屬夷人，半係粵產，經

由粵、閩，過而不留，至浙則逗留伺劫，動輒半年。閩、浙土盜附和艇匪，各岸奸民暗通土盜，日多一日，年復一年。若不亟為剿滅，漸致釀成巨夥，侵擾岸民。前明東南倭寇，人民財富為之傷耗，甚可鑑也。春間恩諭添造大船，即經購料趕辦，而木植甫于五月初間到浙開工，艇匪接踵而來，已屬緩不濟急。現在匪艇最大者二十餘隻，次者五隻，又有浙江鳳尾幫盜船五十餘隻、福建水澳幫盜船五十餘隻，皆在玉環三盤一帶遊奕。統計各幫盜船不下百數十隻，風聞尚有續來之艇，其餘零星匪船，出沒靡常，蔡牽一幫，又去來不定，是此次盜船數已不少〔註1〕，若再加揣估，勢必更多。浙省三鎮兵船不過百號，強弱眾寡之勢本屬顯然，且艇匪頻年北竄，皆因兵力較單，未克痛加殲戮，以致土盜勾引，日漸鴟張。近則閩、浙添造米艇，而粵省水師米艇已造成百餘號，兵威更壯。現在粵、閩盜船皆萃于浙，臣愚以為分而禦之，不如合而擒之之為得也。況浙江水師拏獲蘇柳一案，追過江南，直至山東黑水洋面，今春追艇匪亦復越過全閩，直至廣東南澳，是浙省追捕洋匪本屬無分畛域。合無仰懇皇上天恩，飭令兩廣督臣選派勇幹鎮臣，帶領米艇兵船二十號，配足兵械，乘此南風旺盛之時，飛速來浙，并飭閩、浙督臣，派撥兵船多隻，一體前來會剿，以冀尅期竣事，悉數就擒外，使夷匪徒知內地兵力之厚、策應之靈，不敢妄生窺伺，實于三省均為有裨。至于舟師未到之前，臣仍與提鎮諸臣相機設法盡力剿辦，倘能大挫其鋒，則粵師到日，正可作窮寇之追，設或驟難殄滅，則三省會齊，實可操必勝之策。」〔註2〕

六月二十二日夜，颶風，夷艇及鳳尾幫盜船百餘隻沈沒甚多，先後水陸擒獲安南夷匪楚阿耀等男婦五百餘人，撈獲大中小銅炮八十餘門，奪獲兵械無算。定海、黃巖二鎮兵船亦多損傷，兵勇傷斃及落水死者約數十人。夷匪及鳳尾二幫自此剿滅。

《報匪艇遇颶壞船官兵擒獲多盜摺》略云：「查艇匪、鳳尾、水澳三幫之內，水澳與鳳尾不和，因乘閒令人招使水澳投誠，並散布閒諜之言，令其互相猜忌。水澳幫已各自駛回玉環洋面，惟鳳尾隨同艇匪及隨帶之土盜小釣船、杉板船共計百有餘隻，在太平松門遊奕。定海、黃巖兩鎮兵船六十隻，在海門上下與之相持。兵勇張大聲勢，使之不能登岸。此時水澳已去，盜船較單，各口水、米查禁甚嚴，拏獲濟匪之犯不一而足。該匪等至偷挖海山番薯充食，閒有上岸偷取淡水、冒充鄉勇探聽消息者，悉被員弁擒拏。其勢已覺窮蹙，正在約會溫州鎮兵船北來會剿。適于六月二十二日夜閒，忽起颶風，至二十三日子丑之閒，風勢愈烈，屋瓦皆振，該處盜船多被風水擊撞，沉沒無算，餘者亦漂出外洋，未知存否。官兵船隻同時損壞大半，其餘篷桅亦多破折，不能駕駛截拏。若稍緩須臾，盜即逸去。維時陸路太平營參將李成隆，先經臣等

〔註1〕「盜」，原作「盤」，非，今據文義改。
〔註2〕「操」，原作「摻」。按，「操」俗作「撡」，「撡」「摻」因形近而誤，今改正。

飭令移駐松門，即帶領守備陳世勳、把總崔榮華、鄭殿魁、秦得勝、武生林羽林等會集兵丁鄉勇數□名〔註3〕，一齊堵截海口，併力擒拏。該匪等猶據船點放大炮。官兵乘板艍水，往來奮擊，施放鎗炮。匪徒料不能脫，棄艇登山。外委林鳳飛、陳際會首先追擊，兵勇相繼齊登，陸續生擒男婦二百餘名口，滾崖跳水者不計其數，屍身漂滿海港，官兵奪獲旗、炮、刀、鎗等械極多。將獲到各匪逐一研訊，分別辦理，再為具奏。一面飛催各鎮速修船隻，駕往遼遠島嶼，搜緝漂流餘剩盜船并僥倖脫逃之犯，務獲解究。仍飛咨督臣玉德，于閩省一體兜擒，斷其歸路。其停泊玉環洋面之水澳幫，視其果否投誠，再為酌辦。」

二十五日，黃巖縣知縣孫鳳鳴、定海縣教諭王鳴珂督率鄉勇搜捕海島，拏獲安南偽官善艚隊長大統兵進祿侯倫貴利。

二十六日，巡撫奏粵、閩舟師不必來浙會剿。

摺略云：「臣先于六月十五日接準督臣玉德咨，稱續有艇匪七十餘船，由廣東碣石鎮洋面東來，經南澳鎮水師迎擊等因。臣等隨飭知沿海文武一律嚴防，至今並無消息。臣等現將盜船被風、官兵擊獲情形飛札玉德，囑其查明續來七十餘隻之匪艇，如已由閩入浙，即促閩、粵舟師星速前來，以資會剿，如已經竄回粵省，即就近攔回粵船，不必來浙。」

七月初六日，據平陽縣楊鏕稟報，六月二十六日，蔡牽幫盜船七十餘隻竄入浙境，被陸路兵勇堵禦，遂遁往溫屬之三盤洋，水澳幫六七十船與之合幫遊奕。

巡撫奏續獲盜犯，擊退餘匪，并防剿蔡牽。

摺略云：「艇、土盜船遭風打壞，官兵乘機奮擊，生擒多犯，溺斃尤眾。臣等旋即查明定、黃二鎮共兵船六十隻，大半被風打壞，且有沉沒無存者，隨連夜趕修十二船，添置篷索、器具，囑定海鎮臣李長庚帶領搜捕剿匪〔註4〕，並經黃巖鎮臣岳璽帶領水師弁兵，由陸路翻山渡港，水陸分頭搜捕。又台州府王蕶象、知縣趙擢彤、于天澤、孫鳳鳴等亦各派僱役勇前去助力。所有各海山破船逸盜，連日全行就獲。除攻擊連船沉溺不計外，又生擒三百餘名。正在搜捕間，有先經分泊他洋未遭風壞之鳳尾幫二十餘船，聞知夥船損碎，急來救援。鎮臣李長庚隨即駛出洋面，占住上風。該匪瞭見兵船只十二號，竟敢戲駛向前，點放大砲。官兵奮勇攻擊，砲火齊開。匪船被有傷損，且拒且走，遁往大陳山。因天暮，兵船單少，暫行收回。次日早，溫州鎮臣胡振聲帶領兵船來，至石塘探知賊在大陳，即行往捕。賊船放炮拒捕，官兵鎗炮齊發，打壞盜船一隻，立時沈沒，餘船隨攻隨逃，傷斃盜匪無數，兵船收回海門。又蔡牽幫七十餘隻，據平陽縣楊鏕稟報，六月二十六日晚竄入浙境，意圖入港，經兵勇施放鎗砲，旋即遁往三盤洋面。

〔註3〕原版面漫漶不清，下文作「□」者同。
〔註4〕「剿」，原作「剝」，非，今據文義改。

其水澳幫六七十船，因兵船及素不相睦之艇船皆被風損壞，兩無顧忌，並未投誠，又駛往三盤與蔡牽往來遊奕，似屬合夥。臣等現與三鎮臣商議，分散其勢，庶剿捕易於措手。至于粵、閩、浙夷、土各匪，有審明拒捕行劫、接贓服役者，亦多有被劫難民在內，不可不詳為區別。此外，又閒有窮蹙、自行投出者，現在分別細為查訊辦理。再查艇匪二十餘船俱遭溺剿，其倖逃者不過二三隻。惟船隻扛沈而大砲之在淺水者，若被奸民撈獲濟匪，甚有關係。臣另率帶人夫連日在海濱撈獲大中小砲八十餘門，內有大銅砲五門，各重一二千斤不等，鐫鑄洋紋，甚為堅壯，應與先後奪獲各種器械分交各鎮兵船配用。」

二十一日，巡撫審辦夷匪安南偽總兵倫貴利。

摺略云：「倫貴利即王貴利，原籍廣東澄海縣，於乾隆五十九年投入安南匪艇，跟隨該國寶玉侯與農耐國打仗有功，封為善體隊統兵貴利侯，給與劄付一紙。因該國避稱『王』字，改姓為『倫』，娶妻蓄髮。第三年，又給劄付一紙，加封為善體隊大統兵進祿侯。今年，該國王派伊同善體三和侯總兵耀、善體後支大統兵總兵金、善體後支統兵總兵南率領艇船二十八隻，并各帶印信、砲械，駕駛巡海。總兵耀與伊商量，瞞著國王私來浙江行劫，椗泊太平縣龍王堂洋面。不意六月二十二日夜，陡起大風，打破船隻。該犯抱板漂流，潛匿山島，恐髮長被人盤詰，自用佩刀割去半截，正欲遠逃，即被拏獲，所領該國劄付，隨船沈沒，已被撈獲等情，據供不諱。倫貴利即王貴利，係廣東民人，投入外夷，得受偽爵。按律，已應斬決。該犯復敢私瞞國王，偷出肆劫，抗拒官兵，尤為不法，應照林誥之例問，擬凌遲。但該犯領受安南劄付，係屬該國司事職官，應否解京審辦，相應請旨遵行。其餘三總兵皆溺斃，銅印、勒書全皆撈獲。」

二十二日，定海、溫州二鎮兵船，遇風收泊黃花關。巡撫由台州起程，自寧波、紹興回省。先是所獲夷匪楚阿耀等五百餘人因監獄不敷，分寄台、寧、紹三郡監，至是審辦，分別斬、遣、流、徒，其難民一概釋放。

蔡牽幫聞定海、黃巖二鎮追捕嚴緊，竄回閩洋。水澳幫盜船竄至溫屬之平陽縣，率數百人登岸偷掘番薯。平陽協副將徐錕、試用縣丞方觀海督率兵勇設伏，殺死紅衣賊目一人，奪獲盜船三隻，賊匪投出三十一人，餘船竄往閩洋。

摺略云：「今秋浙洋土盜蔡牽先已南竄，水澳幫等又為浙師窮追，南抵邊界，各海山亦搜捕淨盡。黃巖、定海破損之船，現在連夜趕修，不日可得二十餘號，足資本洋緝捕。」又云：「浙洋今歲盜匪實止艇匪、鳳尾、水澳、蔡牽四幫。今艇匪風壞二十五隻，惟存三隻，鳳尾風壞四十餘隻，惟存二十餘隻，現與水澳、蔡牽經浙鎮兵船窮追，皆抵閩洋，此外並無成幫盜匪在洋遊奕。惟洋面向有零星土盜，私駕小杉板、小釣船，三隻兩隻在洋拉劫，本即鳳尾之支流，今鳳尾蕩析，失其所恃，俱知斂匿。臣恐兵船全數南剿，未免北洋空虛，此種土盜乘機復出，現在督修兵船二十餘號，囑鎮臣岳璽往來巡緝，以靖洋面。」

八月十四日，定海鎮兵船在小門洋面遇颶，候補都司蔡得耀一船觸礁沈沒，淹斃蔡得耀暨兵丁陳國祐等五人。

二十五日，水澳幫盜船由閩竄回浙洋，在石塘洋遊奕。定海鎮李長庚乘夜掩捕，殲斃盜匪無算，餘匪竄泊調班。

二十六日夜三更，定海鎮李長庚復擊水澳幫盜匪于調班洋。盜船抵禦不及，傷斃甚眾。因風急浪高，不能擒獲生盜，定海鎮兵船乃收泊海門，黃巖鎮兵船追捕過南，亦收泊海門。

署遊擊常遇恩帶領僱募釣船二十隻，隨同黃巖鎮緝捕土盜。各鎮、營、縣稟獲盜匪黃亞詩等三十五人〔註5〕，拏獲盜船九隻。

九月十四日，黃巖鎮岳璽、溫州鎮胡振聲會剿水澳幫盜船五十餘隻于東臼外洋，至北麂洋，砲沈大盜船一隻，盜首轎夫頭林亞孫等淹斃，賊眾大潰，鉤獲盜船二隻，生擒盜匪蔡猍等三十二人，餘船散逃回岸。水澳幫自此剿滅。

《報獲盜匪情形摺》略云：「定、溫二鎮赴南洋會剿水澳一幫，黃鎮在北洋專辦土盜。因土盜望見兵船輒即逃竄，且其所駕釣船甚為輕快，若遇淺水，大船礙難追捕，臣等相商，復僱募小船二十隻，交署遊擊常遇恩帶領，隨同黃鎮兵船相機剿捕，一面檄飭沿海文武協同防堵截拿。嗣據各鎮暨營縣等先後獲犯黃亞詩等三十五名，割取首級二十四顆，拿獲網船一隻、釣船八隻，器械無算。并據平陽副將徐錕、知縣楊鑅等督率兵役鄉勇，用鎗砲打沈撲岸覓食之水澳盜船五隻，割取首級三顆，餘匪溺斃甚眾。又該匪於八月二十五日在石塘洋面遊奕，鎮臣李長庚因日閒進兵，盜船易于瞭避，候至四更，駛往掩捕。該匪驚覺，截椗欲竄，兵船逼近奮擊，砲火齊開，該匪且拒且逃，受傷落水者不計其數。次日，盜船逃泊調班洋，兵船復于三更潛往襲剿，砲彈、火箭斃盜甚眾，兼多落水溺斃之犯。雖因風急浪高，兩舟難並，不能過船擒獲生盜，而該匪連次損折，急竄外洋，其勢業已窮蹙。此二次兵丁中鎗受傷者二名，餘無損失。惟時李長庚所帶之船多有被風損壞、急須修整者，因與溫鎮兵船收泊海門，適黃鎮兵船追盜南來，亦抵海門。又復會議，定鎮兵船暫回本廠修葺燂洗，兼拿土盜，岳璽、胡振聲帶領黃、溫二鎮兵船會同南剿。該二鎮于九月十四日四更時駛往東臼，天明即為掩捕。水澳盜匪五十餘船起椗拒捕，兵船占住上風，奮力剿擊，點放新獲銅砲，斃賊甚多。當有通身黑色之大盜船一隻，宛若艇船而船身較小，船上一人執持號旗，指揮進退，形如賊首，輾轉拒敵，直至北麂外洋。兵船併力緊追，炮彈、火箭飛中黑船盛貯火藥之器，轟燒迸裂，全船立時沈沒，賊眾大潰。岳璽

等兵船乘勢衝進，鉤獲同安船一隻、八槳船一隻，除燒斃溺死之外，生擒盜匪蔡莽等三十二名，又割取首級五顆，奪獲鎗、砲、器械多件。時已薄暮，其餘盜船飛竄東南遠洋，兵船暫為收泊。至盜船執旗指揮之人，據生盜蔡莽等供，係水澳幫總盜首林亞孫，混名轎夫頭。該犯連船沈沒，諒無生理。先曾聞有艇匪殘船三隻投入水澳之說，詎知竟係該匪塗黑己艇，扮作艇船模樣嚇唬商船。其殘艇三隻，經岳璽查明，先於八月望開逃避外洋，乘風南去。臣等查李長庚原訂回廠修船之後，仍即南駛緝捕。臣等並諄囑岳璽、胡振聲上緊追擊，務期殄滅餘孽，以靖海氛。」

樂清營縣稟獲登岸盜犯陳籠等十人。

十二日，定海鎮都司常遇恩在大七洋砲沈土盜船二隻，擒獲生盜莊普等十一人，又陸續拿獲濟匪之犯十餘人。

二十六日，黃巖鎮兵船攻捕土盜船三隻于黃嶼、兒頭洋，砲斃盜匪及落水死者甚眾。外委陳文元、鄉勇夏道懷等擒獲生盜楊阿土等十九人，并獲盜船二隻，銅、鍱砲六門，刀、鎗、旗、械多件。

十一月，蔡牽幫夥盜侯齊添，因與蔡牽不睦，別為一幫，復由南洋分竄北洋。

十九日，定海鎮李長庚攻捕盜匪侯齊添，自南天門洋追至深水外洋。千總蔡榮恩等擒獲生盜李出等二十二人，并獲刀、鎗等械四十四件，盜船立時沈沒。

摺略云：「水澳幫總盜首名轎夫頭者，先被黃巖鎮兵船擊斃，隨有蔡牽幫盜夥侯齊添因與蔡牽不睦，投入水澳幫，收拾餘匪，該幫推為盜首，遊奕南洋，因黃鎮兵船剿捕緊迫，由南洋分竄北洋。臣等以北洋正值漁期，舟航雲集，亟應防禦保護，隨飛札黃巖鎮臣岳璽等，自南而北，追躡其尾，定海鎮臣李長庚帶領修造初竣之兵船，自北而南，迎頭剿擊。去後，茲據李長庚暨將備等札稟，內稱十一月十九日辰刻，兵船在南天門洋瞭見盜船自南前來，一見兵船，飛速折回逃竄。兵船窮追，直至深水外洋。該匪料不能逃，回船抵拒。兵船上前奮擊，鎗砲齊開，兼拋放火毬、火箭，盜船多有損壞，盜匪落水者甚眾。其時已屆黃昏，該鎮揮令千總蔡榮恩等躍過一船，殺死盜匪并落海斃命者二十餘名，擒獲生盜李出等二十二名，檢獲刀、鎗、器械四十四件。其大砲、贓物，因船已進水，不及搬取，隨即沈沒，餘船亦即于昏黑時分遁遠洋。」

二十九日，巡撫參奏溫州鎮總兵胡振聲未經接護琉球封舟〔註6〕，請旨交部嚴議。

摺略云：「準督臣玉德札稱，十一月初四日，冊封琉球使臣趙文楷、李鼎元回至閩省，據稱舟過浙省之北麂山外洋，見有盜船二十餘隻，內有數船駛近相逼，經閩省護送官兵開放鎗砲，打死數人，始行退避，並未見有浙省官船隻等語。適副使臣李鼎元過浙，臣面詢，與在閩所言

────────────

〔註6〕「球」，原作「璃」，非，今據文義改。

無異。臣查北麂外洋係溫州鎮所轄，盜船游奕停泊之處，自應跟蹤追擊，即使封舟不經北麂，兵船亦當確探速捕。乃該鎮兵船與盜船相離，以致封舟經過，未見兵船，且與盜船相遇，實屬疏玩，理合參奏。請旨將溫州鎮總兵胡振聲交部嚴加議處，以示懲儆。」

十二月十八日，侯齊添盜船竄至潭頭洋伺劫。定海鎮李長庚連夜掩捕，護遊擊董步雲等用火箭、火毯轟碎盜船一隻，人船俱沈。守備羅江魁等復趕上一船，殺死盜匪甚眾，生擒盜匪丁郭等十九人。兵船被匪轟溺一隻，傷斃兵丁唐士益等三人。

六年正月，定海鎮署遊擊黃飛鵬在閩監造米艇二十五隻成。

十二日，定海縣知縣趙擢彤在旂頭洋獲盜林新俊等十五人。

十五日，蔡牽盜船三十九隻在北關黃沙宮遊奕。

十六日，溫州鎮胡振聲在披山洋追捕侯齊添幫盜船，砲沈盜船一隻，擒獲生盜李水等十二人。

十七日，蔡牽盜船竄回閩洋。

二十三日，定海鎮遊擊許松年等探知馬蹟洋有盜船八隻，乘夜冒雪往剿，擊獲盜船一隻，擒獲生盜楊烏等十九人。

二月初六日，蔡牽幫盜船四十餘隻在閩、浙交界之冬瓜嶼洋遊奕，被福建烽火營參將兵船追擊，敗竄閩洋。

定海鎮李長庚兵船開赴南洋緝捕，即赴閩接運新艇。

初八日，侯齊添盜船在長雞嘴外洋遊奕，旋赴青灣洋撲岸滋擾，經地民擊退，旋即南駛閩洋。

十四日，侯齊添盜船十七隻仍竄浙洋。

二十二日，定海、黃巖、溫州三鎮兵船隨帶商船一百餘號，先後駛泊北關。定海鎮兵船即開赴閩洋，黃巖鎮兵船開行過北，溫州鎮兵船開行過南。

二十九日，蔡牽幫盜船五十餘隻在北關外洋遊奕。溫州鎮兵船前往閩省三沙會捕。

三月十四日，侯齊添盜船十五隻由披山外洋往北，補網幫盜船九隻、白面幫盜船十二隻、小貓幫盜船十隻，分為三幫，在衢港倒斗嶴、魚山等洋遊奕。

四月初一日，黃巖鎮岳璽率領遊擊許松年，在礁潭洋面截獲盜船一隻，生擒盜犯王山等十人。

初四日，蔡牽幫盜船五十餘隻在大瞿洋遊奕，旋即駛往北洋。

十二日，巡撫往寧波。

摺略云：「查浙洋夏初漁市正當旺期，土盜每易伺劫，而閩匪蔡牽、侯齊添等盜船倏去倏來，亦意在伺劫漁市。此係沿海一年生計，若不為之保護，不特人、船、貨物被劫堪憐，並恐貧民流入盜黨，土盜復盛，又滋海洋之累。臣于十二日馳赴鎮海等處察查督捕，以期漁市平寧。且定海鎮臣李長庚入閩接駕新造大艇，計程亦當回浙，臣即可約會提督臣蒼保就近逐船看驗，并與商議添兵配械一切善後事宜，俾夏秋得以有備。」

二十日，定海鎮遊擊許松年探得蔡牽幫盜船在徐公洋、侯齊添幫盜船在琵琶洋，隨同黃巖鎮兵船自長塗開行，會合溫州鎮兵船同往兜捕。黃巖鎮岳璽由倒斗嶴追擊蔡牽盜船，砲斃甚多，餘盜竄往東南外洋，是晚在旺澤門椗泊。溫州鎮兵船亦由鐵墩、小洋山一帶巡至同泊。

二十二日，定海鎮李長庚接護新艇回浙，同黃巖、溫州二鎮兵船均泊馬蹟，蔡牽幫盜船遠竄盡山外洋。

《勘明新造艇船酌配兵炮分洋緝捕摺》略云：「查浙洋向設兵船一百隻，定海、黃巖、溫州三鎮均分帶領，此次新造大船三十隻，每鎮亦應各分十隻，以一船八十兵計之，每鎮應添兵八百名，核計存營兵丁過少，而例給緝匪口糧亦過多。今擬將舊兵船之修造年深、窄小、遲笨者，量為裁撤，藉可節費節兵，庶不致難乎為繼。其新船應用砲位，除將去年獲得夷艇銅、鐵大砲配用外，尚需紅衣、洗笨砲七十八門，大劈山砲三百四十門。上年臣與提臣蒼保商酌，在於杭、寧、溫分設三局鑄造，今已齊備，鏨製字號，分配三鎮各船并鳥鎗、刀矛、藥彈、弓箭等件期于足用。此臣查驗新船，商配兵砲之大略也。再此項大船、大砲原為籌剿夷匪而設，今用剿閩土各匪，自較前更為得力。此後應令三鎮各守本洋，務靖本洋之盜。若盜幫久在該鎮洋面，而該鎮並無剿獲，臣與提臣無難按日計程，據實查奏。如此，事有責成，庶免往返奔馳，徒尾盜後，轉致本洋空虛，授盜以繞竄延喘之地。設或夷匪竄入閩、浙，仍恪遵上年原奉諭旨，令李長庚發令，帶同黃、溫二鎮舟師併力會剿。此臣與提臣商酌以後緝捕之事宜也。」

五月初一日，小貓幫土盜張阿愷等九十人先後至玉環、太平、黃巖各廳縣投誠，繳出大小船七隻，鎗、砲、刀、矛四百餘件。

初六日，巡撫由寧波回省。

初十日，蔡牽幫盜船五十餘隻由北駛至潭頭洋遊奕，旋即往南，定海鎮李長庚率舟師追之。

十一日，象山鄉勇陳元章等在玉環沖担嶼洋面攻獲小貓幫盜船一隻，擒獲生盜徐亞六等二十四人。小貓幫自此剿滅。

十九日，蔡牽幫盜船七十餘隻，由北麂外洋停泊三盤，旋即超駛竄閩。

六月初七日，黃巖鎮岳璽兵船至沙鑊洋，聞狗洞門有土盜釣船遊奕，即撥

兵船兜捕,拿獲盜犯陶阿毛等十人。

十一日,蔡牽幫盜船七十餘隻,由北關外洋駛北。

十四日,溫州鎮胡振聲追捕補網幫盜船于東臼洋,擒獲盜船三隻、生盜丁亞盃等四十八人、砲械九十餘件。補網幫自此剿滅。

十五日,黃巖鎮岳璽探得蔡牽幫盜船在潭頭外洋追劫商船,遂督令遊擊藍嘉瑛等兵船在注山洋攔截,追獲盜船一隻,生擒盜犯陳贊等三十七人。

十七日,定海鎮李長庚追剿蔡牽幫盜船于雙嶼港,打沈盜船一隻,斃盜無算,兵船內同安船一隻亦被盜砲轟破,傷斃弁兵外委何安邦等七人。

七月初三日,定海鎮李長庚追剿蔡牽幫盜船于旂頭洋,獲住盜船一隻,擒獲生盜陳法等二十二人。

初四日,定海鎮署參將許松年等復追剿蔡牽盜船于東霍山外大洋,攻獲盜船一隻,擒獲生盜李灰師等二十一人。署遊擊胡于鉉追剿蔡牽盜船于盡山外洋,砲沈盜船二隻,斃盜無算,擒獲生盜陳火燒等十二人。

《三鎮兵船剿獲洋盜摺》略云:「竊照浙洋新設大船、大砲交定、黃、溫三總兵領帶,往來緝匪,聲勢較為聯絡。今歲已交秋令,夷洋艇匪不復來浙,零星土盜日就減少,惟蔡牽、侯齊添兩幫忽去忽來,亟宜剿捕。茲查蔡牽幫盜船於六月初十後,因追劫商船,自閩竄浙。十五日五更時分,黃巖鎮臣岳璽攔截該匪於注山洋,鎗砲齊施,斃盜無算,督令遊擊藍嘉瑛等追獲一船,擒盜陳贊等三十七名〔註7〕,割取首級四顆,搜獲砲械七十餘件。該匪隨北向定海、普陀一帶竄逸。十七日,經定海鎮臣李長庚在雙嶼洋面迎頭截擊,大砲所及,斃盜甚多,並即打沈盜船一隻,船內盜匪隨船淹沒,餘匪遠逃。自此日以後,颶起浪高,浹旬未息。二十九日,風色稍定,李長庚探知盜蹤,躡尾緊追,盜船由馬蹟、羊山、岑港各洋展轉狂奔。兵船跟追三晝夜,七月初三日丑刻,在旂頭洋追及,獲住一船,內有盜匪四十餘名,除跳海沈溺外,把總施大發等過船擒獲生盜陳法等二十二名,砲械六十餘件。該匪五十餘船被追窮蹙,四散南竄。李長庚亦揮令兵船三十餘號分向外洋窮追。初四日,署參將許松年、署都司羅江魁、千總陳寶貴等至東霍山外大洋追及盜船,大砲轟擊,盜匪紛紛落海,獲得盜船一隻,擒獲生盜李灰師等并女犯、幼孩共二十一名口,斬取首級十顆。又署遊擊胡于鉉、把總陳載青等至盡山外洋追及盜船,放砲攻擊,砲火打入盜船藥桶,登時轟裂燒沈。又有盜船一隻,被大砲轟擊損壞,盜匪紛紛跳海,兵勇過船擒獲生盜陳火燒等十二名,斬取首級十一顆,起獲砲械一百餘件,餘匪乘

〔註7〕「三」,原作「二」,前文作「三」,《雷塘庵主弟子記》卷二及臺北故宮博物院藏嘉慶六年七月十五日阮元、蒼保奏摺《奏報黃巖定海溫州三鎮兵船剿獲洋匪事》(編號:故宮091366)均作「三」,今據改。

夜遠竄。李長庚收合兵船，仍即探蹤窮追，期獲盜首。計此時黃、溫二鎮舟師現在南洋向北巡緝，若海程適相湊值，可望截其歸路，再加合剿。萬一該匪竄回閩省，即令溫州鎮臣胡振聲帶令舟師跟追入閩，與閩省兵船前後夾攻，期于必獲。又溫州鎮臣胡振聲先于六月十四日在本洋往來巡緝，至東臼洋面瞭見土匪船三隻遊奕，即督兵圍捕，當將人船全行擒獲，計獲盜犯郭成仔等四十八名，割取首級三顆，砲械九十餘件。臣飛飭各該府縣將現獲盜犯陳贊等一百四十名分起押解來省審。擬另奏。」

初八日，侯齊添盜船二十隻遇颶，玉環廳同知姚鳴庭在四嶼洋拿獲夥盜劉會等十八人，永嘉委員試用縣丞林錦燦在霓嶴洋拿獲夥盜林萬等十六人。侯齊添盜船由披山外洋往南，溫州鎮總兵胡振聲率舟師追之。

十三日，蔡牽幫盜船六十餘隻由披山外洋往南，復由大陳、石塘、三蒜過北遊奕。

八月十六日，定海、黃巖二鎮兵船會剿蔡牽于三盤洋，攻獲盜船二隻，生擒盜匪沈秋等十五人。

二十一日，定海、黃巖二鎮兵船駛入平陽縣境，與溫州鎮兵船會合，均泊大嶴。定海、黃巖二鎮兵船開行往北，溫州鎮兵船開往閩洋。

定海委員試用縣丞張世輔在衢港洋拿獲蔡牽幫盜船一隻，生擒盜犯蔡發等十四人。

九月十八日，溫州鎮總兵胡振聲兵船至三沙，聞蔡牽北竄浙洋之北關，遂與福建海壇鎮總兵倪定得分幫北上追之。

二十日，黃巖鎮總兵岳璽有疾回署，兵船交遊擊藍嘉瑛統帶巡緝。

十月初一日，蔡牽與其妻誘殺侯齊添于台州之石塘洋，遂併坐其船，合為一幫，共船六十餘隻，由披山外洋往南。侯齊添幫自此滅。

初七日，溫州鎮胡振聲追擊蔡牽盜船于南麂洋，砲沈盜船三隻，生擒盜匪林照等四十四人。千總武定太、縣丞王正悅所坐艇船在炎亭洋被盜砲轟沈，平陽縣丞嵇承烈率兵救出。

十四日，賣油幫盜船四隻在一江洋遊奕。

十六日，蔡牽幫盜船三十餘隻，由川礁外洋竄北。定海鎮李長庚亦自大陳追往北洋。

二十日，遊擊許松年兵船追捕蔡牽，由白馬礁至普陀，追近大盜船一隻，砲斃盜匪無算。

十一月初二日，福建閩安協副將陳名魁、督標參將羅江太帶領兵船二十餘

號，自南巡至石塘，會同溫州、黃巖二鎮同往大陳兜捕蔡牽不遇。

十三日，溫州、黃巖、閩安三幫兵船開赴北洋。蔡牽盜船五十餘隻由北麂外洋竄閩。

七年二月十一日，提督李長庚帶領兵船于潭頭洋剿捕蔡牽，生擒盜匪張如茂等十四人。

《海洋緝匪情形摺》略云：「浙洋自侯齊添被蔡牽誘殺及蔡牽竄回閩洋之後，冬底春初，疊次剿獲，稍為寧靜，但蔡牽狡黠異常，往來逃避，不可不窮追力剿。新任提臣李長庚現仍親督水師出洋捕盜，臣致書與之往返商酌，在於浙江三鎮中挑出大小兵船三十號，配足兵丁、砲械、口糧，由提臣帶領，往來三鎮洋面，督率策應，剿捕蔡牽。如該匪遁回閩洋，即不分畛域，帶兵直追入閩，期于淨殲而止。茲蔡牽果於二月初閒又竄浙洋，李長庚所帶兵船于十一日在潭頭洋面猝與匪船相值。李長庚揮兵奮擊，施放大砲，打斷賊船篷繚，弁兵躍過一船，生擒盜犯十四名并婦女、幼孩，又斬取首級三顆，搬砲械四十餘件，餘匪或砲火燒斃，或跳海淹死，約共四十餘人，此外匪船四散奔遁。李長庚現在督兵搜追，并分咨三鎮，一體兜捕。如又竄入閩界，李長庚即督兵出境，會同閩省鎮將併力窮追，以期殲獲。」

十三日，溫州鎮兵船二十餘隻自閩回至北關。

二十七日，提督李長庚統帶黃巖、溫州二鎮兵船從北洋至北關。因蔡牽匪船竄入閩洋，提督遂帶兵船三十一號赴閩追之。黃巖、溫州二鎮兵船仍泊北關。

三月初五日，提督李長庚會同閩省舟師在福建之南日東滬洋剿捕蔡牽，砲沈盜船二隻，拿獲盜船一隻，生擒盜犯徐業等七十人。

二十九日，蔡牽幫盜船三十餘隻由閩竄浙，分為二幫：一幫十九隻，由大瞿外洋抵三盤；一幫十一隻，由竹嶼外洋過北。

四月初九日，提督李長庚兵船五十餘隻，經由瑞安與溫州鎮兵船同泊三盤。

十六日，提督李長庚兵船三十餘隻，由石堰三蒜外洋往北。

二十三日，黃巖鎮岳璽有疾回署，統領遊擊舒殿英帶領兵船二十六隻在洋巡緝。賣油幫盜船十二隻遊奕三盤。

五月初一日，賣油幫盜船九隻由北南麂至官山外洋。溫州鎮兵船二十八號由北追盜來南，收泊關前。

十一日，蔡牽盜船十五隻至北關遊奕，旋往東南外洋竄閩，由廈門轉駛潮州，遇颶，擊碎盜船九隻，餘匪星散，僅存四船在惠安洋遊奕。蔡牽在閩，此為最衰弱之時。

二十二日，蔡牽在閩，至瑤山招集餘匪，復有船十餘隻。

二十五日，署樂清縣知縣葉萬楷在東臼洋拿獲賣油幫盜船一隻，生擒盜匪邱江淳等十三人。

六月初四日，定海縣黃象新在東霍洋獲船二隻，擒邱運等四十人，訊係難民，釋放。

二十五日，賣油幫盜船在三盤洋與侯齊添餘匪爛腳陳、黃葵互相攻擊，旋即分駛。

七月初二日，黃葵幫盜船十隻，由南排山外洋往北。

初六日，溫州鎮兵船由南洋駛至大鹿雞冠山一帶搜捕。黃標統領兵船亦由披山外洋超駛過北。蔡牽盜船四十餘隻竄至潭頭外洋。

二十二日，蔡牽、黃葵兩幫盜船共三十餘隻同在三蒜外洋遊奕。

二十五日，黃巖鎮總兵岳璽告病回旆。

八月初二日，護黃巖鎮總兵印務參將魏成德出洋。

初六日，護黃巖鎮魏成德至溫屬之雞冠洋，與護瑞安協副將張世熊、參將許松年相晤，商議緝捕事宜，溫州鎮胡振聲兵船十三隻至彼同泊。張世熊等一幫開行赴南，魏成德等一幫開行往北。

《督剿蔡牽摺》略云：「臣接準提臣李長庚札稱，聞得蔡牽在閩被剿窮蹙，其夥盜之船現於七月零星竄入浙洋，飛催定、黃、溫三鎮速加探捕等語。臣查今年夏秋以來，浙洋雖無大幫盜匪，但零星閩土各盜十船八船者尚有三四起，沿海各縣陸路兵勇尚能駕船入海，屢有斬獲，而三鎮兵船剿獲轉少，頗有見盜稀少，各為懈弛之意。現在臣與提臣疊次催督，如秋冬久無剿獲，臣等即行據實奏參。」

初十日，定海鎮黃象新剿捕蔡牽盜船于普陀洋，砲沈盜船一隻，攻獲盜船一隻，生擒盜匪獺窟舵等八十五人。

《剿獲蔡牽夥盜摺》略云：「該鎮于八月初七日，瞭見蔡牽盜船椗泊小羊山洋面，兵船駛近剿捕，鎗砲所及，斃匪甚多。適因風雨驟至，未能窮追擒獲。初八九日，移舟探捕，未得盜蹤。初十日，在於普陀洋面尋遇盜船，鎮臣黃象新督兵剿捕，放砲攻擊，打沈盜船一隻，獲住一隻，在船在岸共生擒盜犯獺窟舵等八十五人，斬獲首級十顆，搜獲大小鐵砲四十五門，火藥三百四十餘斤，鎗、刀等械多件。當據訊明，獺窟舵一犯係蔡牽得力幫手，是以此船藥砲甚多，曾於本年五月初一日隨同蔡牽在閩搶劫廈門汛大砲，今船內所獲之大砲即有從廈門砲臺搶得者。該鎮獲盜後，在洋巡剿。蔡牽遠奔外洋，數日並無蹤影，若非北竄江、浙交界之大小羊山、馬蹟、盡山等處，即係南竄閩洋。臣等一面飛咨定海鎮赴北搜捕，一面飛咨黃巖、溫州二鎮督

兵迎頭尋剿，務期必獲。」

二十八日，賣油幫土盜楊課帶同夥盜一百十五人赴玉環投誠，繳出鐵砲六十二門，鎗、刀等械一百六十餘件。賣油幫自此散滅。

九月十三日，黃巖鎮總兵張成出洋，鎮海參將魏成德隨同定海鎮兵船過北巡緝。

十月初二日，黃巖鎮張成有疾，兵船暫泊石浦。參將魏成德、護遊擊陳照帶領兵船開赴北洋巡緝。

初三日，黃巖鎮兵船由石浦往南至大陳，適黃葵盜船十二隻在外洋伺劫，旋竄東南，兵船追至積穀洋，無獲。

十二月初三日，定海鎮黃象新追擊蔡牽盜船于羊山洋，砲斃盜匪無算，獲住盜船一隻，千總蔡榮恩及兵丁許成隴、南鎮川亦被盜砲傷斃。

八年正月，提督李長庚帶同溫州鎮胡振聲兵船追捕蔡牽。盜船過閩。

二月，提督李長庚、溫州鎮胡振聲在閩堵剿蔡牽。福建興泉永道慶徠招降，蔡牽在三沙泊船偽降。浙省兵船奉總督令收泊福州。蔡牽不果降，颺去，自此復盛。

二十六日，定海鎮兵船二十六隻由北至潭頭外洋往南，溫州鎮兵船十六隻由閩駛回鎮下關，福建海壇鎮兵船十隻至北關。蔡牽盜船二十餘隻由南至石塘外洋。

二十八日，提督李長庚帶領兵船二十二隻自閩至北關，溫州、海壇二鎮同駛過北。

閏二月初二日，蔡牽盜船三十隻從北洋至南排洋寄椗，經黃巖鎮兵船攻擊，四散逃逸，兵船收泊黃門。

初四日，提督李長庚率同黃巖鎮兵船會剿蔡牽於三盤洋，砲沈盜船一隻，獲住盜船二隻，擒獲生盜李亞升等五十九人，餘匪船隻由北麂洋超駛過南。

初七日，定海鎮兵船二十四隻由南至三門開出老東門，往潭頭洋追捕黃葵盜船，因霧，收泊淡水門。

三月初六日，黃巖鎮張成追捕黃葵盜船於披山洋，拿獲盜船三隻，擒獲生盜郭媽等七十七人。

《報獲盜匪郭媽等摺》略云：「查蔡牽幫盜船于閏二月初間，經提臣李長庚、鎮臣張成督兵剿獲多犯之後，即已全幫竄回閩洋。惟浙洋向日不乏三船五船之零星土盜，各自潛出為匪。近有點盜黃葵者，糾合在洋閩、浙土盜十餘船，作為一夥，創名新興幫，又稱再興幫，常往來

伺劫於三鎮洋面，而於定海鎮洋面盤踞之時尤多。三月初六日，黃巖鎮臣張成在本洋乘夜督兵掩捕，獲住該幫盜船三隻，在船盜匪除傷斃落海外，擒獲生盜七十七名，割取首級一顆。」

四月初一日，蔡牽幫盜船三十餘隻由閩竄入浙洋，旋由南麂外洋超駛回閩。

十二日，溫州鎮兵船抵沙鑊洋，與黃巖鎮會商緝捕。溫州鎮兵船三十餘隻開駛往南，黃巖鎮兵船二十餘隻開駛往北。

二十日，海壇鎮兵船十四隻自北至鎮下關。

五月十二日，颶風，台州、玉環各廳縣搜獲逃岸盜犯陳小鳥等八十六人。黃巖鎮兵船觸礁，沈碎五隻。

六月初二日，定海鎮標署游擊周國泰在漁山徐公洋攻沈黃葵盜船一隻，奪獲三船，生擒盜匪吳幅受等三十七人。

十五日，蔡牽盜船三十餘隻由東海洋駛至普陀，旋由黃大洋向北，定海鎮兵船追之不遇。

二十三日，蔡牽盜船四十餘隻由北至大陳，往東南外洋遊奕，經溫州鎮兵船追捕，遂由北麂竄南。

二十五日，定海、黃巖二鎮兵船四十餘隻追捕黃葵盜船十三隻，由三蒜外洋往南。

二十八日，蔡牽盜船三十餘隻由炎亭外洋追趕商船進赤溪港，經兵勇抵禦，駛出外洋。

八月十六日，總督同巡撫參奏定海鎮總兵黃象新不能調度，獲盜寥寥，難勝水師總兵之任，奉旨以游擊降補。

二十二日，提督李長庚在馬蹟洋剿捕蔡牽，攻沈盜船三隻，擒獲生盜邱改等四十八人。

二十九日，黃巖、溫州二鎮舟師會剿蔡牽于黑水洋，砲沈盜船三隻，擒獲生盜邱音等五十二人〔註8〕。

試用訓導葉機僱募鄉勇駕船捕盜，在江南小羊山洋面攻沈新興幫盜船一隻，獲盜謝阿交等三十人。

《奏請獎勵葉機摺》略云：「再查試用訓導葉機，定海縣人，由廩生捐納訓導，分發試用。該員世居海濱，熟悉洋島情形，自請捐貲僱募船隻、鄉勇下海捕盜，經臣與學臣文寧准其出洋，妥為辦理，該員旋于本年四月獲盜陳采等三名。六月，兩次拿獲盜船二隻，獲盜潘正盛等二十

〔註8〕「盜」，原作「盈」，非，今據文義改。

一名,經臣暨獲撫臣清安泰審明,具奏在案。茲該員又於八月拿獲盜船一隻,獲盜謝阿交等,并放出難民共三十名。似此試用教職微員,勇于任事,疊獲盜犯,可否敕部遇有浙江訓導缺出,即行選用,以示鼓勵。」

九月十八日,蔡牽盜船二十餘隻自北由三蒜外洋往南,黃巖鎮總兵張成率舟師追之,署定海鎮李漢升統率兵船出洋。

十月二十三日,提督李長庚自洋旋署,派鎮海營參將童鎮陞、提標遊擊陳得高、定標遊擊陳照管帶兵船往沈家門一帶洋面巡緝。

二十八日,蔡牽盜船三十餘隻自閩入浙。

十一月初八日,巡撫往寧波。

摺略云:「再查蔡牽已於十月初閒因捕急,竄回閩洋。該匪窺伺浙洋漁市,難保今冬不來,仍應預籌截捕。其餘零星土盜,並應亟為剿除。又沿海保甲及軍工船廠,亦應查勘。臣擬即輕裝減從,前赴寧波等府,次第查勘,督率辦理。」

十一月初七日夜,溫州鎮總兵胡振聲襲捕蔡牽盜船于南麂洋。初八日,參將李景曾、縣丞王正悅等砲沈盜船三隻,生擒盜匪周江等九十六人。此次溫鎮近逼蔡牽坐船,已將就獲,復以四更月黑,致復遁去。

《報獲盜匪周江等摺》略云:「溫州鎮臣胡振聲札稱,蔡牽匪船尚在閩洋,分派盜船十餘隻入浙伺劫冬漁,在南麂一帶遊奕。該鎮于十一月初七日三更時分,開船襲捕,辰時追及盜船,三路掩擊,大砲聯絡,打死各船盜匪無數。參將李景曾、千總伍起勝用大砲擊破盜船一隻,縣丞王正悅、把總黃金標用大砲、火箭燒獲盜船一隻。該鎮坐船逼近盜船,開放大銅砲,打破盜船一隻,各弁兵過船砍斃盜匪無數,餘匪情急跳海,生擒盜匪周江等九十六名,砲械數百件,其餘盜船向黑水深洋遠遁,兵船收回南麂。」

二十三日,巡撫由寧波起程回省。

十五日,提督李長庚率帶舟師出洋,自北至石塘。

十九日,溫州鎮總兵胡振聲率帶舟師出洋。

二十五日,提督率同溫州鎮兵船共四十四隻由鳳凰洋往南巡緝。

十二月初三日,黃巖鎮兵船開行往北至普陀。

初五日,提督李長庚率同溫州鎮總兵胡振聲,并同福寧鎮總兵張見陞會剿蔡牽于南、北麂洋,砲沈盜船一隻,獲住盜船二隻,擒獲生盜李璧魚等八十七人。

十六日,蔡牽盜船四十一隻至北關黃沙宮等洋遊奕。

九年正月初二日,蔡牽、黃葵各盜船由黃門洋開駛過南。

初五日，黃巖鎮總兵張成追捕黃葵盜船于茶盤洋，攻獲盜船四隻，砲沈二隻，生擒盜匪李正祥等八十一人。

十六日，蔡牽盜船三十一隻自北關洋至黃沙宮。

二月初五日，黃巖鎮總兵張成剿捕黃葵盜船于三蒜洋，砲沈盜船一隻，獲住盜船二隻，生擒盜匪柯來升等四十三人。

二十三日，提督李長庚率領舟師出洋。

三月初八日，巡撫往溫州。

初十日，提督李長庚在閩省浮鷹洋面攻剿蔡牽，攻獲盜船二隻，生擒盜匪王孔等三十九人。

十三日，蔡牽盜船三十餘隻自閩竄入浙洋，由齒頭洋往北。提督李長庚率舟師追回浙洋。

教諭葉機率領鄉勇拿獲黃葵盜船二隻，生擒盜匪趙金等二十五人。

玉環廳營兵勇協獲黃葵盜船一隻，擒獲生盜陳顯燦等二十六人。

十九日，巡撫至溫州。

二十六日，巡撫至台州。

四月初一日，巡撫自台回省。

十五日，黃標統領遊擊藍嘉瑛兵船三十四隻由南巡至石浦。

十九日，溫州鎮兵船二十八隻自北駛至北關，旋即開行往閩。

二十六日，溫州鎮胡振聲因閩省兵船不送木料入浙，遂帶兵船二十八隻赴閩提帶木料，將回浙洋，適蔡牽在台灣鹿耳門劫寨戕官，搶劫多船並大小砲位，溫州鎮奉總督檄，留閩堵禦蔡牽。

五月二十七日，蔡牽盜船六七十隻自台灣回閩，復有廣東紅頭艉艍盜船二十餘隻投入蔡牽，合竄閩省之竿塘洋，其勢甚熾。

六月初三日，巡撫與閩省督撫會奏，一提兩鎮不分閩、浙，嚴拿蔡牽。

摺略云：「臣等再四熟商，請旨專派一提督總統，再派兩省總兵各一員，聽提督調遣，不分閩、浙畛域，專拿務獲。應請令浙江提督李長庚為總統，帶浙省兵船二十隻，浙江溫州鎮總兵胡振聲、福建海壇鎮總兵孫大剛為左右兩翼，各配船二十隻，共船六十隻。其未經飭調之福建金門、福寧，浙江黃巖、定海等鎮，仍各領兵船在本汛巡緝，如遇提督追賊至境，一體策應。」

六月，溫州鎮總兵胡振聲因赴閩提帶木料，尚未隨提督合剿。初五日，在閩省竿塘洋獨領二十餘船首攻蔡牽，眾寡不敵，閩兵未至，遂被賊害，同船弁兵八十餘人同時被害，沈失鎮印。參將李景曾署事帶兵。

《防捕蔡牽情形摺》略云：「前因洋匪蔡牽在福建鹿耳門搶奪木寨、戕害官兵之後，總督臣玉德與臣阮元會奏，派李長庚為總統，自本年八月為始，不分閩、浙畛域，專剿蔡牽，勒期半年，務期必獲等因。臣李長庚前准督臣咨會，蔡牽竄至鹿耳門滋擾，即經奏明，馳赴定海，整備舟師，出洋防剿閒，臣等復准玉德札稱，溫州鎮臣胡振聲派赴竿塘會剿蔡牽，六月初五日，該鎮胡振聲暨同碞官兵俱被蔡牽戕害，併失鎮印等因。臣等聞知，不勝駭異憤恨。臣阮元即將溫州鎮被害、失落鎮印緣由，飭知沿海文武，以防詐偽。查蔡牽敢於在閩節次戕害官兵，恣肆猖獗，必得厚集兵力方以資剿捕〔註9〕。今胡振聲陣亡後，其隨幫一切船械自多殘缺，應俟接署鎮篆之員管帶兵船回浙，修齊船隻，補足兵械，方可出洋隨剿。但恐蔡匪現即乘風竄入浙境，臣李長庚即於定海鎮兵員內酌挑堅固船隻，選派勇幹將弁、兵丁，配足砲械、口糧，現離南風頂阻，惟有趕緊折戧前進，暫行會合黃巖鎮標兵船，先為過南迎頭截剿，俟督臣玉德原派海壇鎮兵船前來會兵，俾厚兵力，得以相機剿捕。又查定海鎮印務係臣李長庚兼署，新任定海鎮臣羅江太因署福建金門鎮印務，尚未到任，今新任金門鎮臣吳奇貴已經到閩，臣等現已飛咨玉德，飭令羅江太迅速來浙接印任事，統率本幫舟師在於浙洋防捕。一面嚴飭沿海文武添派兵役，在於各口岸加緊守禦，俾免滋擾。」附《參護遊擊高麒瑞摺》略云：「臣查高麒瑞護理遊擊帶領各船，隨總兵胡振聲緝匪，即屬本標前鋒，乃當胡振聲奮勇首先進攻、致陷賊隊之時，該護遊擊救援無及，覥然而歸，實屬罪無可逭。請旨將高麒瑞革職，在沿海枷號三個月，以為不身先主帥者示懲。」

初七日，定幫兵船二十三隻由南巡至淡水門洋往北。

二十三日，黃巖鎮總兵張成有疾，護溫州鎮李景曾率領舟師出洋。

二十八日，提督李長庚率領舟師出洋。蔡牽盜船由閩竄浙，在象山東西柱洋面遊奕。

《剿捕蔡牽摺》略云：「查蔡牽在閩肆擾之後，于六月二十二日由興化洋面乘風北竄，二十八日已竄至浙省象山縣東西柱洋面，甚為迅速。經提臣李長庚統領定海鎮兵船直前剿捕，該匪一見兵船，即帶全幫盜船向東南外洋遁逸，追之不及，暮夜迴舟。李長庚現在向東南洋迎合各鎮兵船尋蹤剿捕。屈指溫州鎮兵船正可自閩旋溫，會合黃巖鎮兵船，即福建海壇鎮臣孫大剛，亦可帶兵尾追來浙，會合夾攻。」

七月初三日，蔡牽盜船六十餘隻在大陳洋遊奕。

初六日，蔡牽盜船七十餘隻在蓮花洋游奕。

初八日，閩、浙兵船護送軍工木料，共船七十餘隻，自南往北。

初九日，提督李長庚追剿蔡牽至沈家門停泊，飭調溫州、黃巖舟師會同剿

〔註9〕「方」字後原衍一「兵」字，今據文義刪。

捕。

十五日，蔡牽盜船及廣東紅頭艚船共九十餘號，分為三幫，在江、浙交界之馬蹟、黃龍等洋遊奕。此為最盛。

二十日，黃巖、溫州、金門、海壇四鎮兵船駛抵象山石浦。

二十二日，提督李長庚兵船三十六隻，駛出沈家門，往普陀一帶緝捕。蔡牽六十餘船折回長塗。金門鎮兵船回閩。

八月初九日，海壇、黃巖、溫州三鎮兵船由南巡至潭頭洋，旋即聯幫往北，因颶風大作，仍回潭頭。

十四日，海壇、溫州、黃巖三鎮兵船共六十五隻駛泊南門。

十九日，提督李長庚率帶海壇、溫州、黃巖、定海四鎮兵船出普陀之東分水礁黃大洋，剿捕蔡牽。

二十一日，提督李長庚率領四鎮兵船攻捕蔡牽于定海北洋，砲沈盜船二隻，獲住一隻，砲及蔡牽坐船，打死盜匪多人，打壞水仙門，生擒另船盜匪黃奎等五十二人。廣東艚船被剿多傷，遂與蔡匪分幫散回廣東。蔡牽之勢少衰。

摺略云：「各鎮兵船於八月十七日齊抵定洋，即於十八日統率各幫兵船往北探剿。二十一日黎明，駛至馬蹟，見有盜船六七十隻在江省之扁礁洋面遊奕。官兵一見，恨深切齒，無不奮勇爭先，直前攻捕。該匪膽敢率夥向兵船疊放大砲，勢甚猖獗。李長庚督令各幫官兵衝入賊陣，左右夾擊，將盜船衝散，傷斃甚多。該匪抵敵不住，分為東西兩股駕逃。當令海壇鎮總兵孫大剛帶領閩、浙將備弁員追捕向西一股盜匪，其蔡牽一股直從東洋逃駛，李長庚帶同定海鎮總兵羅江太、護溫州鎮總兵李景曾等併力追捕。該匪尚猶迭放大砲，反篷拒敵。官兵併力剿擊，追至黃龍，攻沈盜船二隻，盜匪紛紛落水，因風大潮急，不及擒撈，俱即淹斃。蔡牽一船經官兵緊躡，鎗砲齊發，迴環攻擊，傷斃盜匪約有七八十名，其餘盜船傷斃甚多，並將蔡牽盜船之後梢水仙門打爛，篷繚擊斷。惟該匪船兩邊俱用牛皮、漁網重疊張掛，砲彈不能個個直透。直追至酉刻，已過盡山深洋，風雨驟起，難以窮追，該匪隨向東逃竄。兵船于二十三日辰刻收至衢港洋，適海壇鎮孫大剛等兵船亦陸續收回合幫，知所追盜船攻獲一隻，生擒盜匪五十二名，斬取首級五顆，奪獲刀、矛、鐵砲、籐牌五十餘件。」

九月初一日，蔡牽盜船四十餘隻由馬蹟折回普陀。

初六日，蔡牽盜船五十二隻由北駛至三盤。

初十日，提督李長庚率領海壇、溫州、黃巖三鎮舟師追捕蔡牽至三盤。

二十一日，定海鎮羅江太率帶兵船出關往北緝捕。

二十二日，提督李長庚率領三鎮舟師在福建瑤山洋追擊蔡牽，蔡牽六十餘

船從北關洋經過竄逸，各舟師尾追過北。

二十三日，蔡牽因風色不利，折回北關，望東開駛，各舟師尾追過南。

十月初二日，黃葵盜船十二隻在分水礁，旋往馬沙門一帶遊奕，定海鎮羅江太率舟師追之。

初十日，黃巖鎮總兵張成率領兵船出洋。提督李長庚率帶定海、溫州各鎮兵船共六十餘隻，配足口糧、火藥，窮追蔡牽入閩。

二十三日，定海鎮羅江太率領兵船出洋，至普陀一帶搜緝。

《報蔡逆南竄提臣追躡過閩摺》略云：「查蔡牽匪船自八月二十二日在浙洋被剿之後，復自浙南竄，于十月初九日駛至閩省之黃岐洋面。提臣李長庚亦即統率各鎮舟師六十餘船追躡過閩。所有各兵冬季口糧、銀兩先經全數撥給，裹帶船中，食米亦據購貯足用。臣又新造劈山砲、山砲五十門，添補溫州鎮兵船之遺闕，又趕製火箭二百箱、火球三百個運交兵船備用。是盜船雖屬不少，而兵力壯盛過之。」

十二月二十六日，黃巖鎮總兵張成告病回籍，參將黃飛鵬護印帶兵。

九年十二月初三日，蔡牽盜船六十餘隻經提督李長庚追至淡水門圍攻，落海淹斃盜匪數十人，餘匪南竄。

十五日，蔡牽盜船竄至台灣鹿仔港口外，因潮退不能進口，該匪連幫定椗。

十七日，蔡牽盜船竄至鹿耳門滋擾。

十年正月初六日，提督李兵船由閩洋之枯嶼、南日、湄洲駛抵崇武，會遇金門鎮、閩安協各兵船候風渡臺。

十四日，定海鎮兵船抵黃龍洋，見盡山外洋有盜船十五隻，申刻放砲，窮追至山東黑水洋，打沈盜船一隻，斃盜無算，鎮臺坐船被賊礮打斃提標兵一名。

十六日，蔡牽竄出鹿耳門，至猴樹港洋遭風擊碎盜船二十餘隻，淹斃盜匪千餘人，僅存盜船三十餘隻。

十七日，金門鎮兵船因遇颶風，駛迴崇武。

二十一日，蔡牽竄回鹿耳門，聞內地舟師將至，即竄往台灣南路岐後東港地方兩處泊岸。經台灣鎮愛新泰、知府慶保趕往堵禦，礮斃盜匪二百餘名，并傷斃紅衣賊目一人，打沈杉板船四隻，餘匪駕船竄逃。

二十二日，閩浙總督玉參奏金門鎮總兵吳奇貴、閩安協副將張世熊規避渡臺，革職拿問。

二十五日，署金門鎮總兵許松年、署閩安協副將邱良功在閩東渡臺。提督李長庚、海壇鎮孫大剛乘夜開駕湄洲、竿塘等洋堵剿蔡牽。

二十六日，署金門鎮許松年兵船抵台灣鹿仔港。蔡牽聞兵船截拿，即從鹿耳門駛，南竄至鳳山縣之打狗里停泊，遭風損壞，不滿三十船。許松年率師追之。

二月初五日辰刻，蔡牽在東港復率眾撲岸，經官兵、屯番義民殲斃多人。

初九日，許松年兵在小琉球洋攻剿蔡牽，被盜裹去兵船二隻，燒燬兵船一隻。

十七日，定海鎮兵船於羊山洋面追剿土盜船十餘隻，巳刻，打沈盜船一隻，盜匪落水甚眾。

提督李長庚追黃葵於官塘。

十九日，黃葵幫盜船二十餘隻駛往北洋。

二十六日，蔡牽出鹿仔港由深洋內竄。

三十日辰刻，黃葵幫船十三隻至石塘外洋，邱獺從石塘與小肥餅連艡南竄。

三月初一日，提督李長庚自黃岐至廈門外洋〔註10〕。蔡牽竄至崇武。

初二日，提督李兵船至磁罈。蔡牽從崇武竄北。

初三日，提督李兵船至夯尾。蔡牽從海壇竄北。閩督撫會奏吳奇貴、張世熊失悞軍機，論斬。總督玉前赴崇武督緝，遂至廈門。

初六日，土盜張阿第與小肥餅等合幫，共船十四隻，自北駛至坎門。

初九日，提督李長庚至三沙。蔡牽盜船五十二隻，內橫洋船十餘隻均陸續南竄。

十一日，黃葵盜船十隻、盜夥五百餘人赴浙江溫州玉環投誠，繳出礮械，放出難民。奏明，奉旨分別安插。黃葵幫自此散滅。

二十六日，浙師與海壇鎮兵船自黃岐南下，歷夯尾、南日、湄洲、賊仔嶼、塢坵等洋。

四月初九日，提督李統帶兵船六十隻，護金門鎮許兵船六十隻，共一百二十號搜捕閩、粵交界之艇匪。

十一日，署溫州鎮總兵李景曾大幫兵船在閩省甲子洋攻捕艇匪七十餘船，礮沈盜船二隻，獲船三隻，生擒盜匪四名，礮械七十餘件。

十六日，定海令殷起瀛在北鄉干礦海口盤獲江蘇沙船一隻、盜匪王得等十人。

〔註10〕「外」，原作「放」，非，今據文義改。

十七日，蔡牽竄回竿塘。

十九日，雲和教諭葉機在黃石港攻擊閩土盜船八隻，風大被脫。

二十日，定海鎮羅江太追盜於馬蹟洋，獲盜匪空船一隻。

二十二日，昌石營都司沈添華在外旦門洋拿獲盜匪陳阿三等二十七人，盜船四隻，礮械十餘件。

二十三日，蔡牽盜船六十餘隻竄入古鎮洋。

二十八日，葉機在秀山洋拿獲江蘇沙船二隻、盜匪徐七佐等十五名，并礮械贓物。

五月十四日，蔡牽自臺內竄閩洋，經提督李追擊，復竄澎湖之媽宮灣，與官兵拒敵。蔡牽船六十餘隻駛至竹塹、鹿井頭等處遊奕，內五六船向山時裏汛，七八船餒獅公礁、火燒矸等處，四十餘船欲進媽宮澳，官兵放礮攻擊相距，自午至酉，二三十隻分途撲岸，官兵擊沈杉板船二隻，生擒盜匪王杉一人。

二十二日午刻，署黃巖鎮黃飛鵬于三盤洋攻擊邱獺幫盜船，遊擊黃象新、都司謝恩詔各兵船夾攻，拿獲盜犯許潭等二十六人，獲船一隻、礮械三十餘件。又土盜小肥餅等船十八隻自南至石塘外洋，定海鎮羅率舟師追之，玉環廳兵役協獲擱淺盜船一隻，擒獲上山盜匪張晏等四人。

二十八日，提督李自廈渡臺。

六月初四日，蔡牽竄淡水滬尾港。

初七日，提督李抵臺灣，聞蔡牽已竄淡水。

十二日，蔡牽盜船四十餘隻竄回閩安之羅湖洋。

十三日，提督李至鹿仔港。

十五日，葉機追捕小肥幫盜船于盡山外洋，盜匪受傷落水者甚眾。

六月初七日，遵旨保奏總兵錢夢虎、羅江太二人可勝浙江提督之任。奉旨，錢夢虎放廣東提督，福建提督李長庚仍調浙江提督，其廣東提督許留木調補福建提督〔註11〕，其浙江提督孫廷璧另用。

摺略云：「臣前奉諭旨：『浙江提督孫廷璧著阮元察看，如于水師未諳，一面于水師總兵內查明堪以補授提督者，秉公保奏，其所遺總兵員缺，阮元酌量。如孫廷璧尚不相宜，亦即奏明。欽此。』臣查孫廷璧心地明白，于陸路營伍曉暢，海洋舟師向未經歷，于現在浙洋提鎮皆不相

〔註11〕 「留木」，《雷塘庵主弟子記》卷二作「文謨」。按，當時廣東提督許文謨調補福建提督，此處「留木」當為「留木待刻」之義，即雕版時「文謨」二字因某種原因未刻，留待以後再補刻。

宜。查有告病在籍之廣東水師總兵錢夢虎病痊，該員勤于緝捕，久在聖明洞照之中，所有浙江提督一缺，可否即以錢夢虎陞授，抑以定海鎮羅江太署理，祗候聖裁。」

瀛舟筆談卷三

揚州阮亨仲嘉記

　　自嘉慶四年冬至十年夏，余兄撫浙，剿滅安南、鳳尾、水澳、黃葵等盜船，余擇其事之大者，已錄為《洋程記》一卷矣。計兄奉諱去任之日，惟餘土盜張阿弟等十餘船而已。其後蔡牽猖獗于閩，且渡臺灣稱王，攻掠城野。十二年冬〔註1〕，蔡逆為浙江提督李公長庚所追擊，甚窮蹙，遁入粵洋，直至安南夷洋。李公並船攻擊，猝為盜砲所殞。十三年夏，余兄復撫浙，其時正值蔡逆從安南回棹，得粵盜資助，聚四五十船，合朱濆數十船入浙，勢復甚熾。兄設間離之，合兵擊追之，二逆先後遁回閩。冬，蔡逆復入浙，擊走回閩。十四年七月，蔡逆復入浙。兄札致提鎮，加配船炮。八月十七日，浙江提督邱良功會同福建提督王得祿追及蔡逆于台州魚山洋，擊之。十八日，追至溫州外洋，擊沉其船，蔡牽及其妻皆死于海。其餘土盜張阿弟等，一年之間殲除殆盡。浙洋自元年以來，斯為最安戢時矣。二十二日，余兄交印，入京祝釐，未及具奏，繼而余兄因失劾劉鳳誥事獲咎罷任。余歸揚州，錄《洋程記》及各摺奏中事之大者，續為一卷。至于十一月，朱渥全幫投誠，乃余兄去浙後閩省之事，茲不記。

　　嘉慶十三年四月，蔡牽盜船在安南夷洋。

　　十九日，郭談幫七船在竹嶼。

　　又名烏蛋，即郭烏潭，嗣在閩拏獲。又有陳角者，回閩不知所終。

　　五月初一日，籔嘴幫張阿治盜船自南麂山向北。

〔註1〕「年」字原闕，今據文義補。

九年夏，有張阿弟幫十餘船，至是名為竅嘴幫，共三十餘船矣。張阿弟本名張阿治，渾名肥餅，又名竅嘴。

十一日，巡撫剿辦洋盜，往駐寧波府。定海鎮兵船在鼠浪湖獲盜董清秀二十一名，候補知縣葉機義勇船在岱山洋獲盜十一名，定海鎮總兵何定江在佛肚山洋獲張阿治一船，擊沉一船，生擒陳丁等五十六名，斬取首級三顆，砲械數十件。又黃巖鎮總兵童鎮陞在沙鑊洋狗洞門擊沉張阿治一船〔註2〕，掌獲一船，生擒林桂等二十六名，斬取首級五顆，砲械數十件。又黃巖鎮遊擊劉成魁、太平營參將福爾敏獲土盜二船，生擒王宗榮等二十三名，婦女一口，砲械多件。又象山縣知縣孫泉雯獲盜王阿倉等三名，太平縣知縣獲盜張道富等四名，玉環同知宋如林獲盜李亞羅等四名。又定海鎮何定江在羊山洋掌獲盜船一隻，生擒陳雄等二十四名。又委員何廷模義勇船在韭山洋獲盜船一隻，生擒桑四等二十四名，割取首級五顆，起獲砲械、盜照等件。又葉機之弟葉樞帶義勇船追盜至江南崇明，獲船一隻，生擒李葛等十一名。又太平縣慶霖等掌獲濟匪消贓犯二十名。漁市已過，洋盜解散，巡撫于閏五月初九日回省。

《奏洋匪摺》略云：「張阿治竅嘴幫及小差幫除掌獲外，竅嘴幫現約有船三十隻，小差幫約有船十餘隻，烏蛋幫約有船八九隻，共四五十船。」云云。亨按，浙江洋自十二年後，蔡、朱二逆雖未來，而土盜張阿治等頗為滋擾殺害商船。余兄復蒞浙任，即至寧洋督剿，添配船砲，加募義勇，剋期出洋，一月之內擒獲多船。自此土盜之勢大衰，張阿治等亦向南分竄矣。

六月十三日，張阿治二十餘船由南洋至三蒜遊奕，又折回南。

十七日，總督咨蔡逆自夷洋回閩，是日至泉州洋。

七月初二日，總督咨蔡逆船三十六隻是日在閩浮鷹洋。

初七日，蔡牽、朱濆五十餘船勾結，合幫入浙，由三蒜超駛過北，至定海洋。

七月二十日，巡撫防剿蔡、朱二逆，往駐寧波府，時藩司慶格未到任，奏請以學政劉鳳誥代辦鄉試監臨事。

摺略云：「據定海文武稟報，盜船五六十隻分合不常，有烏底艇船、橫洋大艚及夷式大洋船在內。又據寧紹台道稟，探查南來匪船，蔡牽及朱濆俱在船內，在東北外洋分幫遊奕。」

二十七日，浙江副將項統會同閩師由閩回浙，在韭山洋追遇朱濆，攻之，獲船一隻，生擒王長等七名，朱濆即竄回閩。後濆被閩總兵許松年砲斃，其弟

〔註2〕「鑊」，原作「護」。按，「沙鑊洋」一詞已見前文，浙江省溫嶺市東南松門鎮有沙鑊島，沙鑊洋因此島得名，今據改。

渥領其眾。

八月初三日，蔡逆三十餘船在霍山。浙師探明，先行往捕。蔡逆瞭及兵船，不拒而逃。初四日，浙師追及于黑水深洋，大加攻擊，蔡逆乘夜南遁。十二日，北關報竄回閩，提督何定江窮追入閩。

摺略云：「初四日酉刻，在黑水深洋追及逆船，火器齊發，該逆回舟，開砲拒敵。何定江督率各兵船專注搖旗擂鼓之大賊船，用砲攻擊，并用火攻，焚及船艄，當被撲熄。各賊船環集援救，又被火攻船，燒毀一船，賊人傷斃落海甚多。旋因昏黑，不及撈獲，賊船即乘夜飛遁。」云云。奉上諭：「蔡逆竄至浙洋未久，刻又竄回閩洋，可見浙省杜絕接濟尚嚴，該逆無可希冀。欽此。」

十九日，巡撫自寧波回省。

十月，大荊營千總帶小艍匪船在東臼洋擒獲洋盜葉大發等九名。又溫州鎮總兵李景曾在東臼外洋獲盜船一隻，擒盜王起發等三十一名。又委員朱錦城、何廷模打沉盜船二隻，擒盜宣宗有等五名，斬取首級三顆，砲械多件。

十一月，黃巖鎮總兵童鎮陞在披山外洋獲張阿治幫船一隻，生擒丁亞歪等四十八名。又黃巖鎮守備胡殿彪等在狗洞門獲盜一船，生擒林珠珠等二十一名。又玉環廳宋如林義勇船獲盜二船，生擒張蘇猍等四十一名。張阿治勢甚窮蹙。

十一月，張阿治赴閩投誠。先是巡撫訪得張阿治之母、之弟皆在閩省惠安縣居住，密告總督阿林保，阿林保繫其母、弟。至是張阿治又屢被浙兵剿獲窮蹙，乃率餘盜十船四百七十六名、炮八十六門赴南臺投首乞命。總督馳奏，奉旨准其投首免死，分別安插。張阿治竅嘴幫在閩冒名鳳尾，在浙名竅嘴。自此全靖。

閩浙總督阿林保摺奏云：「奏為浙洋盜首張阿治帶領盜船十隻夥從四百餘名呈繳砲位器械赴閩投首現在分別辦理恭摺奏聞事：竊照浙洋鳳尾幫盜首本有四人：一係張阿治，即竅嘴治，為總盜首；一係白面角，即陳角；一係郭烏潭〔註3〕；一係紀江，均為小盜首。其郭烏潭、紀江二犯，業經閩省原籍地方先後拏獲審辦，具奏在案，惟張阿治、陳角二名尚未弋獲。內張阿治所帶船隻賊夥數倍於陳角，常在浙省溫、台、寧波各洋面往來伺劫，間或乘風竄閩，旋即逃回浙洋。是以十年以來，浙省沿海一帶商、漁多被擾害，雖經官兵屢次捕獲夥盜辦理，而首犯

〔註3〕「烏」字原闕，《雷塘庵主弟子記》卷三同，今據臺北故宮博物院藏嘉慶十三年十一月八日阿林保、張師誠奏摺《奏聞浙洋盜首張阿治率眾赴閩投首現在分別辦理緣由》（編號：故宮 098263）補。

在逃，根株總未淨絕。浙江撫臣阮元以海氛不靖，商旅難安，凡於捕務賊情，無不盡心諮訪。秋間，密致臣等信函，訪得張阿治係閩省惠安縣人，原籍尚有母、弟在家，並未下海，囑飭地方官查拏。當經臣等密飭惠安縣吳裕仁，不動聲色，將張阿治之母陳氏、弟張尹一并訪獲監禁〔註４〕。茲張阿治在洋聞知母、弟被繫，帶同盜船十隻，自浙入閩，于駛過三沙海口時，經岸上防堵官兵放砲攻擊，各盜船齊稱赴閩找尋水師遊擊陳琴、千總周應元帶領投首，求免開炮。嗣至黃岐洋面，探知陳琴等兵船在南洋偵捕蔡逆，欲將盜船就近駛進五虎門，赴省投到。臣等一接汛弁稟報，即委署福州海防同知查廷華、遊擊吳安邦、守備顏正剛飛赴五虎，帶領各盜船入口，詢明投首實出真誠。該署同知等即上張阿治各盜船，先將砲械、火藥全行收繳。通計十船共有大小銅鐵炮位八十六門，自二千餘斤以至數千斤不等，鳥鎗四十一桿，刀械四百三十餘件，火藥八小桶，鉛子二百餘斤，籐牌六十九面，竹盔一百八十一頂，另用小船裝載，委員解省。一面帶同張阿治等仍坐原船十隻，乘潮駛至附省之南臺內港。查南臺為商民匯集之所，一旦賊船驟至，恐有驚惶，且首夥數百名紛紛登岸，必至漫無約束，致生事端。是以臣等派委福州府知府朱桓、副將陳廣寧督同署閩縣知縣言尚焜、侯官縣知縣王桂帶領兵役，將港內小船按起分載，不准溷雜。迨登岸時，由知府朱桓、副將陳廣寧逐名查點造冊，共計各船人眾四百七十六名，內被脅服役民人九十八名，委員帶進省城，分作數廠居住，以免擁擠一處，並派官弁、兵役看守。臣等隨即率同藩司景敏、臬司王紹蘭、鹽法道陳觀傳集查訊。據張阿治即張治供，稱『年四十三歲，福建惠安縣人，向在浙江大陳山掛網捕魚〔註５〕，嘉慶四年間被鳳尾幫盜首侯齊添糾邀入夥。後侯齊添被蔡牽殺害，各夥眾即推小的為總盜首。又有郭鳥潭、紀江、白面角即陳角三人為小盜首，分帶船隻。在浙江之日多，來閩洋之日少。往來行劫，不記次數。郭鳥潭、紀江已經閩省拏獲辦理，陳角亦帶四船竄到閩洋，與蔡牽分幫之青筋茂即曾茂合幫。聞曾茂已經赴官投首，陳角現在尚匿閩洋，久不與小的同幫行走。小的常在浙洋牽劫商、漁船隻勒贖，有錢來贖，隨時放還，無錢來贖，牽帶同行，所以小的幫內船隻時多時少。其實小的盜船，大小只有二十餘隻，除現在帶來十船之外，尚有數船破壞，經小的拆散燒燬。又有同夥駱仔蘆管帶小同安梭船四隻〔註６〕、興化艍船三隻、小釣船二船，於小的未來投首之先，駛往台州一帶洋面伺劫，未能邀集同來。伊船內並無大砲，容易剿捕。小的本是良民，誤入賊夥，身犯重罪，早欲悔過投首，恐到官後仍要治罪，是以在洋挨延。今聞母、弟被禁，并知蔡牽夥盜

〔註４〕「尹」，原作「伊」，《雷塘庵主弟子記》卷三同，阿林保、張師誠奏摺作「尹」，今據阿林保、張師誠奏摺改，下文重複出現者逕改不出校。

〔註５〕「魚」，原作「漁」，《雷塘庵主弟子記》卷三及阿林保、張師誠奏摺均作「魚」，今據改。

〔註６〕「同」，原作「的」，前後文、《雷塘庵主弟子記》卷三及阿林保、張師誠奏摺均作「同」，今據改。

王準、王鐸、曾茂等赴官投首，尚蒙天恩寬免治罪，予以自新之路，故與各盜夥商量，帶領本幫船十隻，由浙來閩投首，情願隨同官兵出洋緝捕蔡逆，效力自贖。小的因蔡逆殺害侯齊添，彼此成仇，在洋撞遇，兩相併殺，曾經併過他數船。如今蔡逆勢衰，只求轉奏皇上，免治小的之罪，釋放小的母、弟，就沾恩了。』其餘各夥供亦相同。查看詞色，均出真誠。弔驗呈繳各鎗砲，均無字號，惟其八百斤重大砲二門上鏨『嘉慶十年總督玉製』字樣，詰問得自何來，據供『浙省沿海止有狗洞門、石板殿、大陳山、三盤數處有小船於黑夜載上盜船售賣，不肯說出姓名。近來各處都有官兵巡防，並派文武大員駐紮，火藥、鉛子無從購覓，現在繳出藥、鉛，係從前買來用剩的。又船上所用篷索，俱從牽劫商船得來，日用食米，係從釣鱝釣鱗漁船上搶來〔註7〕。若過閩洋，即劫臺灣米船，每劫一船，可得食米一二千石。淡水係外洋海島嶼隨處可以劫取』，各等語絲毫不諱。臣等查張治盤踞浙洋已有十載，今懷恩悔罪，率眾來投，較之始終怙惡者尚屬有間，且為蔡逆仇人，有志擒逆，冀贖前愆，自當推廣皇上如天之仁，查照前次王準等之例，一體免其治罪，以示恩普。臣等仍當堂賞給張治衣帽、銀牌，其餘九船小頭目亦俱分別酌賞，以仰副聖主宥過施仁、速靖海洋之至意。惟人數過多，亟應量為區別，除倪朝欽等九十八名訊明均係逼勒服役之人，即時量給路費，飭令各回原籍外〔註8〕，其餘首夥三百七十名，臣等現擇其年力精壯之張治、陳護等二百零八名，一并賞給口糧，造具年貌花名清冊，分配兵船，出洋隨緝。如果過盜，爭先奮勇出力，另行奏明，懇恩鼓勵，若稍有觀望不前，亦即立拏究辦。其餘年力衰弱之林黃等一百七十名，分起發回原籍，交親屬、地保嚴加管束，如再外出為匪，加倍治罪。其張治之母張陳氏、弟張尹亦飭惠安縣即行釋放。呈繳船隻、鎗砲、器械等項，分別配用估變。至浙省洋面，本止張治等一幫盜船，茲張治大夥業已來省，據供僅有伊夥駱仔蘆帶領小同安梭船四隻、興化艍船三隻、小釣船二隻潛匿台州一帶洋面，船內並無火砲，不難剿辦。臣阿林保現已嚴飭定、黃、溫三鎮舟師各歸各汛，分路搜捕，務期剋日殲擒。庶肅清一省海洋，則一省商、漁早受敉寧之福。所有浙洋盜首張治率眾赴閩投首現在分別辦理緣由，臣等謹合詞恭摺具奏，伏乞皇上睿鑒。謹奏。」奉旨悉准行。

十一月二十一日，蔡逆船入浙。提督何定江自閩追逆回浙。

十二月初四日，巡撫赴寧波督剿蔡逆。護定海鎮總兵朱天奇追盜至落伽洋，鎗砲齊發，認定蔡逆坐船攻擊，盜匪倒斃甚多。時因盜砲打壞外委李占魁、姚魁元二船，立時沉沒，蔡逆乘機北竄至馬蹟山燂洗盜船。兵船追至馬蹟，蔡

〔註7〕 「鱝」後「釣」字，原作「的」，《雷塘庵主弟子記》卷三同，阿林保、張師誠奏摺作「釣」，今據阿林保、張師誠奏摺改。

〔註8〕 「令」，原作「合」，《雷塘庵主弟子記》卷三及阿林保、張師誠奏摺均作「令」，今據改。

逆棄其所洗船,飛遁回南。二十二日,兵船追及于披山外洋,溫州守備吳定邦、定海外委江茂顯砲沉盜船一隻,撈獲許但等六名、難民八名。蔡逆乘夜回閩。

二十五日,巡撫因黃巖鎮總兵不及早與朱天奇合兵,參奏。奉旨:「童鎮陞革去頂戴,仍交部嚴加議處,以示懲儆。欽此。」

摺略云:「竊照蔡逆匪船高大,浙省必須數鎮迅速會合,方克大加剿捕,三鎮總兵皆所素知。查黃巖鎮童鎮陞兵船于十一月十八日由南過北抵象山之牛椿洋面,適護定海鎮朱天奇護送琉球難番船隻由北而南,亦至該處,童鎮陞隨即接護難番南下。查該鎮十八日北上以前,即已風聞小仁幫匪船自閩來至溫、台一路,當其在黃、定兩洋交界之處會遇定海兵船,自應將難番船隻酌令就近收泊石浦內口,一面會同朱天奇開至潭頭正東外洋,探訪蔡逆在北在南真實消息〔註9〕,迅速合剿,方為正辦。乃計不出此,遽令定鎮向北,自行向南,直至溫州會遇閩省舟師,方折回北向定洋行駛。殊不知十八日後,蔡逆幫船久已全入定洋。是該鎮不知緩急,致此周折,咎實難辭。近來溫州鎮李景曾及黃巖鎮童鎮陞、護定海鎮朱天奇才具均屬平常,該鎮童鎮陞在三鎮中尚為稍勝,乃此番不以合幫探剿蔡逆為急,反護琉球難番南去,雖察非有心避盜,究屬緩急倒置,相應據實參奏。請旨將童鎮陞交部議處,以為不速合幫急剿蔡逆者戒。」

二十三日,巡撫奏提督何定江自閩回浙患痧,收泊溫州,醫治不效,病卒。浙江提督兼轄水陸,正值水師剿捕喫緊之時,請旨俯賜簡員補放。十四年正月初八日,奉上諭:「浙江提督員缺,著邱良功補授。」

時閩省亦同具奏,以浙洋土盜將淨,提督毋庸統帥水師出洋,請在陸路總兵英海、徐錕二員內補放。奉硃批:「已有旨矣。」計閩督此奏若奉准行,則邱良功不放浙江提督出洋矣。蔡逆之滅,尚未定也。

二十三日,寧波同知陳大琮即壯烈伯李長庚之女壻,諳習出洋捕盜,巡撫奏留浙江緝匪,補授此職。等在魚山外洋攻獲亞盧即駱仔盧盜船一隻,生擒二十八名,斬獲首級五顆。又臨海巡檢揭琮在一江洋攻獲一船,生擒潘維章等三名。又黃巖鎮兵船攻獲一船,生擒陳添時等二十一名。

摺略云:「自張阿治幫在閩投誠之後,尚有亞盧一幫十餘船,同知陳大琮假扮商船誘劫,獲船一隻。」云云。

十四年三月,溫州鎮總兵李景曾追亞盧餘船至閩省七星洋,獲一船,生擒李森等十七名。又候補知縣葉機等攻獲亞盧一船于台州黎陽洋,生擒沈振大等四十六名,斬取首級三顆。又巡檢朱錦城獲盜一船,生擒韓庭友等八名。

〔註9〕 「探」,原作「採」,臺北故宮博物院藏嘉慶十三年十二月二十五日阮元奏摺《奏參黃巖鎮童鎮陞剿匪不力》(編號:故宮098744)作「探」,今據改。

四月十六日，臨海縣知縣王維堉帶領義勇出海門，獲盜一船，生擒二十七名，斬取首級五顆。

二十八日，定海總兵朱天奇、寧波同知陳大琮追盜至江南洋界，擊沉一船，攻獲一船，生擒男婦三十五名口。又參將邱章等攻獲一船，生擒盜三十九名。又葉機攻獲一船，生擒七名，主簿朱錦城攻獲一船，生擒十一名。亞盧僅餘數船南竄。

四月，浙江提督邱良功新蒞任。

摺略云：「浙洋土盜亞盧等今年春夏以來，經各兵勇拏獲多船之後，餘船不過數隻，遠竄溫洋，現經提臣邱良功向南搜捕，其寧、台洋面甚為寧謐。」云云。

七月十七日，溫州颶風大作，亞盧盜首等船覆海，溺斃夥盜，二船被風漂至平陽，知縣周鎬會營擒盜四十四名。亞盧幫從此全滅，浙洋土盜至是全盡。

十七日，蔡逆復入浙洋，至台州遇颶，壞船二隻，漂至松門龍王堂。通判陳豐會營擒盜蔡城等五十五名，餘盜船直入定海洋。提督邱良功自閩追回，會同浙江各鎮追剿。

八月初四日，浙江提督邱良功、福建提督王得祿、海壇總兵孫大剛、黃巖總兵童鎮陞探知蔡逆在寧波洋，各兵船連夜接續向北。初五日黎明，童鎮陞首先追及，守備武定太等攻獲一船，生擒王烏等五十一名，斬取首級十顆，蔡逆由衢港竄往外洋。

摺略云：「竊照七月中旬蔡逆竄入浙洋，經陸路員弁拏獲遭風盜匪一百三名及舟師追剿緣由，經臣奏報在案。臣拜摺後，接準提臣邱良功函，稱途次會遇福建提督王得祿、海壇鎮孫大剛及黃巖鎮童鎮陞各兵船，接續過北。八月初四日，偵知該逆在旗頭一帶遊奕，連夜折戧前進。初五日黎明，追見盜船，童鎮陞在前，即揮令各船進剿。該匪放砲拒敵，童鎮陞坐船並攏一船，將其巾頂擊落。署守備武定太首先躍過船，帶同弁兵拏獲盜匪王烏等五十一名，斬取首級十顆，起獲船內砲械九十餘件，餘匪落海淹斃者無算。弁兵間有受傷，兵船亦有被砲擊損者，略為修整〔註10〕，即日乘勝進剿。並據定海縣稟報，匪船由衢港竄往東南外洋等情。查該逆每遇舟師會集，輒由外洋遁回。臣先已飛咨邱良功等緊躡痛剿，專注巨憝，務期就獲，俟續得接仗，另行馳奏外，所有舟師拏獲船盜緣由，臣謹繕摺奏聞，伏乞皇上睿鑒。謹奏。」

十一日，蔡逆由象山潭頭外洋往南。提督邱良功等在北洋搜尋，無蔡逆蹤

〔註10〕 「略」，原作「界」，《雷塘庵主弟子記》卷三及臺北故宮博物院藏嘉慶十四年八月十三日阮元奏摺《奏報舟師剿捕蔡逆得有勝仗該逆向南竄逸現在飛咨緊追緣由》（編號：故宮101005）均作「略」，今據改。

跡。十五日，由普陀挑帶兵船窮追南下。

摺略云：「竊照蔡逆匪船入浙，遭風被劫，歷獲夥盜多名及據報該逆折竄南向情形。經臣先後奏陳，聖鑒在案。嗣據象山縣稟報，八月十一日，有高大匪船乘風由潭頭外洋往南，並準提臣邱良功函，稱連日與閩師分幫，探緝北洋馬蹟一帶，並無匪船蹤影，是該逆南竄已確，現在駛抵普陀合幫，商留定海鎮在本洋防緝，兼護金州戰船，伊與童鎮陞及閩省舟師星夜過南追劃等語。臣先準署督臣張師誠咨會閩洋，現有朱渥匪船遊奕，調回王得祿等截補，其蔡逆匪船專交邱良功等劃辦，如該逆南竄，邱良功即帶新任溫州鎮李光顯過閩等因。臣現已飛咨邱良功照依署督臣來咨，會同李光顯挑帶兵船窮追入閩，仍留童鎮陞一幫兵船在於溫、黃洋面往來兼顧外，理合恭摺具奏，伏乞皇上睿鑒。謹奏。」

十七日，浙江提督邱良功、福建提督王得祿等追及蔡逆于台州魚山外洋，浙江提鎮首先追及，攻劃殘破，童鎮陞船被盜砲折桅，閩、浙舟師齊攻逆盜，斃盜無數，夜復遁去。

十八日，追及蔡逆于溫州外洋，閩、浙舟師齊加攻擊，首逆坐船破漏沉海，蔡牽及其二妻一子同時全船斃沒，蔡逆自此滅絕。浙、閩兩提督由溫州乘北風至福建廈門，報知署總督張師誠會奏。

署閩浙總督臣張師誠、福建提督臣王得祿、浙江提督臣邱良功跪奏，為殲除海洋積年首逆蔡牽，將逆船二百餘犯全數擊沉落海，並生擒助惡各夥黨恭摺馳奏，叩賀天喜事：竊照洋盜蔡牽一犯自著名之後，已有十餘年，往來浙、閩、粵三省洋面，戕害商旅，抗拒官兵，甚至謀佔台灣，率眾攻城，偽稱王號，罪大惡極，實堪髮指。該逆一日不除，海洋一日不靖。仰蒙聖明節次指示機宜，無微不至。經調任督臣阿林保與臣張師誠三載以來凜遵聖諭，杜絕接濟，鼓勵舟師，悉心籌辦。臣張師誠于本年七月間兼署督篆後，又復恭錄前奉恩旨：「若能殲除蔡逆，立膺上賞，不用命者，嚴參治罪」，通飭舟師，並告以「耳目甚廣，處處有人探報，倘沿舊習，輒以阻風燀洗為詞，到處逗遛，予賊以暇，定即據實參奏」，為此諄諄嚴飭，俾閩、浙兩省帶兵鎮將、備弁人等咸知感懼，迅速擒渠。一面密差妥人分赴各海口，嚴查透漏〔註11〕。臣王得祿自李長庚出缺後，仰蒙皇上界以提督重任，統領師船，無時無刻不以殲擒蔡逆為念。臣邱良功在臺灣仰蒙聖恩，不次陞擢，用至提督，于本年四月間到任，感激鴻施，力圖報稱。茲因蔡逆逃遁入浙，臣王得祿率同護海壇鎮總兵孫大剛、參將陳琴等各兵船趕過浙洋，會合臣邱良功，即往北洋乍浦一帶搜捕，未得逆蹤。正在四路差探間，于八月十六日臣王得祿接到臣張師誠咨

〔註11〕「透」，原作「偷」，《雷塘庵主弟子記》卷三同，臺北故宮博物院藏嘉慶十四年八月二十六日張師誠、王德祿、邱良功奏摺《奏為殲除海洋積年首逆蔡牽將逆船二百餘犯全數擊沉落海並生擒助惡各夥黨恭摺馳奏叩賀天喜事》（編號：故宮101099）作「透」，今據張師誠、王德祿、邱良功奏摺改。

會，南洋尚有蔡逆匪船。該逆詭計多端，恐其托詞在北，實匪在南，且臺灣械鬥未息，並有朱濆幫匪船竄至臺灣洋，誠恐勾結生事，屬臣王得祿率師迅速南回〔註12〕，探剿蔡逆，並防朱濆。臣王得祿隨與臣邱良功連艤返篷南下，于十七日黎明駛至魚山外洋，果見蔡逆匪船十餘隻在彼超駛，當即督催兵船上前追捕。至午刻，浙幫兵船先行趕及匪船。該匪等膽敢放砲拒敵，將黃巖鎮總兵童鎮陞坐船頭桅打壞〔註13〕，收回內洋。臣王得祿趕上，督催閩幫舟師攻打，將各匪船擊散分逃，仍與臣邱良功招集閩、浙兩省護總兵孫大剛、護副將謝恩詔、參將陳登捷、護遊擊陳寶貴、守備郭繼青、楊康寧、沈國龍及千總王宗植等各兵船，專注蔡逆本船，併力攻擊，傷斃賊匪無數。時當昏暮，兵船連夜跟追，該逆船篷桅等項年久無處更換，均已破壞，不能逃遁。十八日早，追至不識名目黑水外洋，兵船又復攏攻。遊擊陳寶貴左手、把總江茂顯右膀俱被砲傷。臣王得祿、臣邱良功一齊沖至逆船，拋擲火器、火罐，斃賊甚多。時有守備李增階、候補從九品余俊管駕雇用「金吉順」商船亦趕到並攏，被賊船火斗拋入火藥船內，火焰勃發，李增階、余俊及同船兵丁俱被燒傷，船隻登時焚燬〔註14〕。又有參將陳琴駕坐「成」字八號大船趕來沖擊〔註15〕，並用火器燒斃賊匪多名。該參將左右兩腿均被鐵鈽戳傷〔註16〕，船隻被賊砲轟散漂沒。兩船砲械及所攜口糧、銀兩等項俱已沉失，官兵亦皆落水。參將陳琴當時撈救得生，其守備李增階、從九品余俊二名，亦經浙幫兵船撈救。該逆又用大椗扎住臣邱良功之船，拼命抵拒。臣邱良功督率本船弁兵吳堯臣等奮勇擊殺，撈捉匪犯七名。臣邱良功左腿被賊鎗戳傷〔註17〕，並有在船隨緝之胞姪邱成勳被賊打落下海漂沒。本船兩舷俱被賊船碰壞〔註18〕，船艙進水，經浙幫將備船隻前來保護，牽帶收回。護總兵孫大剛本船亦被擊壞。臣

〔註12〕 「屬」，《雷塘庵主弟子記》卷三及張師誠、王德祿、邱良功奏摺均作「囑」。按，「屬」「囑」古今字，並可通。

〔註13〕 「打」，原作「折」，《雷塘庵主弟子記》卷三同，張師誠、王德祿、邱良功奏摺作「打」，今據張師誠、王德祿、邱良功奏摺改。

〔註14〕 「焚燬」，原作「熱殺」，《雷塘庵主弟子記》卷三作「燒燬」，張師誠、王德祿、邱良功奏摺作「焚燬」，今據張師誠、王德祿、邱良功奏摺改。

〔註15〕 「駕」，原作「篤」，《雷塘庵主弟子記》卷三及張師誠、王德祿、邱良功奏摺均作「駕」，今據改。

〔註16〕 「鈽」，原作「鈇」，《雷塘庵主弟子記》卷三同，張師誠、王德祿、邱良功奏摺作「鈽」。按，《字彙‧金部》：「鈽，古猛切，音礦。金銀銅鐵璞也。」《龍龕手鑑‧金部》：「鈽，俗鑛字。」文中「鐵鈽」非指「鐵礦」，當即「鐵串」，「鈽」為「串」之俗字，今據張師誠、王德祿、邱良功奏摺改。

〔註17〕 「戳」字原闕，《雷塘庵主弟子記》卷三同，今據張師誠、王德祿、邱良功奏摺補。

〔註18〕 「本」，原作「水」，《雷塘庵主弟子記》卷三及張師誠、王德祿、邱良功奏摺均作「本」，今據改。「兩」後「舷」字，原作「船」，《雷塘庵主弟子記》卷三同，張師誠、王德祿、邱良功奏摺作「舷」，今據張師誠、王德祿、邱良功奏摺改。

王得祿仍緊攏逆船，奮力攻擊，不稍放鬆。忽有匪船一隻趕來救護，經即用守備楊康寧帶回福糧通判查廷華所派在洋隨緝之役勇陳庚等連放大砲擊沉〔註19〕，匪眾全行落海。因值攻逆緊急之際，未能放下杉板撈獲。詎蔡牽仍敢指揮本船夥眾抵死抗拒，勢甚兇橫。賊船因不得鉛丸接濟，用番銀作為砲子點放。臣王得祿家丁蘇兆被賊砲打為兩段。臣王得祿本身右額角被賊砲內番銀打傷一處，血流暈倒，又被賊砲打落板片撞傷，左手腕骨損。經同船弁兵趕緊救醒，用藥敷治。臣王得祿恨深切齒，奮不顧身，仍喝令千總吳興邦、把總蒲立芳、外委趙世芳連拋火斗、火罐，燒壞逆船舷邊尾樓。臣王得祿并用本身坐船將逆船後舵乘勢用力沖斷〔註20〕，逆登時落海沉沒，該逆同伊妻并船內夥眾一齊落水。各兵船趕攏撈捕。經守備楊康寧、外委張正、額外陳榮成及參將陳琴等共計撈獲人犯二十五名。其蔡逆本身同伊妻被浪捲沒。提問所獲人犯內賊夥十九名，難民六名，據稱蔡牽手足俱被火藥燒傷，實係落海淹斃。船內夥眾共有二百五十名〔註21〕，除傷斃外，餘俱沉沒。因在黑水深洋，風狂浪湧，未能打撈逆尸。察看形勢，似在溫州所屬外洋。臣王得祿隨帶各兵船于十九日收到霞寧府屬之三沙，即乘北風于二十一日駛抵廈門。臣邱良功船隻收到北關，換坐溫州鎮李光顯幫內船隻，亦乘北風于二十三日駛至廈門北洋。攻剿逆匪閩、浙兩幫內傷斃及受傷員弁兵勇，因現在尚有未到船隻〔註22〕，容俟各船收齊再行確查，照例題咨辦理。臣張師誠一得兵船收進廈港之信，即親赴各船看視。邱良功腿傷尚輕，行動如常，惟王得祿額角、手腕各傷較重，用紬包紮，不便揭看。據云右額角被賊番銀打過，骨損髓見，抽痛難堪。恐船上調治不便，勸令就近回署，加意調養，並覓良醫診治，以冀速痊。一面將所獲匪犯、難民提至臣署，督同因公在廈之汀漳龍道海慶、興泉永道多麟岱、同知葉紹棻、通判查廷華、知縣王桂等隔別審問〔註23〕，僉稱蔡逆本身手足受傷落海及擊沉之船實係該逆本身船隻，均屬相同。詰以船沉之處是否外洋，抑係內洋〔註24〕，附近有無山

〔註19〕「福」，原作「接」，《雷塘庵主弟子記》卷三同，張師誠、王德祿、邱良功奏摺作「福」。按，「接糧通判」不辭，「福糧通判」即福州府糧捕通判，今據張師誠、王德祿、邱良功奏摺改。「查」，原作「李」，《雷塘庵主弟子記》卷三及張師誠、王德祿、邱良功奏摺均作「查」，今據改，下文重複出現者逕改不出校。

〔註20〕「舵」，原作「艙」，《雷塘庵主弟子記》卷三同，張師誠、王德祿、邱良功奏摺作「舵」，今據張師誠、王德祿、邱良功奏摺改。

〔註21〕「五」字原闕，《雷塘庵主弟子記》卷三同，今據張師誠、王德祿、邱良功奏摺補。

〔註22〕「未到」二字原闕，《雷塘庵主弟子記》卷三同，今據張師誠、王德祿、邱良功奏摺補。

〔註23〕「知縣」二字原闕，《雷塘庵主弟子記》卷三同，今據張師誠、王德祿、邱良功奏摺補。

〔註24〕「抑」，原作「亦」，《雷塘庵主弟子記》卷三及張師誠、王德祿、邱良功奏摺均作「抑」，今據改。

島。據盜犯陳盼等供，稱實係深水外洋，浩淼無際，四圍並不見有山島。又據難民紀聰等供〔註25〕，稱伊等于逆船沉溺之時，先行鳬水扒上兵船，眼見蔡逆浪捲淹斃。其時該逆幫夥匪船各船早經被剿散去，僅有該逆義子小仁與逆夥矮牛兩船，亦相離甚遠，且見兵船勢盛，不敢前來撈救。若該逆果有逃脫得生，伊等係受害之人，尚求官兵剿捕洩憤，何肯代為捏飾等語，並據出具切實手摸，甘結「蔡逆如果得生，情願治罪」等字樣。查蔡逆受傷落海，已據本船賊夥、難民供指確鑿，且臣王得祿與同幫各船內員弁、兵勇均經目擊，實無疑義。臣張師誠因該逆尸身未據撈獲，現在解到各犯有稱眼見淹斃，有稱危急之際只見其落海，不知有無撈救者，供詞不一，是以再四推求，不厭詳慎，但難民均係眼見淹斃，各具切結〔註26〕，所供十分結實。臣王得祿與各弁兵親身在洋，目睹該逆落海之時，小仁、矮牛二船並不能趕來撈救。臣邱良功本船雖先已被損，離開尚不甚遠，瞭見逆船沉沒，實無夥黨趕救。詢之護鎮孫大剛及各弁兵，眾口一詞，且稱其地係黑水深洋，該逆素食鴉片，即身體羸弱，斷不能扶板浮起。是積年稔惡，雖未經擒獲，明正典刑，而溺斃深洋，鯨吞魚嚼，即與身受凌遲無異。該逆惡貫滿盈，人人切齒，近因不得接濟，船篷已破，鉛彈用盡，經官兵兩晝夜專注圍攻，將該逆全船擊沒。巨惡頓除，洵足仰紓聖廑，大快人心。所有解到各犯內，有屢次拒敵官兵、現在受傷垂危之陳盼、劉水二犯，臣張師誠審明後，即恭請王命，飭委興泉永道多麟岱、署水師提標中軍參將福珠靈阿，先將該二犯在廈門海口凌遲處死，以免倖逃顯戮，餘犯暫行監禁。仍飭溫、台、福、寧沿海一帶多派兵弁留心查看，如有蔡逆尸身漂到境內，即行飛稟，以便委員帶同現獲監禁各逆夥馳往認明，挫骨揚灰，以昭炯戒。此時逆船已沉，巢穴已破，其該逆餘夥小仁等既經官兵擊散，又無首逆主持，眾賊無不膽落驚惶，自心離解散，聞已竄回閩洋。臣張師誠即面囑臣邱良功與現在同來廈門之溫州鎮李光顯，將兵船略為修整，乘此勝勢，趕往搜捕淨盡，以絕根株，並飭孫大剛等一體搜緝，免致縱漏。除將此次攻剿逆船出力各員弁先行開單，恭懇聖恩，分別獎勵外，所有殲除積年首逆緣由，謹遵前奉諭旨，由五百里馳奏，叩賀天喜，伏乞皇上睿鑒。謹奏。九月十三日，奉上諭：「張師誠等奏《殲除海洋積年首逆蔡牽將逆船內二百餘犯全數擊沉落海並生擒助惡各夥黨》一摺，覽奏，欣慰之至。洋盜蔡牽一犯，原係閩省平民，在洋面肆逆十有餘年，往來閩、浙、粵三省，擾害商旅，抗拒官兵，甚至謀佔臺灣，率眾攻城，偽稱王號，不特商民受其荼毒，官兵多被傷亡，並戕及提督大員，實屬罪大惡極。該逆一日不除，海洋一日不靖。節經降旨，諭令該督撫等嚴禁接濟，鼓勵舟師速擒巨惡。茲據張師誠奏稱王得祿接到咨會，南洋尚有蔡逆匪船，王得祿即與邱良功連艅南下，于十七日黎明駛至魚山外洋，見蔡逆

〔註25〕「聰」，原作「總」，《雷塘庵主弟子記》卷三同，張師誠、王德祿、邱良功奏摺作「聰」，今據張師誠、王德祿、邱良功奏摺改。
〔註26〕「結」，原作「實」，《雷塘庵主弟子記》卷三同，張師誠、王德祿、邱良功奏摺作「結」，今據張師誠、王德祿、邱良功奏摺改。

—69—

匪船十餘隻在彼超駛,當即督催閩、浙兩省舟師專注蔡逆本船,併力攻擊。逆復敢用大椇扎住邱良功之船,拚命抗拒,邱良功被賊鎗戳傷。其時王得祿緊攏盜船,該匪因不得鉛丸接濟,用番銀作為砲子點放,王得祿身被砲傷,仍喝令千總吳興邦等連拋火斗、火罐,燒壞逆船舮邊尾樓。王得祿復用本身坐船將該逆船後舵沖斷〔註27〕,該逆同伊妻並船內夥眾登時落海沉沒。提訊撈獲匪犯十九名並難民六名,均供稱蔡逆手足俱被火燒壞,落海淹斃。是蔡牽受傷落海已據所獲賊夥、難民供指確鑿,毫無疑義。王得祿、邱良功協力奮追,殲除首惡,均屬可嘉,而王得祿額角、手腕各受重傷,仍復奮不顧身,趕攏賊船追剿,致該逆登時落海,厥功尤偉。王得祿著加恩晉封子爵,並賞給雙眼花翎、白玉翎管一個、白玉四喜搬指一個、白玉大吉葫蘆牌一個、金絲棉搬指套一個、大荷包一雙、小荷包二個。邱良功大腿受傷,本舟被賊艘碰壞,不能前進,勞績稍遜〔註28〕。邱良功著加恩晉封男爵,仍賞給白玉翎管一個、白玉四喜搬指一個、金累絲搬指套一個、大荷包一雙、小荷包二個。至該逆用番銀作為砲子,可見鉛丸已屬罄盡。所有阿林保、張師誠年來于各海口巡防嚴密,使一切火藥、米石概行杜絕〔註29〕,不得稍有透漏,該逆乃日益窮蹙,立行殲滅,辦理實屬認真,總督阿林保、巡撫張師誠均著交部從優議敘。張師誠並著加恩賞給大荷包一雙、小荷包二個、金累絲鼻烟盒一個、白玉廂嵌帶版三塊,以示嘉獎。其隨同王得祿舟師內之護總兵孫大剛,此次會剿蔡逆,協力圍攻,亦屬奮勉,著加恩賞還總兵原職,仍賞戴花翎。參將陳琴奮勇攏攻,受傷落海,護救得生,甚屬出力,著加恩遇有閩、浙兩省水師副將缺出,儘先陞補。守備楊康寧、李增階較眾尤為出力,著加恩遇有遊擊、都司缺出,儘先補用,仍賞戴花翎。千總吳興邦,著以守備即用。把總蒲立芳,著以千總即用。外委趙世芳、張正,著以把總即用。額外外委陳賜福、陳榮成、呂鳳鳴,著以經制外委即補,均著先換頂戴。署遊擊黃國哲隨同出力,著以遊擊陞用。千總李天華,著以守備陞用。把總王永翁,著以千總陞用。外委龔朝升,著以把總拔補。額外外員李尚貴,著以經制外委拔補。通判查廷華在洋隨緝,攻沉匪船,尚為勤奮〔註30〕,著加恩賞加同知銜,仍賞戴花翎。候補從九品余俊跟隨出洋,受傷落海,遇救得生,著加恩以縣丞陞用。其隨同邱良功舟師內之總兵童鎮陞,前因未經合幫剿捕,革去頂戴,革職從寬留任,茲該鎮首先追及逆船,尚屬

〔註27〕 「舵」,原作「先」,《雷塘庵主弟子記》卷三同,張師誠、王德祿、邱良功奏摺、嘉慶十四年九月十二日上諭及本書卷首「敢從魚葬生重乞」一句詩注均作「舵」,今據改。

〔註28〕 「績」,原作「蹟」,《雷塘庵主弟子記》卷三及嘉慶十四年九月十二日上諭均作「績」,今據改。

〔註29〕 「米」,原作「火」,《雷塘庵主弟子記》卷三及嘉慶十四年九月十二日上諭均作「米」,今據改。

〔註30〕 「為」,原作「有」,《雷塘庵主弟子記》卷三及嘉慶十四年九月十二日上諭均作「為」,今據改。

奮勉，著賞還頂戴，准予開復。遊擊陳寶貴勇往奮擊，手被砲傷，尚屬出力，著加恩以參將陞用，仍賞戴花翎。遊擊謝恩詔隨同攻剿，奮勇向前，著加恩以參將陞用。千總王宗植、吳堯臣、張君昌，著均以守備陞用。候補守備程尚蛟，著遇有守備缺出，儘先補用。把總江茂顯，著以千總陞用。參將陳登捷，守備沈國龍〔註31〕、郭維清，署守備事千總吳清、許廷元，把總陳步雲、周聖章，外委蔡得勝、馬殿祥、陳永升、許元豹、趙連發、葉廷貴、李元等十五員，隨同攻剿蔡逆，均屬奮勉，著交部議敘。王得祿之家丁蘇兆、邱良功之姪邱成勳，著交部以把總例賜卹。其出力各兵丁，著分別拔補。此外，如有出力員弁，仍著查明保奏。茲發去五錢重銀牌二百面，著賞給閩省各員弁〔註32〕；三錢重銀牌二百面，著賞給浙省各員弁；小刀十把、搬指十個、翎管十個，著賞給閩、浙兩省出力各員弁。其閩省兵丁，著賞給一月錢糧；浙省兵丁，著賞給半月錢糧。至數年以來修鑄船隻、砲械、籌備口糧，並防守口岸、杜絕接濟之大小文武各員弁，著交新任總督方維甸會同張師誠秉公確查，分別具奏，候朕施恩。其蔡牽義子小仁與逆夥矮牛，並著嚴拏務獲，以淨根株。將此通諭中外知之，單併發。欽此。」

二十二日，巡撫因先奉旨派令入京祝嘏，即於是日奏明交印，臬司蔣繼勳護理起程入京。

附巡撫阮元與提督邱良功書。○七月十七日，浙撫院致邱提軍書云：「本日據太平、臨海二縣先後稟報，蔡逆綠頭船四隻、同安船八隻已于十四日未刻由外洋竄至臨海，此時當已至普陀一帶矣。該逆此來，自必探知軍麾駐紮三盤，故徑由外洋超馳，未知弟臺何日聞報折回。兄因將次起程祝嘏，料理案牘，刻無寧晷，竟不及分身赴寧，所有調度一切剿捕事宜，諸望弟臺專司指揮提挈，並明示將士以功過所在，俾共圖免過立功。兄身在省垣，心繫海上，惟有竚盼捷音而已。其應行雇募大船、配足砲械等事，均乞與寧波道、府札商辦理，隨時示以數行可也。再因該縣來稟，有似係蔡逆之語，兄尚未具奏，且俟寧波稟報確實，再為酌奏。」云云。○七月十八日又致邱提臺書云：「蔡逆坐船高大，浙師仰攻往往不能得力。兄前曾商諸鎮臺，以賊船雖大而少，兵船雖小而多，若令某鎮某字號若干船隔斷蔡逆夥匪船隻，不令救援，以隔斷為功，不以攻獲為功，另挑某某鎮高大堅好船若干隻，認定蔡逆本身坐船，連環施放鎗砲，先將篷胎、柁牙節節攻打破壞，使彼不得行駛，然後替換攻擊，多用火箭、火瓶，賊行與行，賊止與止，久久相持，便可得手也。」○七月廿七日又致邱提臺書云：「頃奉初九、初十兩次賜函，知弟臺現在星夜返篷北上，稍慰鄙念。蔡逆自十八、九等日折回大陳洋之後，並無或北或南消息，惟頃據台協具報十七日拏獲蔡牽盜船逃難民，據供，該逆有船三十五隻，護送木船過寧波、

─────────────

〔註31〕「龍」，原作「尤」，《雷塘庵主弟子記》卷三同，嘉慶十四年九月十二日上諭及前文均作「龍」，今據改。

〔註32〕「員」字後原衍一「參」字，今據《雷塘庵主弟子記》卷三及嘉慶十四年九月十二日上諭刪。

乍浦，還要到普陀燒香等語。但此種難民之言，殊不可據，屢屢有蔡牽故差人上岸，造為將南反北之謠言。現在兄飭寧波陳道，已雇大同安船十二隻，據云不日可齊。如蔡逆尚匿台洋，即交朱護鎮軍管帶南下會剿，弟臺由溫北上，正可首尾夾擊。如果真至寧波、普陀，即當合追北上。如有捷音，希為速郵寄示。至閩師是否合幫前來，來函未荷敍及，並望見示及之。再，雇船應配砲位，寧道現有庫貯紅衣砲六位、劈山砲一百位，又城守營現選紅衣砲二十位，共大小一百二十六門〔註33〕。如有不敷，提標各營尚可挑用。所有紹郡各砲，均係分設城汛，輾轉搬運，未免緩不濟急，似無庸再為調撥矣。」○七月三十日又致邱提臺書云：「廿九日連接賜函，知軍麾於十六日在三盤遭風，現在分飭趕修，一面統帶完好廿五船兜會黃鎮舟師過北剿捕，既慰且念，黃鎮兵船亦同日在披山等處遭風，淹斃兵丁四名，惟定鎮幸保無恙。此次各兵船雖叨庇無大傷損，而冒險前進，實為勞苦出力。兄已札飭寧道，俟兵船抵定後，每名各賞銀二錢，以示獎勵，並飭將定鎮未經遭風兵船及新配十二船兵丁普賞銀一錢，以勵勇氣矣。蔡逆匪船昨據寧道稟報，廿四日經潭頭往北，共大小船十九隻，此時當已至定海，未知弟臺及童鎮軍所帶各舟師何日追及，懸繫之至。新雇商船據道稟早已配齊，而兵丁尚未調到，未免延緩。兄已嚴札申飭，並如前命令定中軍金德標管帶，合之三鎮兵船，共得五六十號，兵力已壯，如閩師未到，儘可獨剿，不必等待也。修船經費及新得勝舠不敷銀兩，頃已札司發銀二千兩，同扣存篷索一半銀兩，即日委員解寧，聽候弟臺分別給發。惟望諄飭各營撙節估用，無任稍為浮冒。另示酌派兵船七隻，守催在溫修理各船，俟修竣後即令在溫偵緝土盜，並備截剿。蔡逆南竄之處，具仰調度周密。其新任溫鎮李公，昨接阿制軍來札，已允來浙。頃復札致張署制軍，催令赴任矣。」○八月初三日又致邱提臺書云：「頃奉廿六日賜書，知軍麾已同王提軍行抵石塘，慰甚。兄因沿海報獲遭風匪犯百餘名，于今早乘便具奏，謹錄摺稿呈覽。昨據臨海縣稟報，廿四日續有盜船二十隻由主山往北，詢係蔡牽等語。是否該逆分幫，抑係閩省土盜冒充蔡夥，現在盜船究有若干隻，有無艇匪在內，乞弟臺于抵定後詳悉示知，以慰懸念。現在兩省舟師及寧道所雇商船，共得七八十號，兵力壯盛，殲滅渠魁，在此一舉。捷音不遠，跂望良殷。如大人與王提臺于八月二十邊得有勝仗，一面函致護院，一面與王提臺會奏為捷便也。」○八月初八日又致邱提臺書云：「頃奉初一日教翰，知軍麾已抵潭頭，即日進剿。適據定令稟報，王提軍兵船于初五日駛泊定港，弟臺同日追盜過北，想不日即有捷音，懸盼之至。詔安船雖駕駛不甚靈便，然已配成十二船，若船到麾下時，必能察其是否可用，以定去取也。敬誦大摺硃批，仰見聖明廑念海洋無時或釋殲擒渠寇，仰副旰宵，定在此舉，引領望之。溫州李鎮軍接篆來浙，已于前函奉聞，其鎗兵口糧，俟該營請領時當如諭飭司准給也。正在緘函，接到寧道來稟，知軍麾于初五日在沈家門洋面追獲蔡逆匪船一隻，生擒夥盜五十名，斬獲首級十顆，起獲砲位八門，具仰

〔註33〕「六」，原作「八」，非，今據文義改。

督率有方，將士用命，摧舟殲寇，所向有功，實為欣佩之至，已囑寧道查明出力弁兵，分別獎勵，仍俟續得捷音，再為專摺入告也。」

浙江提督邱自閩來書云：「中秋後接奉初四日所發手書，承示摺稿，謹悉一切就稔，長兄大人于廿二日榮行，並以弟得有勝仗，囑與王提軍會奏，具見關愛之心，無不籌計周至，真令人感銘五內。弟與閩幫在北洋搜無匪蹤，即返篷過南，十六日抵牛欄基，探聞該逆在于黃巖所屬之魚山外洋潛蹤，即連夜開行。十七日黎明，駛抵該處，果有盜船十餘隻在彼起篷駕逃。浙幫兵船先行趕上追擊，該匪俱返篷放砲拒敵，內有綠頭大賊船一隻，認係蔡牽本身之船，揮令各兵船注定圍剿。該逆放砲回擊，將童鎮軍坐船頭梡打損，隨即收轉。各兵船俱佔上風，迴環攻打。該逆見兵兇勇，方向東南外洋駕逃，兵船隨追隨擊，自卯至申，擊斃盜匪無數。已追至黑水深洋〔註34〕，閩幫兵船方始趕上。弟與海壇孫鎮軍並攏逆船，兩下接仗，火斗交拋。因外洋浪大，不能過船，逆船隨浪戧出。時已入夜，弟帶兵船俱在上風截住跟追，該逆不能逃遁。十八日寅刻，各兵船又復趕上逆船，聯絡攻擊。該逆且拒且逃，有提標署右營遊擊陳寶貴被賊砲打傷左手，浙幫兵船並攏仰攻，俱被逆船拋下火斗轟擊，官兵俱有傷斃。攻至午刻，已過黑水深洋，又見清水。弟想深洋寫遠，旋又天晚，恐被逃逸。弟之船先行並攏逆船，王提軍之船隨後趕上，並在弟船外，將弟之船夾在中間，鎗砲齊發、刀斧交攻。盜匪見勢兇勇，俱紛紛跳水。因逆船插花大篷纏住弟篷之上，將艇船席篷即時扯碎，逆船欺弟艇船，竟敢用椗札住弟船，意在拚命決一死戰。弟左腿被鎗搠傷，胞姪邱成勳與賊格鬥，落海淹沒。外洋湧浪，逆船與王提軍之船兩下搖擺，將弟船上舷邊、船尾玉康俱行碰壞，兵丁站立不住，多有落水。因弟船上舷邊碰掉，逆之椗勾縈不住弟船，隨浪撇下，王提軍之船亦即戧開。時有海壇孫鎮軍、乍浦營參將陳琴、守備李增階俱從逆船外首撞攏。該逆連拋火斗，火星引入陳琴、李增階藥艙，將該二船即時轟開，登即沉沒，官兵落水。各兵船放杉板撈救，將陳琴、李增階救起，並撈獲跳水盜犯胡有均等七名。弟坐船僅存底碗，又復發漏，幸命舵未損，得免沉溺，因東風猛烈，僅用頭篷，隨浪漂放。浙幫兵船見弟之船損壞，前來保護牽帶。王提軍與孫鎮臺等船仍在圍攻逆船，遙見砲火聯絡。弟于酉刻駛過黑水深洋，見王提軍坐船亦返篷收轉。此閩、浙兩幫會同攏擊逆船之實在情形也。弟于二十日收抵北關，查點各兵船，尚有幾隻未曾收到，隨將傷斃兵丁趕緊郵賞醫理，損壞各船駕溫修理。訊據盜犯胡有均供，稱『小的廣東人，落蔡牽船已有三四年。船上共有盜匪二百五六十人，十七、八等日被兵船打死約二百人，被火斗燒傷數十人，只剩二三十人，蔡牽躲在艙內不敢出來。小的在前艙見船漏沉水，艙板湧起，小的走上艙面，聞蔡牽要發火藥艙自燒，小的著荒〔註35〕，所以跳水，即被撈獲，求開恩』等情。適溫州李鎮軍前

〔註34〕「至」字原闕，據《雷塘庵主弟子記》卷三補。
〔註35〕「荒」，《雷塘庵主弟子記》卷三作「慌」。按，「荒」通「慌」，「荒」「慌」並可通。

來北關會合，弟隨換坐船隻，開行過南搜剿，並訪王提軍與各兵船下落。廿二日，駛抵崇武，聞王提軍兵船先已南下。弟若自行具奏，既恐兩歧，且逆船被浙幫兵船攻擊如此狼狽，曾否沉沒，未得實信，隨即過南，于廿三日抵廈門。張署制軍亦在該處。王提軍被賊砲打傷額角、手腕〔註36〕，在署醫養。蔡逆坐船已被攻沉。此次圍剿，浙幫兵船俱奮不顧身，掩攏逆船攻打，以致該逆不能逃遁。閩幫大船呆笨，王提軍于十七晚間方始趕上，此時該逆之船已被浙幫攻打狼藉。弟坐艇船尚且數次並攏逆船，用椗紮住，相攻一時之久，王提軍之船反在弟船外，以致弟船碰壞，浙幫前來救護。雖不克將逆船攻沉，而該船業已垂危，閩幫現成收功。現經張署制軍具奏，以閩幫稍優於浙幫，其實浙幫實優於閩幫。總之，國家公事，首惡已除，海洋絕此大患，亦一快事。現惟搜剿餘匪，務期廓清洋面，以副長兄大人數載焦籌綏靖之至意。統此縷布，恭請台安。惟希心照，不盡欲宣。」

附後任巡撫蔣攸銛摺奏云：「臣承軍機大臣字寄，欽奉上諭：『阮元奏蔡逆南竄，提督邱良功帶同新任溫州鎮李光顯緊躡追剿等語。蔡逆于八月初間往南逃竄，兵船曾否追及，得有勝仗，該撫即行奏聞等因。欽此。』查蔡逆幫船先于七月中旬竄入浙洋，經前撫臣阮元飛咨提督邱良功、王得祿等會同追剿，該逆遁東南外洋，舟師躡蹤追捕去後，嗣臣接準署督臣張師誠咨，稱八月十八日，舟師在于不識名目黑水大洋追及逆船，火器齊發，其船登時沉沒，該逆同伊妻并船內夥眾一齊落海，該逆義子小仁及逆夥矮牛等船各自解散，邱良功、王得祿等現將生擒盜夥陳盼等帶至廈門，根究明確，馳摺奏聞等因，咨會前來。臣查蔡逆積年巨憝，罪大惡極，今被兩省舟師追剿殲除，洵為大快人心之舉，但恐小仁、矮牛等船盜夥被剿窮蹙，分竄浙洋，臣即飛咨文武，嚴密截剿，旋據報，稱果有大綠頭等船八隻由外洋超駛定海洋面，探係蔡逆夥船，經朱天奇於九月十三日進兵接仗，該匪且拒且逃，乘夜竄赴東南大洋，查無蹤影等情。臣仍咨行照前防備，如再有該逆船竄近信息，務期痛剿殲除，以淨餘孽外，理合附片覆奏。」

〔註36〕「腕」，原作「膀」，《雷塘庵主弟子記》卷三及前後文均作「腕」，今據改。

瀛舟筆談卷四

揚州阮亨仲嘉記

　　杭州至聖廟宋紹興元年建，屢經興廢。嘉慶壬戌，兄復議修葺，乃修大成殿、戟門、神位、尊經閣、露臺、兩廡廳、文昌祠、閣、欞星門、明倫堂、齋房、碑廊、文明樓及兩學官署，罔不整治，改造諸賢栗主，遵太學次序，鄉賢名宦祠，考正無紊。凡用銀八千五百兩有奇，內捐俸一千一百餘兩。廟成，兄復延歙孝廉方正程君瑤田考古鑄鐘器，又琢石磬，造諸禮樂器，又延曲阜禮樂教習王文哲等來浙，教習佾生，分部學習。禮成，作碑以紀其事。庚申歲，夷寇殄滅，獲其舟之斷桅，長數丈，圍徑八九尺，木理堅緻，因斲取為兩大几，一置文廟，一置天后宮。

《修杭州孔子廟碑》 節略

阮元

　　杭州孔子廟在豐馨坊支河之北，相傳自宋紹興改元始建，前此基址所在不可攷。宋、元以來至於我朝，屢經修造。自乾隆三十六年之後，久闕葺治。嘉慶元年，元奉天子命視學浙江，有獻於廟廷，周觀廊廡，規制或缺，心用惡焉。越四年，來撫茲土，將有兵事於海上，未能鳩工。又二年壬戌，始事營造。提督學政文公寧、鹽政延公豐、布政使劉公斌、鹽運使張公映機咸以為然。於是儲材庀工，興事任力，崇大成殿、戟門，完神位，構尊經閣，修露臺及兩廡聽事，罔或不新，文昌祠、閣、欞星門、明倫堂、齋房、碑廊、文明樓及兩學官署，罔不整改，造諸賢儒栗主，咸遵太學次序，鄉賢名宦祠位，考正册紊。凡用銀八千五百兩有奇，其六千兩給自廟工項下，其二千五百兩有奇則官士所輸，其制禮樂器各事銀一千一百二十兩則元所籌捐也。始三月甲申，迄八月乙巳工成。錢唐學優貢生孫邦治、監生邵志錕、職監生褚宗灝、鹽商

-75-

吳康成、汪大豐終始其事，稽造惟謹。志錕等又效淮安、常州，設弟子灑埽職，朔望舉行，勿慮蕪穢。元復延歙縣孝廉方正程瑤田案《禮圖》鑄鎛鐘、琢石磬，造諸禮樂器，延曲阜禮樂教習王文哲等教授佾生，分歌部、吹部、擊部、琴瑟部、左右舞部。仲秋上丁舉行典禮，禮成而樂和，庶幾吳越間如鄒魯也。

杭州府文廟鑄鐘，嘉慶七年七月增鑄，制度輕重，皆率古法。考其律者，歙縣程易田孝廉瑤田也。孝廉有文紀之。

《杭州府文廟增鑄鎛鐘紀事》

程瑤田

嘉慶七年七月四日，中丞阮公召匠命鑄鐘。開爐鎔金，火光干雲。須臾，旋風驟至，撥面瞇目，人並立不相見。主鑄者大駭，不知休耶，抑咎耶？戰慄從事，金分貯四罐，已而皆熟。乃鉗束其罐沃諸範，三傾三盡。又挈一罐傾之，未竟，金從沃口溢出，色如流丹，其光如鏡，中弗能容乃止。主鑄者曰：「吁！其成乎？」眾工皆應諾之曰：「成矣。」初，中丞考定文廟樂器，當增鑄鎛鐘。工問：「重幾何？」瑤田曰：「《國語》有之：『重不過石』，百有二十斤也。」先是余鑄無射編鐘，重七斤十兩，銑高六寸八分。据以為比例，鑄鐘百二十斤〔註1〕，銑高當尺有七寸四釐強。如其度為範，既成之明日，去範土，約鎔金之數，與所限之數不相遠也。主鑄者曰：「噫！蓋神助。昔者旋風，其是矣乎？」余曰：「然。我不敢知也。」元和李秀才尚之名銳，通算學，依斤出度，試之而然，尚之之為也。今制，文廟鑄鐘二，春祭二月用夾鐘，秋祭八月用南呂。按，《皇朝禮器圖式》言國家之初鑄鎛鐘也〔註2〕，自乾隆二十有四年〔註3〕，江西臨江府得古鎛鐘，撫臣獻於朝。適西師奏凱，功成樂作，皇帝考古制，釐定其名，復詔樂部仿鑄鎛鐘十二，黃鐘至應鐘，以備宮懸。朝會燕饗，中和韶樂，與凡祭祀，每月依辰用之。故文廟春秋二祭，定制亦依辰用夾鐘、南呂也。今年增鑄鎛鐘，瑤田與聞盛舉，竊以為依制當鑄二鍾以應月辰，而經費過大，且祭時只用一鐘，請據「重不過石」之云，鑄一鐘而兩用之，不必問其應何律也，乃比例出度。及鑄成，重與所限數略同。余更以比例法算之，當中林鐘，於是磋磨盡淨，權之多八斤耳。吹律聽之，適中南呂。今當秋祭，正合月辰，人巧天工，有莫知其然而然者。七月晦日，記於杭城舍館鐘鏗石磬齋。

鑄鎛鐘成，歙程易田先生既為之記，吾兄復為之銘曰：「純皇帝世，地出鎛鐘。西師曰克，天眷攸隆。帝曰瑞應，度俾考工。爰鑄十二，在廟在宮。臣來撫浙，待敏從容。重不過石，古制所同。化民澤士，喤喤雝雝。思樂頖水，

〔註1〕「鎛」，原作「鑄」，《考工創物小記》卷八《杭州府文廟增鑄鎛鐘紀略》作「鎛」，今據改。
〔註2〕「言國家之」四字原闕，今據《考工創物小記》卷八補。
〔註3〕「自」字原闕，今據《考工創物小記》卷八補。

宣揚八風。」旁識云：「嘉慶七年夏五月庚午朔，浙江巡撫阮元考定鑄鐘，增鑄聖廟灑掃之事。」淮南家緩堂太史創立規條，人釀一錢以給用，復取其贏餘購田，號「一錢莊」，數約則力易繼，事專則功可久，江南各處多有仿其意而行之者。杭州士大夫議行此事，予兄以為會名不雅馴，《管子》有《弟子職》篇，具詳灑掃之事，為易其名曰「灑掃職」，乃酌定規條，朔望行之惟謹。杭士大夫侍講梁同書等具呈語有云：「聚章縫輩日選一錢，至朔望期畢來三舍。拭几席如戶曹孔訢，除草萊命男子張伯。」

余兄自嘉慶元年督學來浙，迄四年冬來撫浙，歷今已及十餘載。先後遴集兩浙通經學古之士於孤山之麓，闢詁經精舍，集通省諸生通經學古者肄業其中。每月捐清俸為膏火，月率一課，親擇其中詩文之尤者為文集十餘卷，梓而行之。於是浙士之有志於學者羣知學古，不肯為俗學所囿，英才益多矣。精舍之設，原以勵品學，非以弋科名，故課藝惟用經、史、詩、古文為題，而不用時文、排律，然百餘人中前後成進士者已二十人矣。

詁經精舍及第一樓在西湖孤山關帝廟照膽臺之西，兄督學時先集諸生於舍中，輯《經籍纂詁》一書。及撫浙，遂以其地立精舍，奉祀許叔重、鄭康成兩先生，延王述菴司寇、孫伯淵觀察先後主講席。兄於暇日輒命權至其所，與諸生稽經諏史。一時人才，實聚於此。許周生兵部有《詁經精舍文集序》，兄亦自為《記》一首。嘉慶十年重葺祠堂。

《詁經精舍文集序》

許宗彥

吾浙夙稱人文淵藪。當國初時，若黃太沖、胡渭生、萬充宗之於經，萬季埜、吳志伊之於史，袁惠子、徐敬可之於算，張繡虎、朱錫鬯、姜西溟、查悔餘之於詩、古文，並流美方來，希風曩哲。繼之者全謝山、吳中林、杭董浦諸先生，咸方聞博物，著述垂範。山川靈淑之氣，有所甚洩，必有所蓄，蓄之久且復洩，而風尚少靡，不能無待而興。吾師雲臺先生，以名世之德，為人倫藻鑑。先是視學兩浙，以行誼、經術屬士，士風曠然一變，既奉命鎮撫是邦，綱舉目張，百為具理，鯨鯢就戮，江海如砥，爰於湖塍立詁經精舍，祀許浚長、鄭司農兩先師，擇十一郡端謹之士尤好古力學者萃處其中，相與講明雅訓，兼治詩、古文辭。公暇親為點定，并請王蘭泉、孫淵如兩先生為之主講。閱二年，得文集若干卷。夫自漢以來二千餘年，治經之家、說經之書莫可選計，聞見日積，聰明日新。近世通人所考正，往往邙漢儒所未發，何論孔、陸。宗彥嘗讀吾師《研經室集》，以今法推周幽王六年十月朔正入食限，知《毛傳》為是，《鄭箋》屬之厲王為非。又以明堂、太廟、辟雍同地，為上世未備宮室之制，是以黃帝曰「合宮」。封禪

泰山,亦上世大典禮,其時未有史策之文、朝觀之節,故七十二代之興,咸合諸侯於泰山下,以定天位,因刻石其上,以紀有天下之號,秦、漢所為,襲其名而未察其實也。斯並神遊皇古,理衷前聖,鄭、賈復生,無以易斯誼已。諸君幸承指授,師法宏遠,故能識精而思銳,不惑於常解。茲集所載,於古今學術洞悉本原,折衷無偏,實事求是,足以發明墜義,輔翼經史。其餘詩、古文,或咀六代之腴,或挹三唐之秀,風標峻上,神韻超然。蓋吾師因其質之所近以裁之,而諸君亦各能以長自見。覽斯集者,猶探珠於滄瀛,採玉於崑閬也。諸君其益進而不已,蘄至古之立言者,以稱吾師教育盛心,庶幾國初前輩之風復見今日,山川靈淑所洩,其在斯乎!其在斯乎!

《詁經精舍題名碑記》

人材出於經術,通經由於訓詁。《堯典》:「契敷五教」,《皋陶謨》言:「勑我五典」,先儒訓「典」為「常」。班史之志《藝文》,以《五經》配「五常」,蓋有所受。三代以來,賢臣諄切告誡,以稽古為先,則曰:「汝曷弗念我古后之聞」,曰:「是彝是訓,于帝其訓」,曰:「宅心知訓,別求聞由古先哲王」,曰:「其稽我古人之德」,周文公《謚法解》《爾雅》作焉。下逮春秋列國名臣,猶能稱述訓典。漢承秦滅學之後,廣求遺書,任用經術之士,時則有以《春秋》折獄、《禹貢》行河、《洪範》明災異者。大臣開閣延賓,文學侍從之臣,得與謀議辯論,中外相應以義理之文,故兩漢政治、文學,於斯為盛。魏、晉已降,經義紊于王肅,卮言日出,而清談廢事之俗成,一變為六朝靡麗之作。隋制,工、商不得入仕,始立進士科,然以律賦試士,未及振興古學。至唐,兼立明經科,其試進士,以經策全通為甲第,又廣立書學,試以《說文》《字林》并及《石經》。其時在位通人,皆能撰述,朝章國典,炳然可觀。北宋慶曆時〔註4〕,范文正公及富公、韓公相繼執政,力復古學,學者知守古注疏。自劉敞、王安石先後以新經義惑亂後進,併改明經為進士一科,而北人之守訓詁者不能進用,世目明經之科同于學究而已。然至有元皇慶,猶詔令《易》《書》《詩》《禮》《三傳》用宋注之外兼用古注疏。至明永樂間,胡廣等《四書五經大全》出而經學遂微。自後,掇科之士率皆剿說雷同,習為應舉之業,漢、唐傳註從是束之高閣。我國家重熙累洽,久道化成,試士以《四書》文,主試之有學術者,兼擇《五經》文對策佳卷列為高第,進呈乙覽〔註5〕。殿試專以對策,詞館課以詩賦,猶恐經學之不明也。既開博學鴻詞科,復詔舉經學之儒,授以館職。其時卓然表見者,有若毛氏奇齡、朱氏彝尊、胡氏朏明、顧氏棟高、惠氏士奇諸人,著作彬彬,列于大雅矣。揚州阮雲臺先生先以閣部督學兩浙,試士兼用經古學,識拔高才生,令其分撰《經籍纂詁》一書,以觀唐已前經詁之會通。及由少司農巡撫茲土,遂于西湖之陽立詁經精舍,祠祀漢儒許叔重、鄭康成,廩給

〔註4〕「曆」,原避清高宗弘曆諱作「歷」,今回改。
〔註5〕「進呈乙覽」四字原闕,今據《平津館文稿》卷下《詁經精舍題名碑記》補。

諸生于上舍，延王少寇昶及星衍為之主講，佐撫部授學于經舍焉。其課士，月一番，三人者迭為命題。評文之主，問以《十三經》《三史》疑義，旁及小學、天部、地理、算法、詞章，各聽搜討〔註6〕，書傳條對，以觀其識，不用扃試餬名之法。暇日聚徒，講議服物典章，辯難同異，以附古人教學藏修游息之旨。簡其藝之佳者，刊為《詁經精舍文集》。既行于世，不十年間，上舍之士多致位通顯，入翰林，進樞密，出則建節而試士。其餘登甲科、舉成均、牧民有善政及撰述成一家言者，不可勝數。東南人材之盛，莫與為比。異時有令甲敻求經學之士，或不至如劉歆所說，國家有大事，若立辟雍、封禪、巡狩之儀，則幽冥而莫知其原，施之有政，庶幾通達治體，亦不至有不學無術、變亂舊章之患歟？則中丞之好士在一時，而樹人在數十年之後。吾知上舍諸君子亦必束修自好，力求有用之學，以為一代不可少之人。撫部公方歇歷中外，建樹當不止此。少寇老矣，星衍又早衰，將屈指同舍生立功、立言之効，不獨拭目登科之錄也。夫浙東西與吳俱為會稽郡，延陵季子化行所及，《越絕》載孔子奉雅琴〔註7〕，從弟子以就勾踐。子貢因為《內》《外傳》，記其風土。或者謂此邦文物盛于南渡以後者，殆不然也。題名仿自漢碑陰，至唐而名山、公府、登科、集宴之地皆有記述之碣，所以考賢否而厲顧名之士也。今作《題名記》，書上舍生，因及撫部識拔之士，并纂述《經詁》之友與焉。後世必有思撫部好賢之政，而信吾文之不空作者。賜進士及第山東督糧道陽湖孫星衍撰。詁經精舍生辛酉拔貢分發廣東知縣錢塘陳鴻壽書。

汪家禧　杭府	陳鴻壽　杭府	陳文述　杭府　原名文杰
湯錫蕃　杭府	王　仁　杭府	范景福　杭府
朱　壬　杭府	方觀旭　杭府	童人傑　杭府
諸嘉樂　杭府	殳文耀　杭府	錢　林　仁和　原名福林
胡　敬　仁和	孫同元　仁和	金廷棟　仁和
陸堯春　仁和	趙春沂　仁和	趙　坦　仁和
王述曾　仁和	宋咸熙　仁和	吳成勳　仁和
李方湛　仁和	陳嵩慶　錢塘　原名復亨	吳文健　錢塘
嚴　杰　錢塘	蔣　炯　錢塘	吳克勤　錢塘
周雲熾　仁和	周　誥　錢塘	吳引年　錢塘　原名鄴
馮廷華　錢塘	潘學敏　錢塘	姜遂登　錢塘

〔註6〕「討」，原作「訂」，《平津館文稿》卷下及《雷塘庵主弟子記》卷二均作「討」，今據改。

〔註7〕「絕」原作「鈕」，《平津館文稿》卷下同。按，「孔子奉雅琴」事見載於《越絕書》卷八《外傳記地傳第十》：「孔子有頃姚稽到越。越王曰：『唯唯。夫子何以教之？』孔子對曰：『丘能述五帝三王之道，故奉雅琴至大王所。』」今據改。

姜　寧 錢塘	查　揆 海寧	鍾大源 海寧
朱軾之 海寧	倪　綬 海寧	謝　江 嘉府
謝　淮 嘉府	金衍緒 嘉府	胡金題 嘉府
丁子復 嘉興	李富孫 嘉興	李遇孫 嘉興
孫鳳起 嘉善	沈爾振 嘉善	吳東發 海鹽
崔應榴 海鹽	王　純 海鹽	吳曾貫 石門
方廷瑚 石門	朱為弼 平湖	邵保初 湖府
周中孚 湖府	張　鑑 烏程	胡　縉 烏程
沈　宸 烏程	周聯奎 烏程	施國祁 烏程
孫曾美 烏程	丁授經 歸安	丁傳經 歸安
楊鳳苞 歸安	楊知新 歸安	邵保和 歸安
姚　樟 歸安	嚴元照 歸安	徐養原 德清
徐養灝 德清	徐熊飛 武康	張　慧 鄞縣
陶定山 紹府	紀　珩 紹府	何蘭汀 山陰
童　璜 山陰	顧廷綸 會稽	何起瀛 會稽
王衍梅 會稽	周師濂 會稽	汪繼培 蕭山
王端履 蕭山	徐　鯤 蕭山	傅學灝 蕭山
周治平 台府	洪頤煊 臨海	洪震煊 臨海
金　鶚 臨海	沈河斗 臨海	施　彬 黃巖
張立本 開化	楊文蓀 海寧	

以上詁經精舍講學之士九十二人〔註8〕。

邵志純 仁和	葉之純 仁和	黃　超 仁和　原名槙
聞人經 仁和	翁名濂 仁和	陳　甫 仁和
龔凝祚 仁和　原名奠	張迎煦 仁和	李章典 仁和
湯禮祥 仁和	許乃濟 仁和	許乃賡 仁和
趙　魏 仁和	湯　燧 仁和	屠　倬 錢塘
林成棟 錢塘	方懋嗣 杭府	方懋朝 仁和
梁祖恩 錢塘	陳豫鍾 錢塘	陳文湛 錢塘
陳　鱣 海寧	楊秉初 海寧	沈毓蓀 海寧
查一飛 海寧	王丹墀 海寧	陳傳經 海寧

〔註8〕「九十二」，原作「九十一」，按之原文實九十二人，今予改正。

俞寶華 海寧	李 毅 嘉興	戴光曾 嘉興
張廷濟 嘉興	楊 蟠 嘉興	吳文溥 秀水
金以報 桐鄉	張燕昌 海鹽	溫 純 烏程
凌鳴階 烏程	孫東暘 長興	郎遂鋒 安吉
施應心 孝豐	吳 傑 山陰	童 槐 鄞縣
柯孝達 鄞縣	孫事倫 奉化	袁 鈞 鄞縣
鄭 勳 慈谿	李巽占 定海	王樹實 山陰
王文潮 山陰	車雲龍 會稽 原名同軌	胡開益 會稽 原名佳
邵 騄 會稽	劉九華 會稽	言九經 會稽
吳大本 餘姚	盧炳濤 東陽	徐大酉 東陽
童珖起 義烏	潘國詔 永康	張汝房 浦江
鄭 灝 西安	毛鳳五 遂安	端木國瑚 青田

以上薦舉孝廉方正及古學識拔之士六十三人。

王 瑜 江蘇鎮洋	臧鏞堂 江蘇武進 改名庸	臧禮堂 江蘇武進
方起謙 安徽歙縣	何元錫 錢塘	

以上纂述《經詁》之友五人。

孤山之第一樓，舊名也，後少廢，兄為重葺之，地處裏、外湖之間，遠近諸山無不在目。又處詁經精舍之前，士人訪友論文，足為詩文之助。羣賢所作，莫不斐然。今綜先後雅集之作，并著於篇，不更次序。

《集第一樓詩》

王昶

高對湖山敞綺櫳，德星光聚接遙空。掄才欲樹千秋業，釋詁先徵六藝功。自愧識途輸老馬，還期樸學謝雕蟲。懸知豪氣俱無兩，要與陳登百尺同。

孫星衍

曲苑芙蓉放欲齊，蘇隄楊柳翠還迷。回瞻玉宇三霄近，平視吳山萬仞低。高處元龍嘗獨立，上頭崔顥共誰題。他年想像平津閣，第一風流數浙西。

阮元

高樓何處臥元龍，獨倚孤山百尺松。人與峯巒爭氣象，窗收湖海入心胷。經神久擅無雙譽，闌影當憑第一重。卻笑扶風空好士，登梯始見鄭司農。

孫韶

高樓百尺倚崔嵬，誰是元龍蓋世才。此地湖山甲天下，上頭星象聚三台。染衣楊柳千條綠，

入境芙蓉萬朵開。一代風流照東海，詁經人比上金臺。

朱為弼

已開廣廈萬千間〔註9〕，大庇橫經弟子班。學溯無雙齊北海，樓名第一對南山。羣仙絳節時相過，下界丹梯尚可攀。入夜憑欄向空望，文昌珠彩照江關。

陳鴻壽

平橋十二走蹻連，第一樓開孤嶼邊。馬帳生徒人似玉，鄴侯風度望如仙。說經只許東西漢，師古何分大小賢。好是置身千載上，春風總在畫簾前。

陳文述

第一湖山第一樓，偶因問字此間遊。文昌星象三台聚，經學淵源百代收。許鄭於今崇祀典，白蘇從古擅風流。諸君袞袞皆賢俊，誰躡金鼇最上頭。

張國裕

獨有先生解愛才，春風座上眾仙來。樓含山水沖和氣，人聚東南竹箭材。絳帳有時分鶴俸，金臺不羨買龍媒。當窗萬朵芙蓉立，臥聽陵門八月雷。

孫仁淵

柳條都向小樓青，樓上文昌正聚星。解讀說文九千字，共明漢學十三經。座中裴屨皆名士，簾外雲山好畫屏。絳帳春深容載酒，不須重訪子雲亭。

陳鴻豫

第一樓開綠萬重，此間名士盡雲龍。魁材已徧東西浙，挺秀平分南北峯。識字應師許祭酒，談經都拜鄭司農。不須五鳳齊飛日，湖海風雲足盪胸。

陳文湛

樓外湖山入畫圖，樓中星象應璇樞。東南師表王孫阮，唐宋風流李白蘇。到此真疑有鸞鶴，當年原是號蓬壺。相看閬閬排雲上，定識經生即鉅儒。

孫星衍

神仙同上李膺舟，為我登臨屏八騶。積雨中間晴一日，平湖寬處坐層樓。漢唐絕業千秋定，吳越才人四座收。曠代知音數巡酒，臨歧爭忍不淹留。

程瑤田

出門交始到杭州，樂府新詩紀勝遊。耄及每驚開八表，坐隅也許上方舟。飲能滿腹西湖水，手可摩天百尺樓。竟日叨陪歐永叔，雙隄今已擅風流。

汪梅鼎

悠悠旌斾卷江雲，未拜鈴轅酒已醺。如此湖山宜餉客，幾時書劍得隨君。樓臺影裏尋仙侶，

〔註9〕「開」，原作「聞」，《蕉聲館詩集》卷二《登西湖第一樓》作「開」，今據改。

菱荇香中抱夕曛。長記清光照歸舫，滿窗涼月白紛紛。

第一樓之西聖因寺地，舊有屋數楹，高牆背湖，殊不得勢，清中丞安泰乃改為湖樓。開窗面湖，盡覽一湖之勝，取蘇公「望湖樓下水如天」句，題之曰「望湖樓」。予兄考宋之望湖樓即吳越時之看經樓，復題一扁曰「吳越看經樓」，清公復書一聯云：「閭里固宜勤撫郵，樓臺也要數登臨」。

海寧向無書院，予兄率彼紳士經始為書院，題額曰「安瀾書院」，延周松靄春為院長，以詩紀之，有云「猶記梨洲親講畫，更傳蓬宇費經營」，謂南雷曾講學于此，而陳文勤相國欲建未果也。明府博學好古，為邑人所重，故人士咸樂其教。

甲子秋，予兄三次登臨，用東坡監試詩事額西堂曰「鳳味堂」。杭州撫署三堂，舊聞莊滋圃先生有聯曰：「知菜根味，聞木犀香」，乃求之不得，知為俗人撤去久矣，兄乃重書之。

撫署西偏受祐堂額乃仁廟御筆賜撫臣張泰交者。兄之第七子生于此，因名曰「祐」。吾兄撫浙之暇，于靈隱閑屋啟書藏收錄書籍，今錄《記》文，可知其事。

《靈隱書藏記》

阮元

《周禮·宰夫》：「掌官契以治藏史」，《史記》：「老子為周守藏室之史」，藏書曰「藏」，古矣。古文韻緩，不煩改字，「收藏」之與「藏室」無二音也。漢以後曰「觀」、曰「閣」、曰「庫」，而不名「藏」。隋、唐釋典大備，乃有《開元釋藏》之目。釋、道之名「藏」，蓋亦摭儒家之古名也。明侯官曹學佺謂：「釋、道有藏，儒何獨無？」欲聚書鼎立。其意甚善，而數典未詳。嘉慶十四年，杭州刻朱文正公、翁覃谿先生、法時帆先生諸集將成，覃谿先生寓書於紫陽院長石琢堂狀元曰：「《復初齋集》刻〔註10〕成，為我置一部於靈隱。」仲春十九日，元與顧星橋、陳桂堂兩院長暨琢堂狀元、郭頻伽、何夢華上舍、劉春橋、顧簡塘、趙晉齋文學同過靈隱，食蔬笋，語及藏《復初齋集》事。諸君子復申其議曰：「史遷之書，藏之名山，副在京師，白少傅分藏其集於東林諸寺，孫洙得《古文苑》于佛龕，皆因寬閑遠僻之地，可傳久也。今《復初齋》一集，尚未成箱篋，盍使凡願以其所著、所刊、所寫、所藏之書藏靈隱者皆裒之？其為藏也大矣。」元曰：「諾。」乃於大悲佛閣後造木廚，以唐人「鷲嶺鬱岧嶢」詩字編為號，選雲林寺玉峯、偶然二僧簿錄管鑰之。別訂條例，使可永守。復刻一銅章，遍印其書，而大書其閣扁曰「靈隱書藏」。蓋緣始于《復初》諸集，而成諸君子立藏之議也。遂記之。

〔註10〕「集」字原闕，今據《揅經室三集》卷二《杭州靈隱書藏記》補。

條例：

一、送書入藏者，寺僧轉給一「收到」字票。

一、書不分部，惟以次第分號。收滿「鷟」字號廚，再收「嶺」字號廚。

一、印鈐書面暨書首葉，每本皆然。

一、每書或寫書腦，或挂綿紙籤，以便查檢。

一、守藏僧二人，由鹽運司月給香鐙銀六兩。其送書來者，或給以錢，則積之以為修書增廚之用，不給勿索。

一、書既入藏，不許復出。縱有繙閱之人，但在閣中，毋出閣門。寺僧有鬻借、霉亂者，外人有攜竊、塗損者，皆究之。

一、印內及簿內部字之上，分經、史、子、集填注之，疑者闕之。

一、唐人詩內複「對天」二字，將來編為「後對」「後天」二字。

一、守藏僧如出缺，由方丈秉公舉明靜、謹細、知文字之僧充補之。

錢塘水利，自唐賢設為北函南筧，以鍾泄之，而鹽官千頃實蒙其利。然會城當湖之衝，湖水必貫城而出。近因市橋水門壅塞，三日淫雨則溝澮皆盈，居民蒸濕墊隘〔註11〕，無川流，惡疾疫亦多，床第半浸水上，官廨刺舟而入，囹獄以桔槹出水，水利不治久矣。嘉慶九年，兄乃取清波門流福溝一帶濬而深之。工既成，復自為文以記其實。昔白文公為《錢塘湖石記》云：「恐來者要知，故書於石；欲讀者易曉，故不文其言。」則兄猶此意也。

《嘉慶九年重濬杭城水利記》

杭州水利，自古重之。今之省城，南北十里，東西五里，為長方形，西湖居其西，湖水入城有三路：一湧金水門，居正西；一湧金旱門環帶溝，居西少南；一清波門底流福溝，居西南。流福溝自清波門外學士港導水入流福寺，溝入城，由街底伏流，出府西青龍庵，溝經府南折而北，過府學、運司，東至杜子橋，環帶溝水西來會之。東過紅門局、三橋址，折而北，至定安橋，湧金水門之外水西來會之。入滿營城、八字橋，分為二：一東出營城，過眾安橋，入小河，至中河；一西過龍翔宮，至丁家橋，折而北，出滿營城，過臬司，西至回龍橋而東，由觀橋入小河，至中河。中河匯各水〔註12〕，南行至金箔橋，由藩司後、行宮前之太平溝水來會之。太平溝水亦自三橋址分流而南者也。中河過金箔橋至新宮橋，又至撫院西，分為二：一出鳳山水門，東行城外，北折至候潮門外之永昌壩；一由通江、過軍二橋，出候潮水門至永昌壩入城

〔註11〕「濕」原作「溫」。按，「蒸溫」不辭，嵇含《南方草木狀・抱香履》：「夏月納之，可禦蒸濕之氣，出扶南、大秦諸國。」今據改。

〔註12〕「中河」二字原闕，據《揅經室三集》卷四《嘉慶九年重濬杭城水利記》補。

河，又至會安壩達東新關，至海寧州。是水凡三折，貫通城內外數十里，南至牐口，北至武林門外，汲濯、舟楫皆賴之。乃數十年來未加濬治，惟湧金水門尚通湖水，其環帶溝微通涓滴，流福溝塞久矣。且運司河三橋址數里高淤，滿營河亦淺阻，每遇大雨水，城內汎濫，司、府、縣署刺舟而入，居民多臥水中，府縣獄以桔槔出水，獄多痰囚〔註13〕。下河、中河之水，反致淺濁無來源。水利若此，當治乎？不當治乎？甲子春，予首捐廉俸，官、士、商亦各出資，計銀四千七百餘兩，計開廣學士港十五丈六尺，自學士港、流福溝至三橋址，掘土四千七百九十四方；自三橋址北至滿城南，過藩司後、行宮前太平溝、金箔橋、通江橋、過軍橋、慶豐關等處，掘土四千六百五十一方。由是，清波門首受湖水，清清冷冷入流福溝，過軍司前，會環帶溝，至三橋址，會湧金水門水入滿營城，暢通無汎濫之苦。藩司前諸山水亦入太平溝，暢流無阻。其西之湧金，西南之清波，正南之興隆，西北之聖塘澗水，石函六牐，設金、木、水、火、土五牐板，視西湖水盛衰增減啟閉。委其事於杭州水利通判專掌之，兩縣主簿、運司經歷分司之，院、司、府、縣督察之，別具文案以備考。自茲以後，每歲十一月濬治一次，毋減工，毋累民。是役也，杭州人候銓同知馬基身任其事，經營十閱月，其勞最著。工畢，刻碑記之，并刻圖于記文之後，且載捐銀人名于碑陰，置碑于吳山海會寺。是寺也，為祈謝晴雨長官共集之地。庶幾共覽而知，勿久而廢焉。

凡各省古帝王、聖賢、大儒、孝子、忠節、名臣之祠墓，皆例當地方官修理防護，年終造冊，分咨禮、工二部。國制國恩典至重也，乃地方官向皆視為具文。兄在浙，特為加意設局，令學官之有學者一一稽查核論，自大禹陵以下，下及宋陵，以及岳鄂王廟墓、謝皋羽等墓及明之方正學、王陽明、劉蕺山諸賢祠墓，本朝大臣之賢者亦與焉。查畢，刊為二冊，名曰《防護錄》，通頒司、道、府、廳、州、縣及各儒學，年終查明達部，可永不廢紊矣。

杭州貢院號舍，數十間共一長衖。向來衖中皆土地，三年閒曠，蒿萊塞滿，蛇蚓蟲豸之跡交于簷內，且即屆秋試，掃除之，而三場九試之中必有雨水。雨水既降，圍牆溝塞，巷內泥深沒踝，士子夜眠臨水，糞舍之污逆泛而上矣。兄驚苦之，乃於辛酉科將一萬一千餘號全鋪大石版。計衖一百九十餘條，南微低，北微高，近貢院甬路中者高，近東西圍牆者低，溝道通暢。復為糞舍，置缸舍外，置側石于舍中穴牆之半。如廁者糞流牆外，內不見穢。每遇大雨水，雨止而石乾，士子、號軍永居爽塏。是役也，靡金四千有餘，而兄所捐者居四之一，勒碑院中紀事。

杭省孤貧，恩給銀，歲銷逾萬，半為猾吏、戶頭所蝕。兄嚴核之，令通省

皆以教職、武員會同州縣當堂給發,而省中孤貧嘗親給之。

杭城訛火,劇于他處。《臨安志》中載大火者,屢書不一書,自當時已然矣。地狹民稠,牆壁皆以竹葦塗泥,而不以甎甓,或絀于財,或限于地,其勢無可奈何。又且東浙奸民寓杭者,每縱火為攫財計,兄獲二人,置之于法。又于城北立普濟堂,每冬日施粥,日食萬人者彌月,無賴得以飽暖,以清其源。甲子冬春,無一家火者,為從來未有之事。是知祝融稍戢其虐,未必非人事之修也。

有紹興貢生高某者,具呈願捐杭州大宅一所為普濟堂。兄獎允之,延杭城紳士管領,並以舊有新增之諸善舉,歸入堂內經理之,添撥經費,前後數萬兩,而鹽商、富紳所捐者尤多,是以各善舉皆臻妥善。蓋官恃民辦,民賴官力,其中無劣紳之侵擾、胥吏之撓辭也。其條例:一則通衢夏施茶水,冬施薑湯也;一則造丸藥、膏丹,醫民瘧痢、傷寒、瘡癩、溫疫也;一十二月開設粥廠也;一恤嫠會,月給錢也;一收瘞局,掩埋枯骨也;一施捨棺木、棉衣也;一設錢塘江義渡也。其堂中另有報本。

堂兄去浙後,局人設兄長生位以祝焉。山陰徐碧堂先生曾錄杭城諸善舉始末數目、兄所手定文案、章程、告示為一書,惜未錄其稿也。

杭城育嬰堂,向來有名無實。司事侵蝕嬰兒虛額,乳母住堂,間有施脂粉、致閒雜人出入者。兄恨其弊。鹽政延公豐、嘉湖道袁公秉直商改章程,編嬰舍為號巷,閉其總門,不准出入,增其乳工,俾可養贍,延誠實紳士經理,不准官吏涉手紳士。乃延士人妻之年老能事、能書算者當門常住,以約束稽查乳嫗、嬰兒諸事。冬棉、夏帳、藥餌各事,一一增辦。予嫂孔夫人亦間遣老嫗入堂查視。延公議于鹽務內歲輸銀四千餘兩,以增其費。刻碑記事,至今守其成法,井然不紊,嬰兒不死者多矣。

浙江杭州求晴禱雨民俗,皆請天竺觀音像下山入城。祈禱有應者固多,亦間有不應者,然兄皆照舊敬之。若至久而不應之時,則兄必分禱社稷、山川、神祇壇及太歲、城隍,用牲帛甚至用古禜祭法禜于城門、社稷,用牲伐鼓,頗亦感應。民間因兄別有所禱,且殺牲,頗有怨其不佞佛者,然兄則曰:「靡神不舉,靡愛斯牲,禮也。」不為人言所移也。

十三年夏,余隨兄在杭州,雨太久。觀世音像入城多日,雨不止。兄行禜祭,禮于社稷壇、湧金門,雨驟止。余適生子,應以「示」旁字為排行,即名之曰「禜」,蓋為此也。

十三年春，兄權河南巡撫，時春無雨多風，蘘麥，田不潤。兄乃奏赴嵩嶽祈澤，輕騎減從。至登封縣，先祭後禱，復分令各府縣祭所在名山大川。旋省後，乃先雪、次雨、次雷電，數日之間，通省沾足。曾有詩云：「白晝移鐙噎且霾，神靈力挽好春回。雲連泰嶽恒山去，雪自洪河渤海來。東北風。頓起蟄龍三日雨，交馳驚電百聲雷。中原民慰吾歸矣，千里東風驛路開。」

浙江漕務，收兌最難。州縣橫征暴斂，一弊也；旗丁索費留難，二弊也；生監包漕挾持，三弊也；州縣虧空倉庫，四弊也。余兄辦浙漕前後七次起運，于四弊皆預為調劑防閑，而持其平、得其中，是以州縣無因漕虧空之事，且民無過重之累，丁無不給之時。七年中，亦無相激而生之大案，州縣運弁無一人為漕被劾者，紳士無因漕斥革，百姓無因漕問徒流者。猶記有某邑生監多人，因包漕不遂，入省具控者，將激成事端矣。兄批其呈云：「本部院昔掌文衡，今理民事，何不見該生等昔日之能文而惟見今時之善訟也！」祇此一批，眾慚而散，皆得保全矣。

海運非得已之事。自嘉慶八年十一月欽奉上諭，為預籌海運一事，兄即與僚屬悉心集議，外訪之人，內稽之古，據情入告。嗣後，得我皇上洞燭機宜，河流漸亦順軌，其議得以遂寢，然未雨綢繆，古人不廢。兄因整其說，為《海運考》。

《海運考跋》

以海運易河運，不特數百年舊章不可驟改，且數萬丁伍、水手失業無賴，亦為可慮。然近年河運屢屢梗塞，且天庾無多儲，萬一南船不達，則噬而不食，可為寒心者也。嘉慶八年十一月，欽奉上諭，為預籌海運一事，即與僚屬盡心集議，外訪之於人，內稽之於古，知數百年民生國計，籌之未嘗無人。徒以目前率率之時，萬不敢以待供之度支，取嘗試於一旦，故入告之章曾有「海運非必不可行之事，非非萬不得已而後行之」之語〔註14〕。蓋不敢決然行之，亦不敢決然不行之也。後得皇上福庇，河流順軌，其議亦寢然。九年十月，洪澤湖水低弱，力不足以刷黃，以致河口淤沙，七省糧船全不能渡，因開祥符五瑞閘，放黃水之上流入湖，減黃助清，于是清、黃始平。復開小引河數里，飛輓各船，始能渡河。當引河水未通時，七省齊奏備駁運之法。然以七省數百萬之糧，用小船以萬計，方可達淮，民情必致擾動。浙省尤少船，須向外江爭先封僱，費尤鉅，勢難全漕皆歸駁運。不得已，乃暗籌海運一法。十一月，招致鎮海縣由北來南之船，約得一百餘艘。此種船，聞松江、上海尚有二百餘艘，約可得四百艘。每艘可載米一千五百餘石，略用兵船護出盡山，便放大洋。其裝卸之程、腳價之費，俱與之議立章

〔註14〕「語」，原作「意」，《揅經室二集》卷八《海運考跋》作「語」，今據改。

程，以待不虞。交卸如速，一年可以往返三次，較河運省費三之二。嗣以河道復通，遂不復用。然未雨之綢繆，聖人不廢。且近年民困于丁，丁困于河，東南之力竭矣。運費增則民力困，運費減則民力紓。因重理舊說，凡攷之于古與參之于今者，纖悉著之于簡，都為《海運考》一冊。昔明丘濬《大學衍義補》曰〔註15〕：「國家都燕，蓋極北之地，而財賦之入，皆自東南而來。會通一河，譬則人身之咽喉也。一日食不下咽，立有大患。迂儒過為遠慮，請于無事之日，尋元人海運之故道。」云云，則元猶此志也。夫以聖人御世，山川效靈，亦不必尋蹈故轍，以為千慮一得之效，而以臣子過計之心，夫亦何所不至，故不忍棄去，綜而述之。或用此法，分江、浙全漕十分之幾，試而行之，可乎？嘉慶十年春阮元撰。

關吏之橫，所在多有，胥吏下走，並緣為奸，當官者未及知也。杭州諸關，舊時往往索及箱篋，爭及錐刀。予兄至浙，痛懲宿習，此輩不敢放手，商賈無阻。兄作一聯，揭關門，使人共見，云：「古者關無征，後世不得已而設關，當知此意也；國家賦有式，小民如其分以輸賦，可使之怨乎？」南豐譚太史光祥《過杭州》詩云：「更聞近日杭州路，關吏豪搜弊已除。」蓋紀實也。

南北關稅，銀額不過二十萬兩。予兄凡收稅之數，據實盡解京師，溢餘至二十二三四五六萬兩，為國朝以來杭關所未有之多數也。

浙省倉庫虧缺一百八十餘萬兩。嘉慶四五年間，各省奉旨清查彌補。兄首持議云：「彌補之法，宜少而不宜多，宜緩而不宜急，國帑、吏治、民力皆須兼顧。清查章程奏定之後，上下節省，以為彌補，按月解交藩庫，由藩司核報巡撫，巡撫年終奏明存案。凡本縣先補本縣之虧，本縣補畢而力有餘者，則補同府之縣之虧，同府補畢，則補通省最苦之縣之虧」，且云：「須展至十年之久，守此不變。」非不知為期太遠，然立限若過緊迫，則有二弊：一則橫索于民，民不堪累；一則仍是挪新掩舊，舊虧報畢，新虧復生。是以節次議奏，蒙諭云：「所辦是彌補之法，宜緩不宜急，于官有益，于民無損，日計不足，月計有餘。」是以深蒙嘉許也。浙省自定章程彌補，數載之後，兄丁憂去浙，後任清中丞安泰恪守兄法，循此辦理。兄復任後，核計所補，已足八分以上矣。設使當年章程若求急效，必不持久，數年之後，屢查屢補，官無定力，章程紊亂，挪新補舊，有名無實矣。

十四年五月，奏報通省錢糧十三年額征二百一十五萬七千五百餘兩，完解者一百八十八萬四千九百餘兩，計通省完至八分以上，且有鎮海等四縣將本年錢糧完解過半者。按數年以來彌補，雖云司庫另解另貯，實有其數，安知非以

〔註15〕「丘」，原避孔子諱作「邱」，今回改。

新掩舊，復致新虧耶？然有據焉。嘉慶六七年，通省報解者五六分以上而已，今至八分以上，非其效歟？且嘉慶五年報解全完者，止富陽一縣，而十四年題奏十三年報解全完者，仁和、錢塘、海寧、富陽、餘杭、臨安、新城、於潛、昌化、嘉興、秀水、嘉善、海鹽、歸安、烏程、長興、德清、武康、安吉、孝豐、鄞縣、慈谿、奉化、鎮海、象山、定海、山陰、會稽、諸暨、餘姚、上虞、嵊縣、蘭谿、東陽、義烏、永康、武義、湯溪、西安、常山、泰順、青田、松陽、遂昌、雲和、龍泉、慶元、宣平等四十八州縣。通省七十三州縣，而完者四十八，非實有一百餘萬之彌補在內，何以臻此。此皆實有案籍、題奏可憑，所報之銀皆已撥解者也。

海塘自杭州至海寧尖山，柴工、石工共一百七十里，保障浙西。假使塘工如高堰、五壩有所殘破，則海潮直注杭、嘉，末及蘇、松，鹹水所過，非僅民居蕩析，失一年之田稼也。是以高宗純皇帝發帑興建，屢次親臨，指授機宜，具載兄所輯《海塘志》中。

海塘之工，向來遇大汛坍損太多之年，則派各州縣幫辦，每州縣若干丈。各縣不諳工程，出銀辦之，糜費甚重。糜費即賠累，賠累即虧空也。又塘柴向採于富陽以上，若遇工多，則派州縣採辦，亦多賠累。浙江向來倉庫虧空，此二事居十分之三四。兄細核工料，去其浮費，于例貼之銀可敷支用，因全責成于一道、二廳、一營，是以歷年大工無一縣被其累者。且前後十年中，大工、險工不少，從未破潰丈尺、侵及田廬，亦未于生息銀外支動絲毫正帑也。

五年至十四年，海塘屢有險工，皆因修防得宜，工料無虛，是以田廬安堵，漲沙漸北，官弁、兵役不敢冒銷之故。近年則南岸培復尖沙，是以杭州、尖山兩頭皆有漲沙壅護，惟餘中間數十里臨海而已。

高宗純皇帝聖製詩文中屢禱「南坍北漲」者，即此道也。

蕭山西江塘關係山陰、會稽、蕭山三縣農田，苟破隄進水，則三邑皆為巨浸，而蕭山尤重，且江水挾海潮，必致鹵斥。兄于十三年親履其地，相度上游來水，直搜塘根，勢甚危險，因以千金購碎石數百船，堆成盤頭二座，高若邱阜，水遇盤頭，挑溜向北，漁浦一帶遂可施工。向來把持塘工之蠹胥、劣衿，兄復懲治之。于是紳民喜捐鉅萬，接築堅實，而盤頭碎石之中為積沙填塞，屹然不移，全塘皆固。兄去浙之後，紳士懷德，就其地立一石亭，建碑亭內，而大書「阮懷」二字焉。

浙江各山邑，舊有外省游民搭篷開墾，栽種苞蘆、靛青〔註16〕、蕃薯各物，以致流民日聚，棚廠相望，山頂沙石乘雨而下，淤塞溝澮，爭端滋起。山主貪利容匿，戶口龐雜，莫可稽查。兄為查立規條，分別去留，繪圖造冊，訟端漸少。

西湖葑草易塞，兄兩次開濬，籌費至萬金。又西湖柳樹婆娑殆盡，絕無所謂柳浪矣。兄檄海防道，每年斫海塘柳條三千枝，遍插西湖，尚恐遊人侵損，特給地保等人飯食錢看守。數年後，雖未全活，然三千之中，每年存有十分之二三則已妙矣。兄曾作詩有云：「補種須教有司管，愛惜還期後人保。」未知後來者能繼之否也。夫前人心力有待于後人者，豈獨柳也哉？

金華府民習，生女多溺之。兄引擅殺子孫律，出示嚴禁，復首捐俸若干兩，諭貧戶生女欲溺者毋溺，抱報本學教官注冊，給喜銀一兩，仍令每月稽查，民不敢遽溺。迨一月後，乳養有情，不忍殺矣。至今存活者甚眾。

兄每遇命案、盜案及洋盜、重囚，必再三親為研鞫，頗有平反昭雪、申理奇冤之處。因案牘太多，不能盡述。兄為政清而不刻，寬而不懈，不弋虛名，不急近功，立法必期其可守。嘗于廳事署「澹寧精舍」扁，復為銘以示僚屬曰：「搆茲精舍，三楹之地。名曰澹寧，所以自治。無欲乃澹，先明厥志。毋躁乃寧，道遠勉致。坐而共圖，行省之事。以此保民，以此計吏。虛己集益，委懷分寄。賢者守堅，能者耐勘。曰恕與忠，曰仁與義。不計其功，務正其誼。勿近于名，勿放于利。放利民傷，近名政偽。勿安于陋，勿舞其智。舞智必窮，安陋多蔽。勿懦而隨，勿激而肆。操勿迫蹙，寬勿廢墜。廉勿矯俗，居勿來備。土狹齒繁，情漓用寙。惟其太平，更難撫字。否毋諱疾，泰毋侈瑞。令煩愈擾，事鹽不緻。闕當速補，過戒終遂。平情持準，難說使器。中不愈情，庸不立異。心鎮常安，神清多識。制行實難，矢口則易。凡茲恒言，學焉未至。靜思自箴，靖共爾位。」

錢塘江中有小船曰「烏鴉船」，舟中僅數人，弄船者臥船尾，以足踏櫓而行，其疾如飛。中流風起，雖大艦有時覆沒，烏鴉船隨潮上下，踏浪如土。潮未至之先，江岸寂無一舟，潮過轉瞬間，已十百為羣矣。亡命之人潛身其中，以操舟為名，輒乘昏暮劫掠，約地勒贖，并掠及江山船婦女。此江界在蕭山、

〔註16〕「青」，原作「香」，《雷塘庵主弟子記》卷二作「青」。按，靛香不知何物，而靛青則為浙江民間常用草藥，治瘡癩、尿路感染、風濕關節痛、小兒驚風等，今據《雷塘庵主弟子記》改。

諸暨、富陽、仁和、錢塘五邑之中，此境收捕則逃之他境，聚散無常。猾吏蠹役匿不為言，大為行旅之患。吾兄下車之始，訪問利病，即密飭富陽縣典史韓棨，偵得虎爪山等處船戶姓名、居址、隱匿之處，盡得其實。密札取蕭山老役二人至轅，假以赴南沙捕盜為名，命至密室，詰之曰：「爾黎烏鴉船盜，為害商民，我已全知，今取爾命矣。」二役叩頭出汗，曰：「非不知盜，以一縣之力不能制，數縣之力又不齊也。」兄曰：「我以兵百人濟之，能乎？」二役曰：「如此可矣。」遂授二役密封，曰：「爾至教場，可與帶兵之官俱去。」時已預選水師、撫標、弁兵，期日落時會于教場。二役至，招之行。行至錢塘江心，開拆密封，乃非南沙事，實捕烏鴉船地徑、姓名也。官兵乃返棹西指，夜四鼓至盜窟，圍屋鳴鎗，獲其渠魁韓球等，分別首從，置之法。方兵役縛盜至轅時，兄曰：「發按察司衙門可也。」蓋前此省中文武無一知其事者，密速故也。此後江程清晏，旅行水宿之人，靡不歌頌其事。嚴四香冠有《江行》詩云：「夜靜月低黃蔑舫，江空風散黑雲都。」蓋紀此事也。當捕烏鴉船渡江之日，亦即南沙獲盜之時也。

蕭山沿江南沙為滿洲駐防營牧地，貧民佃種木棉，舊額租太重。木棉熟，民尚完租，若有風潮之損，民自火其茅蓬而遁，租皆逋欠，滿營之用亦絀。予兄奏減其租，歲數千貫，復籌款發商生息，以足滿營之用，民力紓而吏亦不擾。又此沙地毘連山陰、蕭山、海寧、仁和四州縣，貧民蓬居煎滷為私鹽。己未以前，間歲或以兵搜毀之。兵至而私梟已逃，蓬竈皆毀，兵去復集，集乃益貧，且至四出為盜。己未冬，劇盜闖王陳三等聚穴沙地，潛掘溝漕，蘆草迷匿，預陷人跡，肆出行劫。兄廉得其穴，密為手檄四州縣，親帶民壯、差捕數百人，限某日某時至某地會捕，先時後時及洩漏者皆必劾。于是山陰令裴世璘等如期會捕，不謀而合，盡獲其盜并衣物、人參等贓。繼又與鹽使延公豐會奏，改私竈為官竈，發帑收買，付商配運之。于是南沙二百里民安物阜，無逃亡、盜賊，隣境亦寧。昔之梟巢盜窟，數年之後道塗平坦，致有買賣、街市，村學究開館，民間小兒抱書來矣。

虎爪山烏鴉船盜及南沙梟盜既淨，江程清晏，數百里內皆無所警，故上諭有云：「阮元甫經實授巡撫，于積年窩盜要犯即能留心查察，飭屬嚴拏到案，具見緝捕認真。各省地方官吏遇有多年盤踞盜匪，往往畏難苟安，不肯即時督拏，任其擾累閭閻，最為惡習。即如直隸張標一案，經朕訪聞，密諭直豫督撫迅速查拏，而伊等總心存畏事，遲遲不辦，以致釀成長新店肆劫之案。今浙省

疊次窩劫盜犯，若阮元亦復遷延遲緩，並不及早查拏，亦必至容奸遺患。」

兄奏減蕭山寧、盛、盈三圍牧地二萬四千一百五十五畝零，每畝減錢一百文。又四千五百四十五畝零，地力更薄，每畝減錢二百文。其課銀居上中兩則者，改為下則。請於牧租錢二萬二千二百五十餘貫內〔註17〕，歲減三千三百二十四貫零；竈課銀三千六百九十餘兩內，歲減銀一千九百九十兩零〔註18〕，而別籌款生息，以足滿營之用。先是蕭山經徵牧地之租額太重，竈課亦重，民力難堪。沙地木棉少有風潮之損，民即自火其蓬而遁，相率為盜，課租追呼無著。且于例，蕭山經徵牧租不足額者，本年即干降革，處分嚴于地丁，故前令皆虧挪地丁正賦，以足牧租。前浙藩汪公志伊不准挪移，牧租不給，為駐防衙門所劾，職此故也。自此番減租生息，調劑滿營，其用亦給，民不逃而租銀歲反得以如額，蕭山縣令亦絕挪移之弊，不致虧空正賦矣。

浙中屢有禾麥之瑞，兄皆未以入奏。海鹽嘗有瑞麥，錢竹汀宮詹作《海鹽瑞麥記》，以《說文》「一朿二縫」證兩歧之形，而辨「一來」為「一朿」之誤，援據精博，得未曾有。

《海鹽縣瑞麥記》

錢大昕

百穀皆麗乎土者也。《洪範》演疇，穀不在五行之列，而虞廷六府，穀與五行並稱。古皇貴民重穀，以食為天，是以雨暘時若，迨用康年，而嘉瑞之臻，垂於圖諜。蓋天人感應，自然之理，夫豈誕謾而叵信者哉！五穀之瑞，紀載非一端，而麥之瑞最古。《周頌·思文》之篇曰：「貽我來牟，帝命率育。」劉子政引其文作「釐麰」，而釋之曰：「釐麰，麥也，始自天降。」鄭康成箋《詩》亦引《書》說：「烏至，以穀俱來」，以實帝命之證。然則來牟出於天降，非人間常有之麥可知也。而劉、鄭兩家不言來牟之形，許叔重《說文解字》始詳言之云：「周所受瑞麥來麰，一朿兩縫，象芒束之形。」今二徐本譌「一朿」為「一來」，獨董逌《謝除館職啟》乃用「朿」字，然亦未審「一朿二縫」何義。今春張徵士芑堂自海鹽訪予吳門，言比歲屢見兩歧之麥，而去夏所見尤異，即出櫝藏一莖示予。予諦視之，蓋始為一本，歧而為兩，旋折交結，仍歧出而成穗，觀者咸詫謂得未曾有。予思之良久，乃躍然以興曰：「此非所謂『一朿二縫』者乎！」夫縫之言夆也，纖銳而向上，有麥穗之象焉。兩歧相交，束以合之，故曰「一朿二縫」，而許祭酒特表以瑞麥之名。自周武王觀兵，至今三千餘載，史冊罕見此瑞，後儒遂不曉《說文》

〔註17〕「貫」，原作「干」，《雷塘庵主弟子記》卷二作「串」。按，下文有「歲減三千三百二十四貫」之語，「貫」「串」二字通，制錢一千枚為一貫或一串，今據下文改。

〔註18〕「一千九百九十」，《雷塘庵主弟子記》卷二作「一千九十九」。

為何語矣。我國家聖聖相承，劭農重粟，上軼虞、周，廼重覩此非常之瑞。天之降康，豈偶然哉！昔漁陽兩歧之謠，史家以為美政之成。今海鹽明府任侯惠堂以中州名進士牽絲澘中，調繁斯邑，經術飭治，壹以忠信慈愛為本，而民亦戴之如父母，稽事盡力，數致休祥。此瑞麥也，邑士胡文蔚、吳侃叔及苣堂皆有記頌及圖，大書不一書矣。予忝在舊史，喜其事合於《詩》《書》所紀，且可以證《說文》傳寫之譌，故復為記之，以待史官采訪焉。

甲子夏，大雨傷稼，水涸後多得補種。至秋而嘉興府有嘉禾，一莖九穗，馮虞山洽以圖及詩紀之。馮鷺庭編修集梧匭其禾來省，勸兄入奏，兄拒之。其圖則梁山舟先生有詩，余兄為之跋。

《嘉禾謠》

梁同書

嘉禾嘉禾，穰穰孔多。聞吳赤烏年生是邦〔註19〕，其為瑞也維何。將以震耀鄰敵，亦孰計其言之傳訛。謂其事實未有，不見今之菁菁者若莪，于以作歌。

禾興禾興，郡由此得名。禾異畝而同穎，昔之曰表瑞乎？周京文武，成康奕世，長流頌聲。于赫我聖朝，若見太平。繼繼繩繩，嘉禾乃復興。

禾嘉禾嘉，降祥匪自他。地東南維，遠泊大海〔註20〕。維皇穹下，瑞首被于農家。今年淫雨農咨嗟，轉豐歉若旋樞，一莖九穗望已奢。今茲所獲更有加〔註21〕，禾興民樂嘉復嘉。

《嘉禾圖跋》

阮元

嘉興馮鷺庭前輩以《嘉禾圖》來屬題句。元按嘉興本嘉禾古地，顧所謂嘉禾，今老農未之見也。嘉慶九年甲子五月，江、浙大雨，水泛濫沉浸，浙西三郡皆受水災，禾之已種者爛于水底，民厄且懼。六月水退，民補栽禾者十之九。秋甚燠，晴雨相間，禾大熟，有一莖三四穗至九穗者，老農詫未曾見。士之知古者曰：「此即吾郡所謂嘉禾也。」相交慶，以為帝之德澤所感召焉。方水之橫行也，民竈皆沒，舟越阡陌，帆而行。元具實，由驛入告。帝甚憫之，命發倉穀數十萬，賤糶于民，復命以錢米賑貧三十餘萬口，蠲緩錢賦、漕米數十萬，勿徵于民〔註22〕。邑之富者，各出錢米郵其村。元亦捐俸銀一萬兩以助賑，民少安。而游食之徒復乘災鳩眾，橫于鄉里。元飭文武官擒其渠，散其黨，民乃益安。迨九月，禾大熟，乃有一莖數穗者。此帝之德足以召祥和，故其轉也為甚速。若大吏者，方省愆之不暇，敢言瑞乎？且田之終未能補種并

〔註19〕「聞」，原作「閱」，馮洽《嘉禾應瑞圖》梁同書原跋作「聞」，今據改。

〔註20〕「泊」，原作「泊」，馮洽《嘉禾應瑞圖》梁同書原跋作「泊」，今據改。

〔註21〕「茲」，原作「之」，馮洽《嘉禾應瑞圖》梁同書原跋作「茲」；「加」，原作「嘉」，馮洽《嘉禾應瑞圖》梁同書原跋作「加」，今均據原跋改。

〔註22〕「勿徵于民」四字原闕，據《揅經室二集》卷八《嘉興嘉禾圖跋》補。

禾而無之者，尚比比也，寒冬雨雪，就食粥者日尚萬人也。元披圖感悚，知此為天之恩、帝之德而已。今皇帝尚德政，不言嘉祥〔註23〕，未敢以此聞于朝，亦未敢為詩歌以侈之，謹跋數語于卷末云爾。

庚申六月，大風雨之時，兄方辦賊海上，掃除夷寇，而金、衢、嚴三州水患告災，漂壞居民，蕩析之餘，哀鴻徧野，兄以災入告。時西南軍需孔亟，大農、水衡頗慮不給，天子惻然，命發帑以賑。兄復巡歷浙東，徧視災區，處分州縣，務使惠澤徧及，而蒿萊滿目，觸事隱懷，作《浙東賑災紀事》詩。

《浙東賑災紀事》

冰凌塞谿壑，積雪明羣山。飽飯被復陶，猶覺此地寒。矧茲災餘民，食少衣裳單。庚申夏六月，風雨夜漫漫。山海本交錯，蛟龍出其間。夷寇蕩頗盡，婺栝民亦殘。狂流破石出，百道開巉岏。平地三丈水，廬屋崩驚湍。漂人及雞犬，決冢浮空棺。清畎為石田，沃土成沙灘。萬頃稻始花，擺撅同草菅。客如疑此言，試看高樹端。樹端枝权枒，稾秸猶交攢。尚餘不死民，垂涕呼長官。長官發倉穀，倉破穀不乾。升斗縱不多，尚可供數餐。飛章入告帝，民隱動天顏。帝曰毋諱災，赤子皆痀瘝。近者急軍儲，度支殊艱難。臣體帝之心，不敢少吝慳。金穀三十萬，胥吏伺為奸。察之苟不密，何異官貪頑。民受官所授，著手親分頒。我來如視傷，一一索其瘢。治寇在于猛，郵災務于寬。所幸各長官，有力尚肯殫。更聞高田稔，米價平市闤。種蕎亦成就，雖貧心已安。終思卅萬人，家室何時完。朔風生澗道，伏軾興長嘆。

諸暨先被潦，後又苦旱，家兄首捐俸為賑，邑之人士于是助資出米以繼之，闔邑無流亡者。周圭封明經桐有《苦旱口占》云：「憶昨春寒雨一犂，而今舉首望雲霓。分明聽得農人說，不要田高只要低。」真老農腹中所欲言也。其弟檀《閏二月十五散米》詩云：「聽說家家都舉火，人言今日是清明。」

予兄辦災民賑務，皆以揭榜為主。蓋賑法一行，官吏、里長無不夤緣為奸，戶口之數及銀穀之數無從查覈。惟一縣幾都、一都幾村、每村幾戶幾口，揭之榜，榜寫應賑幾個月、每月賑足米若干、足銀若干、此村極貧者某某、次貧者某某、大口某某、小口某某，不過數百人，一榜寫完矣。蓋愚民不能入城向胥吏查問，若一經榜示於本村本莊，則婦孺皆知，庶無損而蝕之〔註24〕、增而冒之之弊。廉吏既可推誠布公、見諒於百姓，貪吏亦不能病民侵帑、受制於吏胥。且各上司查賑者，不必賑前屢來，致縣官多所供應，但須于賑後挾冊來查之。

〔註23〕「今皇帝尚德政，不言嘉祥」十字原闕，據《揅經室二集》卷八《嘉興嘉禾圖跋》補。

〔註24〕「蝕」，原作「飲」，《雷塘庵主弟子記》卷一作「蝕」，今據改。

無不目張綱舉，抽對甚易。苟有弊端，必加嚴劾。予兄查金華災賑，以數騎間出府，縣官不能測其所向，直至窮山僻壤，就冊核榜，就榜查民，無不呼之即出，此其效也。海寧查伯葵挨是年《金華道中》詩云：「君不見某戶某口某鄉里，通衢之榜紅押尾。」蓋紀實也。

處州災輕而米貴。處州米不足，仰給于溫州，且水急灘高，商憚至處。兄以銀萬二千兩委同知李公賡芸買商米于溫州，運至處州，減其價糶之。復以糶錢循環買運，期萬金減折至盡而止，乃折閱至八千餘兩，而米價已大平，民情安矣。此亦救荒之一法也。

浙西屢因災歉分設粥米之廠，賑百萬口，而杭城負郭賑尤多次。事竣，士民製「萬家生佛」扁懸廠廟中。其賑廠章程詳見第五卷。

瀛舟筆談卷五

揚州阮亨仲嘉記

　　兩浙嚮少災賑之事，故無舊章可循。余兄自謂無德，屢致水旱，若不加倍救民，是罪中之罪也，是以每遇災歉，必據實奏聞。聖恩浩蕩，無不宏施闓澤，兆民被恩。其辦賑得力，無弊之法，尤在查賑出榜及不許胥吏涉手粥廠二事。及門烏程張君鑑曾輯《兩浙賑災記》，亨欲記其始末，因是民事，未敢芟削，即其書全錄之，以為《筆談》之第五卷焉。

　　《兩浙賑災記序》

　　座主儀徵阮先生，嘉慶四年來撫吾浙，十年以憂去，十三年復撫浙，先後七年餘，靖海氛、釐關榷、清漕務，凡病民者除必盡，而尤亟亟于謀民之衣食。既先生再入翰林，寶甫獲從于史館，頻造先生，見烏程張君鑑所輯《兩浙賑災記》。先生曰：「此皆子所知者，然災至而救之，孰與使之無災之為愈乎？」寶甫曰：「災豈能無也，抑救之何如耳。」往九年夏，吾郡苦霖潦，貧民就縣官請勘災者日千百人，寶甫居城中目擊也。乘舟赴鄉，舟從橋上渡，秧田汩汩起白浪。寶甫視之懼，作書白先生，而先生已密訪得狀，復曰：「子言信也。」遂即以賑請于朝。故事，倉穀存七糶三，糶恒于城外，縣官委吏胥一所，日糶數石米，輒以數十石報，且糶米非貧民，吏胥黨也。先生廉其情，假所司便宜從事，乃勸富人田一畝輸米一升，各于其里平價糶，如糶者眾，而所輸或不足，則以官米濟，盡七十日乃止，于是郡之貧民得食者五十餘萬口。明年春夏間復多雨，民復艱食，復請于朝，發銀煮粥，凡六十日，仍纖悉不關吏胥。鄉之士人感先生意，類能盡力于所事。寶甫至給粥之所，見受食者日二三萬人，合一郡計之，則十倍于是，數郡又數倍焉，竊嘆民之多貧，而上之布惠于下者不可不以實心行之如先生也。昔曾子固美越州趙公之救災，謂其「施雖在越，而其仁足以示天下。其事雖行于一時，其法足以傳後。」張君

-97-

之記，其亦有天下後世之思乎？先生視賑吾郡時，嘗舉單鍔《水利書》，欲根究臨江湖海諸縣，凡洩水港瀆皆疏鑿之，謀于江蘇大吏，格不行。此所以使民無災也，然而知先生之用心者，鮮矣。受業錢寶甫謹序。

《兩浙賑災記》者，烏程張君鑑紀中丞阮雲臺先生賑饑事也。先生兩撫吾浙，余皆繫官于朝，弗獲身親其教化，一時仁風惠政，得于鄉人口頌者為多。迨後奉使冊封琉球，道經武林，竊見先生為治不狥情而順情，不喜事而勤事，然後愈知先生之學之醇、才之敏，曩者所聞，猶未盡也。壬申夏，以余方輯《治平要略》，出此《記》相示。大要先計應賑之人戶口大小，村揭一榜，復舉各村之榜，彙為一冊，按冊核榜稽人，于是侵賑冒賑之蠹吏點民如受束縛，而不能以動朝廷之德意，顆粒皆歸飢腹。此固近時《荒政叢書》所未詳者，而先生以誠求得之。昔朱子謂「有治人無治法」，此則有治人而又有治法已。猶憶辛酉六月，大雨連旬，河決盧溝橋。余隨高少司農杞前往履勘，目擊男婦老幼露處啼飢，余因傾貲振濟，友朋亦相繼伙助，朱南崖師據實以聞。會有月選官江西何際盛呈銀八百兩，得旨賞以入賑。凡三閱月，賑口二十九萬九千有奇。方是時，眾咸訾余不量力而好為苟難，不知天下事本未有易者。觀于張君所記，造冊報銷，部駁至于再三，宜人之視以為難矣。嗚呼！堯水湯旱，不諱聖朝；金穰木飢，本由天道。氣化所絀，全賴人事為補苴，乃或者託以經費有常疾，視顛連而不救。詎知我朝家法，一遇偏災，無不恩膏立沛，雖數十百萬帑金而不惜，封疆大吏何憚而不為。倘皆以先生之心為心，後有饑饉，取是編而踴行之，豈徒吾桑梓之幸，抑亦天下蒼生之幸也夫。嘉慶十七年秋七月部民費錫章謹序。

《兩浙賑災記序》

元撫浙無狀，政刑乖舛，師旅雖戢，饑饉洊臻。嘉慶五年夏，金華、處州二府蛟水為災，亟須賑邮。訊之老吏，咸曰：「吾浙為上腴，輸漕米以供京師，輸稅以助他省。雖有災，向未聞糜國帑也。」元曰：「惡是何言歟？」于是始以賑請于朝。天子閔民災，發倉庫數十萬賑之，民之被聖恩者廣矣。九年、十年，杭州、嘉興、湖州三府水多為災，元又請于朝，詔賑邮之，亦發倉庫數十萬。此三次蒙恩養濟者數百萬口。事竣，核數報部，浙吏苦無舊案可循。元皆查災賑定例及《欽定工賑紀事》例，次第造冊報銷，部駁核減者再三，爭之，迄無減焉。十五年夏，門生烏程張鑑請發各舊藁輯為一編，使浙人有所稽考，以紀皇仁。惜舊藁霽落未全，鑑乃摘其大略，錄為三卷。至于元倡捐處州、諸暨、德清、餘姚、上虞、省城普濟堂各米粥賑邮之事，案牘更不詳備，聊檢其可以鈔撮者付之，乃為附錄一卷而已。阮元序。

《浙東被水災摺》

浙江巡撫臣阮元跪奏，為偏隅被水分飭勘辦恭摺奏聞事：竊照六月二十二三等日，台州風雨甚大，官民房屋間有坍塌，村莊田禾亦間有損傷，經臣于剿辦洋匪摺內附奏在案。臣當即率

同守令就近察看，並委員分赴臨海、黃巖、太平、天台各縣村落，查明坍房斃口及田禾損傷之處，分別撫卹，民情甚屬安貼。臣又續據金華、義烏、蘭谿、麗水、縉雲、諸暨、昌化等縣稟報，雨後山水陡發，官民房屋間有沖塌并淹斃人口、損傷田禾等情，臣隨飛飭該管道府履勘稟覆，一面札飭藩司劉斌馳往各縣，週歷查勘，按例撫卹，如有附近各屬續報被水者，一體勘辦，俾無失所，以期仰副聖主軫念民艱，痌瘝在抱之至意。為此恭摺附驛具奏，伏乞皇上睿鑒。謹奏。嘉慶五年七月初六日具奏，七月二十七日奉

硃批：「即有旨。欽此。」

《撫卹浙東水災摺》

浙江巡撫臣阮元跪奏，為浙省被水各屬經藩司勘明情形並照例撫恤緣由恭摺具奏事：竊照本年六月二十二三等日，台州風雨甚大，臨海、黃巖等縣沿海田廬、人口間有損傷，經臣就近飭查，量為撫卹。其時有金華、處州、紹興、杭州等屬稟報同時發水情形，輕重不等，隨飛飭藩司馳往確勘，業經附驛具奏，並聲明如有續報被水各屬，一體勘辦在案。續據衢州、嚴州等屬先後稟報被水，復飭該司一體確勘去後，嗣據藩司劉斌先後稟報，該司馳往會同金衢嚴道蔣繼勳、溫處道李鑾宣勘得被水各屬，現在逐漸涸退，其水痕尚俱可驗。被水最重之區，村市民房有全行沖沒或間段坍塌者，人口亦多淹斃。早禾甫經穫竣，惟已種在場者，間或被水沖失；中晚二禾，除山田在高阜者尚可無碍，其餘平曠低窪地土率多淹沒腐萎。水沖沙壓田畝亦復不少，鹽場、商灶及堆貯鹽觔並多沈沒沖失，城垣、衙署、倉廒、道路、橋樑間有坍壞處所。統計此次被水各縣，金華、武義、永康、縉雲、麗水、諸暨六縣為重，蘭谿、義烏、東陽、松陽、遂昌、青田、富陽、昌化八縣次之，湯溪、浦江、宣平、西安、江山、龍游、建德、桐廬、山陰、蕭山、錢塘、新城十二縣或因山溪聚漲，或因江水泛溢，以致田廬偶有傷損，俱係一隅中之一隅，與臣在台就近查勘之臨海、黃巖、天台、太平、寧海等五縣均略相同。已據該司擇其尤重者，照例先行撫卹一月口糧，并給予坍房、斃口、修葺、掩埋之費。因正值高阜有收，民情尚屬寧貼。除飛飭該管道府督率委員分段確查，核計被災分數，酌定賑濟蠲緩，按例辦理。臣俟查報齊全，題准加賑之日，即當親詣各屬，督率散放，務期無遺無濫，不使庸吏奸胥少有浮冒，以仰副聖主軫念民艱，痌瘝在抱之至意。所有各屬被災情形，除照例具題外，理合繕摺具奏，伏乞皇上睿鑒。謹奏。嘉慶五年八月初四日奏，於本月二十四日奉到

硃批：「即有旨。欽此。」

嘉慶五年八月十五日奉上諭：「阮元奏《浙省被水各屬經藩司勘明照例撫卹》一摺，浙江杭州等府屬被水情形，前經該藩司劉斌具奏，當降旨諭令阮元確查被災分數，據實速奏。茲阮元奏稱，續據衢州、嚴州等屬稟報被水情形，復飭該司會同金衢嚴道蔣繼勳、溫處道李鑾宣查勘被災各屬，沖沒民房、傷斃

丁口、田禾鹽場多有沖失、衙署橋梁亦間有坍塌等語。浙省被水各屬，雖經該藩司于災重各州縣先行撫卹一月口糧，並給予修葺、掩埋等費，但貧民仍恐拮据乏食，著再傳諭阮元，轉飭該管道府分段確查，核計被災分數，其應如何賑濟蠲緩之處，一俟查報齊全，即行據實速奏，候朕降旨加恩，勿稍延緩。將此諭令知之。欽此。」

嘉慶五年十月二十六日奉上諭：「阮元奏《浙省被水各屬查明成災分數分別賑濟》一摺，著照所請，金華、永康、武義、麗水、縉雲、諸暨、遂昌、松陽八縣，其成災十分者，極貧給賑四個月；次貧與九分災極貧者，給賑三個月；九分災次貧與八分七分災極貧者，給賑兩個月；七八分災次貧與六分災極貧者，給賑一個月。每大口月給米一斗五升，小口減半。該撫務須督率道府印委各官，詳查戶口，按次賑放，毋任胥吏侵漁，俾災黎均沾實惠。其應行蠲緩處所，並著該撫詳悉查明，照例具題摺並發。欽此。」

《浙東賑務摺》

浙江巡撫臣阮元跪奏，為遵旨詳查覆奏事：竊臣承準軍機大臣寄奉上諭：「本年浙江錢塘等縣場衛猝被山水，民田、廬舍淹漫甚多，節經降旨，加恩給賑，蠲緩小民，自不致失所。第明春青黃不接之時，尚恐民力不無拮据。著傳諭體察情形，如有應需展賑及量為接濟之處，據實詳查覆奏，候朕于新正降旨加恩等因。欽此。」臣查錢塘等縣場衛之內，惟金華、永康、武義、麗水、縉雲、遂昌、松陽、諸暨八縣被水較重。經臣奏，蒙恩旨給賑一二三四個月不等，自十一月為始，次第散放。且先有撫卹口糧之舉，又有修埋坍房斃口之費，又有墾復水石沖壓田畝之資，又有分別蠲緩錢糧之典，恩施稠疊，有加無已。臣因抽查災戶，親歷各處村莊，老稚男婦人等伏地叩頭，感戴皇仁已極，歡欣過望。且給賑三個月者，正月始畢；給賑四個月者，二月始畢，距隔麥秋，為期不遠。察看各該處米穀流通，糧價未至騰貴，雨雪優渥，春花可冀稔收，堪以仰慰聖心，毋庸再為展賑。如來春實有無力農民艱于東作者，仍當遵旨量為接濟，或動官倉借給籽種，或飭社長借放社穀，務俾耕作有資，以仰副皇上軫念民艱，痌瘝在抱之至意。臣與藩司劉斌暨該管道府一體詳察，意見相同，謹即據實繕摺由驛覆奏，伏乞皇上睿鑒。謹奏。嘉慶五年十二月十六日奏，于六年正月初七日奉到

硃批：「知道了。欽此。」

《浙東查賑摺》

浙江巡撫臣阮元跪奏，為奏報督放賑項抽查災口緣由仰祈聖鑒事：竊照夏間被水各屬之內，金華、永康、武義、麗水、縉雲、遂昌、松陽、諸暨八縣成災較重，經臣奏，蒙恩旨給予撫賑，當即飭司籌動銀穀，分飭領運貯用。一面飭令該縣等分庄定期飭示開賑，旋據各該縣稟

報賑期，并將十一二兩月應賑戶口造冊，呈送前來。臣隨帶同候補道程國璽，并就近調到溫州府知府阿勒景阿、署嚴州府同知時敏，遞詣金華等縣放賑廠所，逐加察看，穀皆乾潔，銀俱足平，各災民照依排定村莊循次赴領，極為安靜懽悅。臣復于放過之後，輕騎親赴鄉村及遠僻山庄逐一抽查，並核對保甲門牌，悉與賑冊戶口吻合，并據分查之隨帶道、府、廳等回稟情形，亦與臣親查無異。蓋緣開報賑口，向惟責成庄保，今次于庄保之外，責成該地紳士公同舉報，如有情弊，許其指摘，伊等俱知自顧顏面，頂真辦理，將極貧、次貧戶口秉公開列，故較庄保為可靠。至散賑之時，先將戶口數目挨庄貼榜曉示，臨期又係道府各官眼同唱名給領，始終不經胥吏之手，是以尚無遺濫侵漁之弊。臣逐日所過之處，在在均有耆老率領丁壯男婦，各執炷香叩道旁，僉稱仰蒙皇恩浩蕩，救活飢民，籲臣轉奏謝恩，情詞懇切。據此情形，是災黎遍沐鴻施，並無向隅未達之隱，實堪仰慰聖慈。茲臣查竣回省，謹將查過十一二月賑務緣由恭摺奏聞，伏乞皇上睿鑒。謹奏。嘉慶五年十二月十六日奏，于次年正月初七日奉到

硃批：「覽奏稍慰。欽此。」

附錄鑑筆記二則

十二月初四日，先生親赴金華等處辦災民賑務。初，先生恐賑法一行，官吏、里長無不夤緣為奸，戶口之數、銀穀之數無從稽核，因于一縣幾都、一都幾村、每村幾口，先立一榜，上寫應賑幾月，每月賑足米若干、足銀若干，此村極貧者某某、次貧者某某，大口某某、小口某某，凡數百人為一榜。蓋愚民不能入城向胥吏查詢，若一經榜示於本村本莊，則婦豎皆知，自無損蝕增冒之弊。廉吏既可以推誠布公、見諒于百姓，貪官亦不能病民侵帑、受制于羣胥。即先後查賑者，亦但須挾冊，抽對甚易。至是先生親策輕騎過之，就鄉村及遠僻山谷以冊核榜、以榜查民，保甲門牌悉與賑冊戶口符合，畢核乃去。所過之處，耆老各攜男婦迎迓，歡聲載道。

又金華災重，錢亦貴；處州災輕，米亦貴。處州米不足，率仰給于溫州，而溫之米商每以灘高水急憚至處境。先生以銀二萬兩委同知李君賚芸，以八千金易錢散給金華災民度歲，以萬二千金買商米于溫，運至處，減其值糶之。復以糶錢輾轆糴糶，期減折平價，盡乃止，乃折閱至八千餘而米價已大平，民情遂安。

《浙西被水摺》

浙江巡撫臣阮元跪奏，為杭、嘉、湖、紹四府屬低田被水并糧價增長分別查辦各情形恭摺奏聞仰祈聖鑒事：竊查浙江省自五月十二三以後，陰雨較多，十八九、二十三四等日雨勢甚大，當即率屬分壇虔誠祈禱。二十六七兩日晴霽，二十八九、六月初一二又復雷雨時作，山水下注，所有杭、嘉、湖三府屬低窪田畝多被淹浸，已經插種者，水過秧頂，不免腐壞；未經插種者，積水二三尺，難以栽插。向來杭、嘉近海各縣皆有海塘障隔，水不歸海，惟藉太湖及江蘇之吳淞口以為委輸。今江蘇雨水亦屬甚大，兼受浙水，一時驟難宣洩。現據各府縣稟報相同，藩司

清安泰、巡道袁秉直亦經分投親勘屬實。目下節氣已屆小暑，遍訪農民，惟望日內暢晴，田水速為消退，趕在大暑之前，設法車戽，分別補秧撒種，以冀有收。紹興府屬之山、會、諸暨等縣，雖將三江閘全行開放，暢洩入海，其低窪田畝亦有被淹之處。惟金、衢、溫、台、處等府皆係山田，雖尚未據稟到，諒可不致淹浸。至杭、嘉、湖各府糧價，亦因被水，驟加昂貴，每石自二兩七八錢至三兩四五錢不等，貧民口食未免拮据。臣已率同司道分飭各府，設法疏消積水，督勸農民趕緊補種，一面酌量開倉平糶，以平市價。如實有不能補秧撒種之處，即行分別緩徵接濟，以仰副皇上軫念民依之至意。現在省城初三及初四兩日，業已暢晴，除俟大暑前後十數日內再將各縣是否水退可以補栽各情形確查具奏，以慰聖懷外，謹先將被水查辦各情形會同督臣玉，由驛奏聞，伏乞皇上睿鑒。謹奏。嘉慶九年六月初四日由驛恭摺會奏，二十五日奉到

　　硃批：「即有旨。欽此。」

　　嘉慶九年六月十五日奉上諭：「阮元奏浙江省自五月十二三日以後，陰雨較多，山水下注，一時驟難宣洩，以致杭、嘉、湖、紹各府屬低窪田畝多被淹浸，糧價昂貴，現在趕緊查辦等語。杭、嘉、湖等府地方，山田本少，此時雨水甚大，無路宣洩，低窪地畝自此淹浸較多。現據奏，稱糧價貴至三兩四五錢不等，貧民口食維艱，殊堪惻念。該撫既督飭司道等分投查辦，務當察看情形，酌量先行開倉平糶，以平市價，一面設法疏消積水，俾農民等得以趕緊補種，庶秋收仍可有望。倘業已被水成災，秧田不能補種，有應行蠲緩接濟之處，即行迅速據實奏聞，不可稍有諱飾。將此諭令知之。欽此。」

　　《浙西被水情形摺》

　　浙江巡撫臣阮元跪奏，為恭報五月分通省雨水田禾情形仰祈聖鑒事：竊照五月內雨水過多，杭、嘉、湖、紹四屬田禾不無被淹，或未能栽插情形，經臣先行奏報在案。茲查六月初四五日以後，天氣暢晴，惟積水消退不能一律迅速，其已退者乘大暑前購秧補種，雖倍費農力，仍可冀望秋收，間有未退未種之田，即不免秋收失望。現據各屬分晰查明，由藩司核實彙報，臣另行繕摺由驛奏聞。至杭、嘉、湖、紹高阜田畝暨寧、台、金、衢、嚴、溫、處等屬倚山傍海、向種旱稻之田畝，均屬暢發芃茂，收穫在邇，堪以仰慰聖廑。至五月分糧價，杭、嘉、湖、紹四屬因雨多水大，商販不通，以致逐日增長，現飭開倉減糶，以期市價漸平，其餘各屬雖增無多，民情寧貼。臣謹繕摺具奏，並繕五月分糧價清單，敬呈御覽，伏乞皇上睿鑒。謹奏。嘉慶九年六月十九日拜發，七月二十七日奉到

　　硃批：「覽奏稍慰。欽此。」又清單奉

　　硃批：「各府俱貴，亟宜設法調濟，不可因循。欽此。」

《浙西被水平糶摺》

浙江巡撫臣阮元跪奏，為查明杭、嘉、湖、紹四府屬低田被水已未消退補種情形恭摺具奏事：竊照浙省杭、嘉、湖、紹四府屬雨多水積，消退維艱，以致低田被淹，已種者水過秧頂，不免朽腐，未種者水高于田，不能插種及糧價日漸騰貴各情形，經臣于六月初四日繕摺由驛奏聞在案。臣拜摺後，天氣暢晴，所有各屬積水惟紹屬通海諸處，適值初六日以後小汐之期，逐日消退尚速，其切近太湖，應由江蘇吳淞口宣洩者，仍屬頂阻，不能速消。杭、嘉、湖、紹四屬之內除富陽、餘杭、臨安、新城、於潛、昌化、安吉、孝豐、嵊縣、新昌等十縣，現據稟，稱地勢本高，水退尚速，均于田禾無碍。又據山陰、餘姚等二縣稟，稱間有被淹低田，水退補種均尚可，冀望有收。又據會稽、蕭山、上虞三縣稟，稱涸出田畝，均已補種，惟窪田、牧地及夏蓋湖新墾地畝被水淹損，稍減收成，現在毋庸查辦外，惟杭屬之仁和、錢塘、海寧，嘉屬之嘉興、秀水、嘉善、海鹽、平湖、石門、桐鄉，湖屬之烏程、歸安、長興、德清、武康，紹屬之諸暨等十六州縣稟，稱積水已消之田畝，勸諭農民隨退隨栽，並無曠土。雖購秧費倍，而農民一年生計所在，莫不竭力經營。其實在無力者，該地方官量為補助。如係佃戶，則勸田主出貲助費，陸續補種。其補種之秧，雖非原種可比，以後若得雨水調勻，尚不至收穫過歉。其積水未退及秧田一併被淹、無秧可購之區，大暑已過，不免秋成失望等情，由藩司清安泰彙核稟報前來。臣詳加查核，統計四屬十六州縣之中，仁和、烏程、歸安、長興、德清、石門、秀水、桐鄉等八縣為重，錢塘、海寧、嘉興、嘉善、武康等五州縣次之，海鹽、平湖、諸暨等三縣又次之。大約未種田畝，多者合縣額田十分中之四五分，少者合縣額田十分中之一二分。若以杭、嘉、湖三府屬有漕田畝統計，約居十之三；若以通省而計，不及十之一。其餘杭、嘉、湖、紹四屬高阜田畝及寧、台、金、衢、嚴、溫、處等屬倚山傍海、向種早稻之田畝，已次第敷榮結實，豐收在邇，農情歡悅，足以仰慰聖懷。臣現親赴附省各縣，并令司、道、府分詣被水各州縣，就其水未盡消、田未補種及補種之田是否長發，各村庄履勘重輕分數，分別按例辦理。將來如有應需撫恤蠲緩之處，臣再為據實奏題，不敢稍有諱飾冒濫，以期仰副皇上痌瘝在抱，不使一夫失所之至意。再米糧價值，自久雨以後，商販不通，日漸昂貴，竟有每石貴至二兩七八錢、三兩四五錢者。外省米船到浙者，究屬甚稀。至于開倉平糶，固屬接濟目前之法，但地方儲備不可不通盤籌計。方今歉象已著，計日正長，額穀無多，奚能為繼？現據烏程等十六縣先後詳請動碾開糶，皆須格外減價，每升糶錢二十四五六文不等，仍按歉歲量為多糶，不拘存七糶三之例，隨時度量而示以節制。再沿海各口岸，臣已添派文武員弁嚴密稽查，斷不使稍有偷漏。所有杭、嘉、湖、紹被水低田已未消退補種及現在米糧價值、開倉平糶各情形，臣謹會同總督臣玉恭摺由驛具奏，伏乞皇上睿鑒。謹奏。嘉慶九年六月二十二日由驛拜發，七月十四日奉

硃批：「另有旨。欽此。」

《採運川米平糶摺》

浙江巡撫臣阮元跪奏，為預籌接濟請旨借款委員赴川楚買米運浙減糶事：竊照浙省杭、嘉、湖三府，地狹民稠，向來豐收之年，除完漕外，本地之米不敷民食，全賴江、廣客商轉販來浙，源源接濟。今春麥收減少，又值雨水過大，低田受淹，雖已有涸出之田可望有收，而歉收、無收之田，秋末想必不免。現在米價已屬騰貴，恐此後未能平減。各縣常平倉穀雖已陸續酌量開糶，但戶口殷繁，冬夏之間慮難接濟，必須及早籌辦，方不致臨時拮据。臣連日與司、道、清安泰等再四籌畫，查浙省向有買運川、楚米糧減糶之案，雍正年間，浙江督臣李衛曾經屢次舉行，今雖檔案無存，尚有雍正四年硃批奏摺可據。乾隆十六年、二十年、二十四年、五十年，浙省田禾收歉米貴，皆曾奏明，專委大員前赴川、楚買米，回浙減糶，于民食均有濟益。舊案尚在，歷歷可稽。現任杭州府知府李坦、仁和縣知縣楊鑅，皆係蜀人。臣面詢伊等近來川米一切情形，據稱川中沃野千里，鮮遇水旱，江、浙稻穟每一穟不過百粒，彼處一穟多至三百粒，是以穀多且賤，民食有餘，轉藉出賣，以獲餘利，各省客商雲集販運，川省仍不致有食貴之虞，上年秋收頗稔，今年春收亦好，新有家鄉人來浙，眼見大田皆已插種，七月諒可收穫等語。臣與司道等商議，應請在藩庫地丁項下借動銀十萬兩、南北新關庫項下借動銀十萬兩、糧道庫項下借動銀五萬兩、浙省捐監項下借動銀五萬兩，共三十萬兩，賚解前赴川、楚，儘數買米，可得十餘萬石，俟將來糶出，銀兩仍行歸款。杭州府知府李坦係四川長壽縣人，該員明練有為，實心辦事，洵為知府中出色之員；署嘉興通判鵬啚，漢軍鑲紅旗人，該員明白謹勉，有志辦事，應委令該二員賚銀前往，買運回浙。再派委試用知縣、佐雜數員隨往，以供照料，一切可期無誤。該員等購買米石，或直至川省收買，或駐在荊州、漢口招致蜀商收買，聽其隨時隨地察訪情形，便宜辦理，且悉照市價與商販一律平買。仍將委員買米緣由咨明四川、湖北，并飭委員將實在買價就近報明川、楚督撫衙門，咨部查核。一面分起運回浙省，分撥歉收之區，照川、楚買價、浙中市價酌量低減，糶給貧民，以濟冬春之乏，可期糧價漸平。設或秋末浙省米價平減，川、楚米價昂貴，亦即停止，不必買足。再查浙米價貴，川米價賤，除運腳船料及委員盤費，并或沈濕折耗及出糶減價各若干外，如有贏餘，儘數造報歸公，倘有虧短，再行籌補，以完借款。臣查川省之米，向多外客販運來浙，惟是客販但知射利，彼聞浙省米少，必有擡價病民之事，且江蘇現亦被水，恐沿途卸留售賣，未必定有多米來浙，不若官為預籌採辦，事尚易集，款不難歸，既杜商販奇貨之居，亦慰貧民指困之望，似一舉而備數善。臣不揣冒昧，謹繕摺附驛具奏。如蒙天恩允准，俟奉到諭旨，臣即飭令委員等星速領銀起程，期于早去早回，以仰副皇上軫念民依之至意。伏乞睿鑒訓示。謹奏。

嘉慶九年七月初四日，奉上諭：「阮元奏《杭嘉湖紹四府屬低田被水已未

消退補種情形》一摺，覽奏俱悉。該四府屬十六州縣中低窪田畝，積水既未能
盡消，不能補種禾稻，自應妥為籌畫，俾農民不至失所。該省素稱富庶，天庾
正供，固應輸納，然被水州縣低田，既難望其有秋輸，將自不免拮据。著阮元
查明被災較重及次重之各州縣，有應行緩徵及應蠲免之處，迅速具奏，候朕立
沛恩施，不可稍有諱飾。至該撫現已碾動倉穀，減價平糶，務當督飭該地方官
認真辦理，毋任胥吏從中舞弊，致有侵漁。其另摺奏請預籌借款委員赴川、楚
買米以資接濟一節，已批交軍機大臣會同該部速議具奏矣。將此諭令知之。欽
此。」

《浙西田糧情形摺》

浙江巡撫臣阮元跪奏，為恭報六月分雨水田禾糧價情形仰祈聖鑒事：竊照浙江省五月分雨
水田禾暨杭、嘉、湖、紹等屬雨水過多，低田被淹，糧價騰貴情形，經臣奏，奉諭旨：「酌量開
倉平糶，以平市價，一面疏消積水，趕緊補種，倘不能補種，有應蠲緩接濟之處，即行據實奏
聞，欽此」等因。臣於未奉諭旨之前，即已查明已未補種分別等次，續行具奏，仍督飭司、道、
府等再為親身履勘，分別查辦外，所有杭、嘉、湖、紹未經被淹之高阜田地暨寧、台、金、衢、
嚴、溫、處等屬倚山傍海、向種早稻之田畝，雨水雖多，並無妨礙，六月中下旬屢得雨澤滋培，
現在次第收穫，看來分數尚優。現在又係農田望雨之候，七月初四五八九等日，霍霖疊沛，在
田晚禾藉以暢發芃茂，但得此後雨暘調順，均可冀望稔收。至糧價，自五月久雨以後，杭、嘉、
湖、紹逐日增貴，竟有每石價至二兩七八錢至三兩四五錢者。迨六月初間，天氣晴定，商販漸
來，本地有穀之家紛紛出糶，且各縣詳准平糶，接續開廠，市價亦即平減。雖未能遽復久雨以
前之舊價，而六月望後每石已得減價一錢至二錢八分不等。茲臣謹將六月望後減定價值開列清
單，敬呈御覽。如此價即能站定不增，或新早穀入市後再得漸平，則民食不致甚艱，而輿情更
為寧帖矣。為此縷悉恭摺奏聞，仰慰聖懷，伏乞皇上睿鑒。謹奏。嘉慶九年七月十二日拜發，
八月二十四日奉到

　　硃批：「覽奏稍慰。欽此。」又清單奉

　　硃批：「覽。欽此。」

《籌濟貧民口食摺》

浙江巡撫臣阮元跪奏，為籌畫接濟貧民口食恭摺奏聞事：竊照杭、嘉、湖三府屬今歲麥收
本薄，又值夏雨過多，低田被淹，水退補種，倍費工本，兼以商販鮮通，糧價陡貴，民食維艱，
經臣奏，奉諭旨：「現行開倉平糶，倘有應行蠲緩接濟之處，據實奏聞，欽此」等因。宣示恩綸，
莫不歡欣感戴。惟時仁和、錢塘等十七州縣先後開倉平糶，商販亦漸通，市米價值稍平，究不
能復久雨以前之舊價，即臣奏請借項委員購買川、楚米石，亦應留為冬春糶濟之需，目前青黃

不接，民情究屬拮据，況手內乏錢之人，即米賤，現亦未能買食，殊可憫念。臣與鹽政常顯、藩司清安泰等商籌接濟之方，敬思年前直隸水災，大吏稟承睿謨，廣設粥廠，活人眾多，溯查乾隆五十年，浙省被旱，亦有捐設粥廠之舊案，并聞彼時浙西貧民甚受其益，堪以循照辦理。臣即倡捐銀一萬兩，鹽政常顯捐銀三千兩，藩司清安泰捐銀五千兩，運司張映璣捐銀四千兩，其餘司、道、府、廳、州、縣等官亦各量力捐助。又准鹽政臣常顯咨，稱據四所鹽商吳康成等呈請公捐銀十六萬兩，以為分廠接濟之用，業經奏聞候旨。似此官商踴躍，事已得集。臣隨于附省被水之所，擇有寬大寺院三座，搭蓋蓬廠，責令該地方官暨誠實紳衿共司其事，于七月初一日起開廠煮粥，就近老稚男婦許其赴廠就食。旋又俯如官紳之議，改給粥米，每日大口四合，小口二合，聽其攜回，自行煮食，貧民尤為稱便。目下每日就食者已有三萬餘人，民情皆屬妥協安靜。臣等時親詣察看，并密加查訪，並無侵扣冒濫情弊，辦理已有成效。現飭嘉、湖兩屬一體倣照酌辦，或煮粥，或散米，各從其地之宜與民之便，統俟晚稻收成之日，再為酌量停撤。所有鹽臣具奏商捐銀兩，如蒙俞允，即以之分給杭、嘉、湖三屬，令其迅為分投購米，加廠煮賑，庶源源接濟，可無不繼之虞矣。至各屬紳衿、殷戶，亦有自出積穀，減糶佃民，或以錢米近郵其鄉里者。俟事竣之日，再為分別查辦。再臣節次奏報杭、嘉、湖、紹被淹田地之內，近日又有續經水退補種之田，惟秋成總不免于歉薄，現在督飭司、道、府等履畝確勘，俟勘竣覆齊，再為奏懇天恩蠲緩，或視其尤重者，再行量為接濟，以期仰副聖主痌瘝在抱，不使一夫失所之至意。為此恭摺具奏，伏乞皇上睿鑒。謹奏。嘉慶九年七月十二日拜發，八月二十四日奉到

珠批：「另有旨。欽此。」

嘉慶九年八月初四日，奉上諭：「阮元奏《籌畫接濟貧民口食》一摺，據稱該撫倡捐銀一萬兩，常顯捐銀三千兩，清安泰捐銀五千兩，張映璣捐銀四千兩，其餘司、道、府、廳、州、縣亦各量力捐助，現在開廠煮粥給米等語。浙省雨水過多，各屬糧價增昂，雖經開倉平糶，而青黃不接之時，貧民口食無依，殊堪軫念。今據該撫及該鹽政率同司道以下各官，分別捐銀，煮賑給米，急公可嘉。著即照所請，妥為辦理。至各府被淹地畝，該撫現飭司、道、府前往查勘。著即飭令上緊詳查，分別奏請施恩，使災黎等早一日得聞恩旨，即可早一日安心，庶不致稍有失所。將此諭令知之。欽此。」

嘉慶九年，浙西各州縣賑濟報銷冊經後任巡撫清安泰於十一年正月二十八日咨准部覆云：「臣部查例，載『凡紳衿、士民有於歉歲出資捐賑者，所捐之項並聽自行經理，事竣，由督撫核實題報』等語。今浙江省嘉慶九年因被偏災，官商共捐銀一十八萬四千七百兩，經該撫遴委妥員，督同各州縣誠實紳士經理賑務，所冊報動支捐項分撥各州縣，遵照原奏或散給銀米，或

煮粥給賑，共用過銀十六萬九千九百三十八兩一錢二分二釐。臣部核與定例及冊報數目均屬相符，並據取具各州縣督同紳士辦賑實用實銷印結，各府加給送部，應准其報銷。至餘剩銀一萬四千七百六十一兩八錢，既據該撫聲明，歸入嘉慶十年煮賑案內，另冊報銷之處，亦應如所題辦理，臣等未敢擅便。謹題。」奉

旨：「依議。」

《平糶摺》

浙江巡撫臣阮元跪奏，為減價平糶倉糧遵例具奏事：竊照部行各省平糶倉糧不得減過三錢，如有必須大加酌減情形，該督撫確切具奏等因，遵照在案。茲據藩司清安泰詳稱，杭、嘉、湖等屬本年低田被淹，商販鮮通，糧價騰貴，欽奉諭旨：「先行開倉平糶，以平市價，欽此」等因。隨據各屬呈請，動碾倉糧，減價平糶。惟查五六月間，市米時價有每石貴至二兩七八錢及三兩四五錢者，若僅照常例稍減，貧民艱于買食，市價亦仍不能平，必須大為酌減，以資調劑。所有杭屬之仁和、錢塘、海寧，嘉屬之嘉興、秀水、嘉善、石門、桐鄉，湖屬之烏程、歸安等共十州縣，現今平糶價值比較六月內秈米市價，每石減銀三四五錢零至六錢三四分不等，貧民零星赴糶，大有裨于口食，而市價亦漸得稍平，但減價已在三錢以上，例應專摺奏明等情，具詳前來。臣覆加察核無異，除將出糶米數、價值分晰咨報戶部外，理合遵例恭摺具奏，伏乞皇上睿鑒。謹奏。嘉慶九年八月十七日拜發，九月二十五日奉到

硃批：「知道了。欽此。」

《請蠲緩摺》

奏為查明杭、嘉、湖三府屬各州、縣、衛被水低田實在情形，仰懇聖恩俯准蠲緩，以舒民力事：竊照杭、嘉、湖、紹四府屬低田被水緣由，經臣奏，奉諭旨：「該四府屬十六州縣中低窪田畝積水既未盡消，不能補種禾稻，自應妥為籌畫，俾農民不至失所。該省素稱富庶，天庾正供，固應輸納，然被水低田既難望其有秋輸，將自不免拮据。著查明被災較重及次重之各州縣，有應行緩徵及應蠲免之處，迅速具奏，候朕立沛殊施，不可稍有諱飾，欽此」等因。伏查此項被水低田，臣于未經具奏之先，節經督飭司、道、府并各委員等分投逐村履勘，務得實在情形，由藩司覆查彙總詳報，嗣奉諭旨，復飭從實查辦，毋稍諱飾去後，茲據該司清安泰轉據勘報核實，具詳前來。臣查前次拜摺後，續據嘉湖一衛稟報，屯田亦有低窪被水、未及補種之處，應准續報。又據紹興府屬諸暨一縣稟報，續經水退，已無未經補種之田，應行銷案外，所有杭、嘉、湖三屬被水田地，除去高阜先種并水退補種，可冀有收田畝之外，其被水較重、次重，或水退已逾節氣，不及補種及雖經補種未能暢發，不免收成歉薄者，就一州一縣額田計算：十分中被水四分有餘者，烏程、德清二縣；十分中三分有餘者，歸安、長興二縣；十分中二分有餘者，仁和、海寧、石門、桐鄉、武康五州縣；十分中一分有餘者，錢塘、秀水二縣；十分中一

分者，嘉興一縣；十分中不及一分者，嘉善、平湖、海鹽三縣及嘉湖一衛。以上十五州縣一衛，以杭、嘉、湖三府屬額田而計，僅止十分中之二分有餘。然民力究屬維艱，輸將未免費力，可否仰懇天恩，准將該十五州縣一衛被水田地之應徵地丁、漕項、漕截、屯餉、錢糧、南糧等銀米，按照則例，分別蠲緩，并將舊欠銀米一律緩徵，以紓民力，敬候命下遵行。至于被災各處，先已遵旨發倉，減價平糶，并經分設官廠，煮賑散米。又據商人捐銀十六萬兩，經鹽政臣奏，奉俞允交臣飭司收庫，分給各州縣廣設粥廠，以賑乏食貧民。而嘉興、秀水等縣紳士、殷戶中亦多樂施散米之人，周恤其一鄉一里者，且委員前赴川、楚購買之米石，冬春亦可接踵前來，源源糶濟，市糧價值可望漸平，民力亦得漸紓。如或來年間有佃種農民艱于東作，應需量為調劑，抑或酌借籽本，以助春耕之處，俯容隨時察看籌辦，以期仰副聖主痌瘝在抱，不使一夫失所之至意。除飭司造具應蠲應緩銀米確數各冊，照例遵限，另行具題外，所有查明杭、嘉、湖三府屬被水低窪田地實在情形，臣謹會同總督臣玉合詞恭摺具奏，伏乞皇上睿鑒，敕部施行。謹奏。嘉慶九年八月二十一日由驛拜發，九月十一日奉

硃批：「即有旨。欽此。」

嘉慶九年九月初一日，內閣奉上諭：「本年浙省杭、嘉、湖、紹四府所屬州縣，因夏間雨水過多，低田間被淹浸，前經諭令阮元詳查實在情形具奏。茲據查明被水較重、次重各地方，就一州一縣額田計算：十分中被水四分有餘者，烏程、德清二縣；十分中三分有餘者，歸安、長興二縣；十分中二分有餘者，仁和、海寧、石門、桐鄉、武康五州縣；十分中一分有餘者，錢塘、秀水二縣；十分中一分者，嘉興一縣；十分中不及一分者，嘉善、平湖、海鹽三縣及嘉湖一衛各等語。該州、縣、衛被淹田畝，水退逾時，不遑補種，間有補種後不能暢發者，收成仍屬歉薄，民力維艱，朕心深為廑念。雖先曾諭令該撫開倉平糶，並經該撫奏請，分設官廠煮賑散米，貧民藉資口食，但念被災之餘，輸將拮据，著加恩將該十五州縣一衛被災田地之應徵地丁、漕項、漕截、屯餉、錢糧、南糧等項銀米，按照成災分數分別蠲緩，并將舊欠銀米一律緩徵，以紓民力。該部知道。欽此。」

《浙西被水先後情形摺》

浙江巡撫臣阮元跪奏，為覆陳浙省被水低田先後實在情形仰祈聖鑒事：本年十月初五日，承准軍機大臣字寄欽奉上諭：「本年浙省杭、嘉、湖、紹四府所屬州縣，因夏間雨水過多，低田間被淹浸，節經降旨，諭令阮元詳查實在情形，據實具奏。據阮元覆奏，查明被水成災，除紹興府屬續報水退補種，應行銷案外，計杭、嘉、湖三府屬被災分數不過二分有餘等語。業經降旨加恩，將應徵銀米分數蠲緩，災黎自不致失所。但朕聞浙省本年被災甚多，現在米價增昂，

被災分數實不止二分有餘，在該撫屢奉諭旨查詢，于地方民瘼要務自不致稍存諱飾，第恐該撫或因漕糧為天庾正供，計及倉儲緊要，未敢多請蠲緩。殊不知災區收成既減，若仍照舊徵收，不惟民力拮据，且恐官吏追呼窘廹，致滋事端，轉非仰體朕軫念窮黎之至意。著阮元再行詳細確查，如成災分數實不止二分有餘，即酌量再行蠲緩漕糧若干，亦無不可。該撫體察情形，據實由驛奏聞，不可因前次業已奏報成災分數，稍存迴護。況京倉通倉漕儲充裕，百姓足，君孰與不足？朕時體此意，總期災民得緩輸將，生計不致竭蹷，方為妥善。將此由四百里諭令知之。欽此。」寄字到臣，臣跪誦之下，仰見聖主視民如傷，教誨臣工之至意，下懷欽服咸激，莫罄名言。伏查浙西五六月之交，雨多水漲，民田被淹者十居六七，是以糧價陡貴，民情惶惶。臣實不勝悚惶，當于六月初四、二十二等日專摺馳奏，一面督屬分投履勘情形，疏消積水，勸諭補種，一面倡率官商等捐貲設廠，煮粥分米，以濟困食貧民，并籌項委員採買川、楚米石以備冬春接濟，節次奏明在案。迨至六七月間，天氣暢晴，荷蒙恩諭，發倉減糶，糧價亦得漸平，所有被淹田畝，水退補栽，業經過半，惟積水未消或秧田一并淹沒、無秧可購之區及補種最後者，不免秋成失望，計其頃畝竟屬無多。其時間有不種田、不被水之游民，率眾冒妄干求，圖得錢米及乘機向各村庄硬索糧食者，經臣立飭查拏究懲，眾心亦即寧帖。然彼時猶謂補種之秧究非初種可比，竊恐秋涼瞬屆，尚有不秀不實之虞。不期補種以後，七八月較往年倍為暄熱，竟能暢發結實，一律有收，為日前補種時意想所不到。臣是以直待至八月二十一日再四體察，各州縣大局粗定，始行籌計分數，實止一分有餘，由驛具奏。而所奏十五州縣一衛之內，至九月間又有不及一分之平湖縣，據報轉歉為豐，無需蠲緩。臣飭藩司覆加委員查核，皆屬實情。是前項被水田畝，自夏徂秋，數月之間，情形隨時屢易。臣前奏杭、嘉、湖三屬歉田僅止額田十分中之二分有餘之數，實係據八月下旬可以稔收大局為定，並未敢稍執成見，故從節縮也。茲奉聖諭，臣惟有督率藩司等仰體皇上軫念窮黎有加無已之至意，嚴飭該地方官暨委員于應蠲緩之田地確實查明造報，毋少遺漏，另疏具題。將來冬漕委協徵收不致勉強，所有原奏二分有餘之數尚屬核實，不必加增蠲緩。再官商捐項銀兩，業經按照各州縣被災之輕重、人戶之多寡散給實在貧民，資其口食，俱飭交官紳會辦，不使吏胥經手，致滋弊端。近來商販頗為流通，糧價已得減落，指日新穀入市，更可漸平。臣與藩司清安泰面為商酌，所見相同，并據該司覆加體察，具詳前來，理合遵旨，由驛覆奏，仰慰聖懷，伏乞皇上睿鑒。嘉慶九年十月初十日由驛拜發，三十日奉

硃批：「另有旨。欽此」

嘉慶九年十月二十一日奉上諭：「阮元覆奏《浙省被水低田實在情形》一摺，據稱該省六七月間天氣暢晴，被淹田畝，水退補栽，業經過半，七八月間竟能暢發結實，一律有收，再四體察各州縣歉田，實止二分有餘等語。前聞浙

省被水較重，恐成災不止二分有餘，諭令該撫詳細確查。今據稱補種田畝均可有收，惟積水未消及補種無及者不免秋成失望，核計僅止二分有餘，自係實在情形。現據嚴飭地方官暨委員等于應蠲應緩田地確實查明造報，該撫惟當督飭所屬實力詳查，勿稍遺漏，並應隨時體察民隱。如果續經查出有應請加恩之處，即據實奏聞請旨，不可意存迴護，致閭閻或有失所為要。將此諭令知之。欽此。」

《奏晚收摺》

浙江巡撫臣阮元跪奏，為恭報晚禾收成分數仰祈聖鑒事：竊照晚禾成熟，例將收成分數查明具奏。茲據布政使清安泰轉據各府、廳、州、縣先後具報，查覈彙報前來。臣查本年夏間雨水敷足，入秋晴雨調勻，各屬所種晚禾，現據一律成熟，農民乘時刈穫，陸續登場。除仁和等十四州縣被水歉收田畝不計外，湖州、寧波、紹興、台州、衢州五府屬收成五分有餘，金華、溫州、處州三府屬收成八分，杭州、嘉興、嚴州三府屬收成七分有餘，合計通省收成八分有餘。穀慶西成，農情歡抃，洵足仰慰聖懷。除照例恭疏題報外，所有晚禾收成分數，理合恭摺具奏，並繕清單敬呈預覽，伏乞皇上睿鑒。謹奏。嘉慶九年十月十二日拜發，十一月十七日奉到

硃批：「轉歉為豐，曷勝欣慰。欽此。」又清單奉

硃批：「覽。欽此。」

《散賑摺》

浙江巡撫臣阮元跪奏，為恭報晴雨農田情形仰祈聖鑒事：竊照浙江省九月分雨水無缺，晚禾稔收，各情形經臣先後奏報在案。茲查十月分杭州省城于初六、十二、十四、十七、二十二等日連次得雨，並據嘉、湖、寧、紹、台、金、衢、嚴、溫、處等府屬先後稟報，約略相同。春蔬夏麥，佈種盈疇，雨潤日暄，咸得發生暢遂。各屬米糧價值，據藩司彙核開報，有與上月相同者，亦有稍為平減者，臣復察查無異。浙西三府屬歉收之區，臣督同藩司、道、府，將應行接濟銀兩分發各屬易錢購糧，官紳會同糶賣，散給貧民，俾資日食，輿情甚為寧帖。理合恭摺奏聞，並繕十月分糧價清單敬呈御覽，伏乞皇上睿鑒。謹奏。嘉慶九年十一月十八日拜發，十二月二十六日奉到

硃批：「覽奏稍慰。欽此。」又清單奉

硃批：「覽。欽此。」

《蠲緩借籽種摺》

浙江巡撫臣阮元跪奏，為遵旨詳查覆奏事：竊臣承准軍機大臣寄奉上諭：「本年浙江杭、嘉、湖等屬雨水過多，加恩蠲緩，小民自不致失所，第念明春青黃不接之時，民力不無拮据，著傳諭體察情形，如有應需量為接濟之處，據實詳查覆奏，候朕于新正加恩降旨等因。欽此。」

遵即飭行司、道、府確查去後，茲據藩司清安泰、臬司文需轉據道府查覆核詳前來。臣查本年杭、嘉、湖三府屬仁和等十四州縣一衛，先因雨水過多，低田被淹，經臣奏，奉恩旨發倉減糶，並經賑給銀米以濟貧乏，是以補種田禾仍得秀實有收。其有未經補種及補種最後之歉收田地，仰蒙聖慈飭將地丁、南漕等項銀米分別蠲緩。既霑糶濟之恩，又免追呼之擾，黃童白叟莫不感戴歡欣。刻下糧價漸平，臣前奏借款委員採買川、楚米石，屈指臘底春初，即可陸續運載到浙，以之分撥被水州縣，量行糶賣，足資貧民日食之需。臣確查杭、嘉二屬仁和九州縣實可無需再為接濟，惟湖屬之烏程、歸安、長興、德清、武康五縣及坐落烏程縣之嘉湖衛屯田被水稍重，田畝、民情較形拮据，除有力之家毋庸議借外，其實在無力農民，應于來春酌量給借籽種，俾各耕作有資，以仰副聖主軫念民艱有加無已之至意。臣謹會同總督臣玉合詞恭摺覆奏，伏乞皇上睿鑒。謹奏。嘉慶九年十二月初四日拜發，十年正月十二日奉到

硃批：「候新正降旨。欽此。」

《捐賑銀數情形摺》

浙江巡撫臣阮元跪奏，為浙西動支捐賑銀兩數目及各屬辦理情形恭摺奏聞仰祈聖鑒事：竊照上年杭、嘉、湖三府屬春收減薄，夏雨過多，低田被淹，糧價陡貴，貧民乏食，經臣與鹽政常顯、藩司清安泰等商籌，惟有分賑銀米，廣設粥廠以資接濟，計官商共捐銀十八萬四千七百兩，經臣謹循《欽定辛酉工賑紀事》辦理，或煮粥，或散銀米，各從其地之宜與民之便，奏蒙恩准在案。惟時方屆七月，杭屬之仁和、錢塘二縣先為設廠開賑，八九兩月，杭屬之海寧州與嘉屬之嘉興縣亦先後開廠賑給，其嘉屬之秀水、嘉善、海鹽、石門、桐鄉，湖屬之歸安、烏程、德清、長興、武康等縣均于十一月開廠放賑，其仁和、錢塘二縣復于冬底煮粥。歸安、烏程、德清三縣災地較重，又于春間續行賑粥。皆係各從其地之宜與民之便，隨時俯順輿情，體察緩急，分別辦理。煮粥則計其大小名口逐日分給，散米、散銀則查明村庄花戶，按名給發。總期窮民緩急得濟，未便拘況畫一，轉有損實惠。其各廠事宜，皆以遴委賢縣，督同本地誠實紳士經辦。所賑之粥，米粒濃厚，以裹巾不滲、立箸不倒為度。臣與司道等親加查察，胥役、地保無從涉手，少有侵蝕。各廠中敬將蒙恩賑濟緣由出示曉諭，貧民領賑者無不感戴皇仁，一切尚臻妥實。茲據藩司清安泰詳報，先後放給過杭屬仁和、錢塘、海寧三州縣賑需銀三萬八千兩，嘉屬嘉興、秀水、嘉善、海鹽、石門、桐鄉六縣銀六萬三千二百十九兩零，湖屬歸安、烏程、長興、德清、武康五縣銀六萬八千七百三十二兩零，尚餘銀一萬四千七百四十七兩零，存庫留為湊撥現在煮賑之用，詳情具奏前來。臣逐一查核，俱屬相符，除飭據實報部核銷外，所有動支捐賑銀兩數目及各屬情形不能畫一緣由，理合恭摺奏聞，伏乞皇上睿鑒。謹奏。嘉慶十年五月初五日拜發，二十六日奉到

硃批：「知道了。欽此。」

《浙西復災籌賑摺》

浙江巡撫臣阮元跪奏，為浙西春花蠶絲收成並歉籌濟貧民戶口兼請暫予緩徵仰祈聖鑒事：竊照浙西杭、嘉、湖三府屬上年被水後，雖幸獲有收，但除完漕及冬春口食之外，戶鮮蓋藏，惟賴春花、蠶絲以資接濟，而浙西種麥較少，一歲之計，蠶桑尤重。乃本年三月及四月中旬以前，雨水已屬稍多，逮至四月下旬，又復陰雨連綿，凝寒積潦，麥荳皆被淋淹，根荄多腐，收成頓減。蠶值大眠之候，最忌濕寒，半多僵斃，更為歉薄。茲據杭、嘉、湖三府報經藩司清安泰查勘，內除杭屬之富陽、新城、於潛、昌化，嘉屬之嘉善、平湖，湖屬之安吉、孝豐等八縣地勢較高，並無妨礙，毋庸查辦外，惟杭屬之仁和、錢塘、海寧、餘杭、臨安，嘉屬之嘉興、秀水、海鹽、石門、桐鄉，湖屬之烏程、歸安、長興、德清、武康等十五州縣，春花收成約計僅止五分上下，蠶絲收成僅止二三分不等。臣于兩江總督臣鐵保約至江、浙交界，詢商洋務之後，回舟嘉、湖一帶，親歷查勘無異。伏查浙西上年被水之區，幸蒙恩施稠疊，闓緩賑耀，借給籽種，實屬有加無已。貧民已登衽席，日望春收豐稔，以還元氣。不期麥荳既歉，蠶絲更荒，米糧市值逐漸加增，貧民口食之資目前僅可支持。屈指秋穫之期尚隔數月，貧民實難度活，必須早籌接濟。臣與在省司道連日商籌，該縣等舊歉之後，春收再歉，非比夏秋二災，若照例計口撫賑，不特需款浩繁，而貧民嗷嗷待哺，亦屬緩不濟急，惟有仍照上年，謹循《欽定工賑紀事》，于各縣民食不繼之時，分設粥廠，購米煮賑，實可全活多人。其民間稍能食力之人，彼亦不肯來廠求食，且各廠逐日人數皆以萬計，共見共聞，經辦者斷難侵冒。所有煮賑之款，除將上年捐備煮賑餘銀一萬四千七百餘兩接用外，其餘銀兩無款可動，請在藩庫本省捐監款內動支，所有三月分奏解之十萬兩，即為停解備用。聖恩俞允，臣俟屆期分飭設廠，派委賢能誠實之員會同該府縣，督率本地誠謹紳士開廠煮放。臣與司道等輕舟往來，梭巡查察，務期各官共矢天良，妥實辦理，顆粒皆歸民腹，不使稍有侵冒，以勉副皇上惠愛黎元，不使一夫失所之至意。仍俟隨時察看情形，分別減撤停止。事竣，再將所用銀數核實奏聞。至于該縣等新舊錢糧，民力拮据，艱于完納，可否仰邀恩慈，俯將杭屬之仁和、錢塘、海寧、餘杭、臨安，嘉屬之嘉興、秀水、海鹽、石門、桐鄉，湖屬之烏程、歸安、長興、德清、武康等十五州縣十年分新糧并八九兩年未完地耗，查明已征存縣庫者儘數提解，實欠在民者緩至秋成後分別征收，以暫紓民力，出自聖恩。再漕項、南糧關係軍糈，仍飭照舊征收，毋庸併緩，合併陳明。茲據布政司使清安泰勘詳請奏前來，臣謹會同閩浙總督玉德恭摺由驛具奏，伏乞皇上睿鑒。謹奏。再浙省有部咨緞疋庫額取白絲及絲綿二項，向例每屆蠶絲收成，由藩司給發官項，委員前往產絲綿處所收買。茲本年嘉、湖所屬育蠶之戶既已失收，所有白絲及絲綿二項出產甚少，若仍照額責令行戶全行購買，竊恐徒致追呼，未能辦齊相應。仰懇聖恩，將浙省本年額辦白絲八千五百斤准予減半收買，其絲綿二百斤仍照額全行辦足，一併起解。至本年奉部添派絲綿五百斤，應請緩至來

歲蠶絲豐稔，確核收成，再行分別採辦，以紓民力。如蒙俞允，容臣咨部查照，謹附片奏聞，伏祈睿鑒。謹奏。嘉慶十年五月初五日由驛具奏，十六日奉〔註1〕

上諭：「阮元奏《浙西春花蠶絲收成歉薄各情形》一摺，浙西杭、嘉、湖三府屬上年被水後，疊次蠲緩賑糶，並借給籽種，俾資接濟。茲復因本年三四月間陰雨較多，麥荳收成頓減，蠶絲更為歉薄，糧價漸長，民食維艱，亟須妥為撫卹。除將上年捐備煮賑餘銀一萬四千餘兩接用外，著于藩庫捐監款內動支銀十萬兩開廠煮賑。該撫惟當督飭所屬認真辦理，務令實惠在民，無使一夫失所。所有杭屬之仁和、錢塘、海寧、餘杭、臨安，嘉屬之嘉興、秀水、海鹽、石門、桐鄉，湖屬之烏程、歸安、長興、德清、武康等十五州縣十年分新糧併八九兩年未完地耗，並著查明，實欠在民者，緩至秋成後分別征收，用紓民力。至該省額辦白絲、絲綿二項，既據該撫奏稱蠶戶失收，自未能照額購辦。著將本年額辦白絲八千五百觔准予減半收買，其添派絲綿五百觔，緩至來年蠶絲收成後，再行確實採辦，以示體恤。該部知道。欽此。」

浙江巡撫臣阮元跪奏，為遵旨核計據實具奏事：本年六月初一日，承准軍機大臣字寄內開五月二十二日奉上諭：「常顯奏《杭嘉湖三府雨水成災該商吳康成等公捐銀二十萬兩以備賑濟》一摺，浙西因上年災歉，戶鮮蓋藏，今又以春夏間雨水連綿，春花、蠶絲收成歉薄。昨據阮元奏到，業經分別加恩，並准于藩庫捐監項下動支銀十萬兩開廠煮賑。本日常顯所奏，並未與該撫會銜。究竟浙西各屬疊次偏災，小民如何拮据，現在辦理賑濟實須經費若干，仍著阮元通盤核計。如所留捐監銀兩已足敷用，則商捐一項，竟可不必。倘經費實尚不敷，或須酌收十萬兩，或竟須二十萬兩之處，即著據實奏聞，降旨賞收，再將該商等賞給議敘。欽此。」欽遵寄字到臣，遵印行，據藩司清安泰核議具詳前來。臣伏查浙西各州縣，地狹民稠，生齒日繁，外似富饒，內多貧乏。本年春夏之間，雨水過多，麥蔬被浸，兼以濕寒凝結，蠶事歉薄。養蠶之戶固屬失收，其種桑之家與絡絲機戶等民，亦皆因之失業。又兼麥稀米貴，各城鄉閑民、老弱及漁戶、乞丐等乏食之人較之上年更多。各屬所產，向惟晚稻，須至九十月間方得收穫，今夏逢閏，距隔更為遙遠，貧民口食，實難支持。是以臣與司、道、府、縣再三履勘商酌，謹循《欽定工賑紀事》，分設粥廠，購米煮賑。除動用上年煮賑捐項餘銀一萬四千七百餘兩之外，其餘銀兩無款可動。請于藩庫本省捐監銀內動支，並請將已奏未解之現銀十萬兩停解備用。計十五州縣，每州縣分設一二三廠不等，每廠每日約計萬口內外，每大口給米粥四合，小口二合，是所留捐監銀兩約計本末敷一月之賑。臣于五月初五日拜摺之後，鹽政臣常顯據商人吳康成等呈請公捐

銀二十萬兩以接濟，常顯即據請陳奏。統計停解捐監現銀十萬兩之外，加以商人捐銀二十萬兩，自較上年用項為多，但各州縣舊欠之後，春收又歉，蠶事更薄，就食人多，計須設廠三十餘處，俾人數分隔不致擁擠，貧民趁領亦無遠涉之苦。且並須寬其時日，庶貧民不久可接秋成，免于飢餒。是多一二十萬兩，即貧民多受皇上數十日浩蕩之恩。復據署運司袁秉直稟，稱眾商恭讀諭旨，僉稱商等誼關桑梓，量捐接濟，實出至誠，籲懇奏請賞收，情詞真切。臣等通盤核計，實屬必需相應，仰懇聖恩，俯如常顯所奏，全行賞收，俾得賑郵日期多為寬展。臣仍當與藩司等親為督率稽查，務祈各官暨紳士人等共矢天良，妥實辦理，毋致稍有侵蝕、冒濫諸弊，以仰副皇上痌瘝在抱，不使一夫失所之至意。現在已將緩徵賑郵恩旨刊刻謄黃，遍貼各州縣城鄉等處，莫不歡欣感激，異口同聲。各廠事宜，次第趕緊辦理。再商人公捐銀兩，例歸鹽政衙門奏辦，向來皆不與臣會銜。至商捐二十萬之數，臣拜摺後，鹽政臣常顯曾向臣面為言及，實出該商等至誠，懇請合并陳明。為此恭摺由驛覆奏，伏乞皇上睿鑒。謹奏。嘉慶十年六月初七日恭摺由驛覆奏，於六月二十八日奉到

　　硃批：「另有旨。欽此。」又准

　　軍機處抄寄嘉慶十年六月十八日內閣奉

　　上諭：「本年浙西三府因春夏之交雨水過多，春花、蠶絲收成間有歉薄，業經降旨緩徵，並令動用藩庫捐監銀十萬兩，開廠煮賑，又撥運川省採辦米十五萬石，俾資接濟，小民自可無虞失所。前據常顯奏，據商人吳康成等呈請公捐銀二十萬兩，以備煮賑之需，當經諭令阮元察看情形，再行具奏。茲據奏，稱各該州縣就食人多，計須設廠三十餘處，并須寬其時日，用項目多，據該商等合詞籲懇，實出至誠等語。各該州縣就食人多，自應寬為煮賑。該商人情殷桑梓，懇請捐輸，實屬急公。所有請捐銀二十萬兩，著全行賞收。仍照常顯所奏，先于秋報鹽課項下照數支給，准于丙寅、丁卯兩綱繳出歸款，此項銀兩即移交藩庫收貯。著阮元督同藩司分撥各廠，實力辦理賑務，使災黎共資果腹，毋任州縣等假手吏胥，致滋弊混，方為妥善。所有捐銀之各商人等，著咨部照例給予議敘。欽此。」

　　《賑廠札諭》

　　兵部侍郎巡撫浙江部院阮札杭嘉湖三府知府知悉：照得浙西麥、蠶并歉，蒙恩煮賑濟貧，本部院節次奏稱督率地方官及紳士等各矢天良，妥實辦理，務使顆粒皆歸民腹，不使稍有侵蝕、冒濫諸弊在案。合再札諭該府，務即速飭各該州縣，通除各弊，切矢天良，盡一分心，即貧民多受一分之益。若處心舞弊，各該縣諒亦無如此不肖之人，但不敬事、不實心、不勤苦，出此三者，必有其人。本部院日削白簡，專待此等俗吏以劾之，該府亦不能當此重咎。該府將此札

切飭該州縣,實貼廠中辦公之所,俾時時觸目警心,各文武、委員、紳士,人給一紙,以便同此觀看警惕,妥實辦理,切勿少掉輕心,務皆赴以全力。所有各條開列于後:

計開:

一、米粥大口須實有四合,小口須實有二合,不得稍有虧短。倘人多粥少,即給以米。粥糜務要稠厚如原奏,以裹巾不滲、立箸不倒為度。嚴查水火夫等攙和穅秕、石灰等物,如有此等弊端,是救民適以害民,一經察出,必將作弊者立斃仗下,官員、紳士皆大干未便。

一、銀米一切賑目,紳士經手,該州縣時與面談查算,互相糾察。若有經理不善之處,州縣官不許諉之紳士,紳士亦不得諉之縣官,且總不許書吏、差保從中涉手、從中置喙。如違,枷革重仗。

一、廠中門迆、柵欄、梆點、號炮,皆須堅固嚴明、井井有條,不可少為參差紊亂,致有擁擠喧嘩。

一、每日放粥宜早不宜太遲,以免貧民枵腹守候,且大暑、處暑等節,務須黎明開廠,庶領粥貧民不致曝于烈日。

以上四條,舉其大者,其餘各事宜,該府、州、縣紳士隨時隨地相機妥辦,將來本部院率同藩、臬、運、道自買扁舟,往來各廠嚴實抽查,如少有不實不妥之處,必加嚴譴,勿謂言之不預也。特札。

《乙丑年杭嘉湖三府屬縣廠煮粥各事宜條規》

計開:

一、煮粥廠所宜擇適中之地、寬大之所,便民領食,不致擁擠。今據杭、嘉、湖三府擬設廠所繪圖稟送查核,相距程途,均在適中便民之地,應如所請,照圖設廠。其廠之左近,照杭府所議,各覓寺廟或空隙地方,分作男女兩處,先為集候之所,俾免雜遝。廠多之縣,照依省城粥籌,分辨顏色,不致冒領滋弊。領粥廠所如地處寬大,有外門、內門者,照嘉府所議,每門派役二名把守。先將內門關閉,從外門而進,齊集,將外門關閉,啟放內門散籌。至廠領粥後,令其從別門而出。出入異門,免致混淆重複。若地方窄小,形勢不同,隨地酌量辦理,總期妥便。

一、散粥宜定時候。每日於卯初頭炮,男婦各歸分定之所。應先於丑寅時督令水火夫煮粥,至辰初二炮,先令貧婦,次令聾者、跛者、老者、病者領籌,各司事籌夫按大小口散給。至廠領粥散畢,再散貧男。以未時三炮淨廠,毋許存留。每日如是。使貧民按時而至,無守候淹滯之苦。各柵口派撥縣役、營兵、地保照料,不得爭先喧嘩擁擠。

一、每廠應用鍋竈、升筒、木杓器具等項,視地方之大小、人數之多寡酌量置備,毋庸拘泥,總以大口給粥一杓,合米四合,小口二合。倘遇人多不敷,仍照大小口給米代粥。水火夫、

．

役人等敢以石灰攪入，察出，用大枷枷號廠前示眾。

一、廠所應用大小木杓、升斗較準，烙印發用，以杜剋減。

一、廠內煮粥缸口寧多毋少。每竈一副，安鍋二口。每竈用夫二名，一名燒火，一名攪粥。鍋口之大小，務將下米若干預為驗準，以免下米多寡不均，致粥有厚薄。每竈夫役姓名，簽示竈旁，令有專責。其粥缸各按地方大小，毋拘多寡，以足用為度，排列廠口。每缸用挽粥夫一名，收籌只亦須一名，一人接籌，一人挽粥，接籌之後發粥，將籌歸桶。在廠司事分司監視，以杜重領。

一、每廠各延誠實紳士數人，董司其事，所有採買柴米、置備什物，均由各董事分領妥辦。凡遇請領賑銀，由府出具總領，赴司領回，酌給各縣。各該縣取具董事墨領，原封分給各董事領辦，毋許假手吏胥，以杜剋扣侵蝕情弊。其每廠須用司事人等，均按各廠繁簡，悉由董事酌量分派幫辦，不得多撥，以節糜費。

一、米交董事嚴密收貯，自貯屋運至廠所，司事驗收於上夜三鼓，斛給水火夫淘淨，委員監視下鍋，以杜偷漏。粥熟後，在廠委員、董事各人嘗驗，務在潔淨稠乾，不得稀餿攙和，總須立箸不倒、裹巾不滲為度。

一、每廠稽查、彈壓文武員弁，已據各該府遴選正佐各員及所屬教職、佐雜分往廠所，會同紳士稽查、彈壓，應如該府等所議，派委幫辦。其夜間亦應照杭、嘉二府所議，一體派撥捕役、更夫梭織巡緝，防禦火燭以及偷竊等事。

一、每廠粥籌大小各二百根為一束，散畢先回，存數登記，次令籌夫盤籌，仍以二百根為一束，將收數、存數核對，即知用粥米若干，官紳眼同揭算。按五日一次，同所用柴薪、給過人口各數開摺，具報各衙門查核。

一、廠所應用柴米領銀後，即預為備辦，源源濟用。所用米石務須光潔，不得攙雜粃、粘、砂、糠，同柴薪等項責成董事逐日驗收登記。事竣，繳縣造冊報銷。

一、在廠委員以及董事、司事，未便令其枵腹從事，應請照嘉府所議，每日備飯一次，以六人一桌，准給錢四百文，早晚備粥二頓。其委員、丁役并籌夫、水火夫、駝米夫、縣役、營兵、地保、捕役、更夫、執事人等，應照杭府所議，每日每人俱領食本廠之粥，以杜攙搭石灰之弊。仍按名給以腰牌，以便識認。

一、各廠仍令該地方官逐日往來稽查、彈壓，至委員、董事，係幫同經理，不得意存推諉，偷安遺誤。

一、泡米之缸須另為置備，不可以盛粥之缸通融泡米，以致粥入缸中，頓生變味。每缸須置淘蘿兩個，以期迅速，不致久候。

一、每日約計粥若干，務須預為淘泡。如淘米缸較少，一次不能淘完，須于泡好之米下鍋

後，騰出空缸，接續將米泡入。切勿臨時匆迫，將米有泡有不泡，使粥有生熟之不同。

一、天氣正值薰蒸，廠所務宜多備藿香湯以及薰燒大黃、蒼朮之類，以免中暑而避穢氣。

乙丑年杭嘉湖三府屬縣煮粥賑廠及委員董事姓名：

計開：

杭州府屬共設十廠，內

仁、錢二縣合設一廠：

接待寺廠。監廠官：嘉松分司薛湘，試用知縣梁偉業；管廠官：杭府經歷李芝，試用從九品楊連，試用主簿隨巨典，大使托雲；董事：馬基。

仁和縣

下新廟廠。監廠官：試用知縣張仲麟，試用知縣楊重六；管廠官：西安縣丞思授，試用縣丞陳光俊，試用縣丞趙秉忠，試用縣丞行映輝；董事：邵志錕。

塘棲鎮廠。監廠官：湖州通判德寧〔註2〕，候補知縣羅德營；管廠官：仁和縣丞韓勝祿，江漲務大使黃觀國，從九品李枝蔭，從九品徐元魁；董事：張迎旭。

錢塘縣

福田寺廠。監廠官：理事同知順慶，試用知縣王維垿；管廠官：城南務大使曹樹業，從九品朱淵，從九品申瑤，從九品張清源；董事：戴殿海。

三墩廟廠。監廠官：瑞安縣張德標，藩理問蔣夔；管廠官：試用縣丞黃溯伊，安溪務大使孫三餂，西溪務大使易元起，錢塘縣丞朱點周；董二　果〔註3〕，孫鼎元。

海寧州

彭鳥廟廠。監廠官：該州孫鳳鳴；管廠官：許村場紀汝仲，海寧吏目田樸；董事：高松茂，管銀錢置備各項，楊秉初，朱有卓，經理一切廠務。

硤石鎮廠。監廠官兼查三廠：署嚴同知方維翰；管廠官：西路場鄧文方，教諭朱文治；董事；馬鈺。

周王廟廠。監廠官：試用知縣吳觀樂；管廠官：海寧州判宋詰，黃灣場沈成均；董事：汪淮。

餘杭縣

城隍廟廠。監廠官：該縣張吉安；管廠官：教官任昌運，教官鄭祖治，縣丞袁郁文，典史

〔註2〕「州」字原闕。按，《三塘漁唱》卷中「潦深嘉慶九年秋，穀貴嗷嗷雁澤愁。不見塘棲施粥廠，誰知文達郵民周」詩注引《瀛舟筆談》云：「湖州通判德寗」；又同治《湖州府志》卷五《職官表·郡佐》「通判」條記載有「德寗，滿洲正紅旗人」，今據此二書補。

〔註3〕原文有壞字或脫簡。「二」應為「事」之壞字，「果」或為人名中一字。

趙福；董事：董作棟，鮑治，陳世鴻。

臨安縣

城隍廟廠。監廠官：署總捕同知黃兆台；管廠官：教官吳光，教官陶瑚，典史費曰清；董事：羅錦森，童在俊，印以昌，高乾和，俞照。

嘉興府屬共設十一廠，奉憲飭委署嘉通判江錦及該府請委試用知縣張四箴、王祈三等三員由該府派赴幫辦外：

嘉興縣

王店鎮廠。委員：平湖縣白沙巡檢張恕，千總孫多慶；董事：李珏，馮光勳，李超孫，沈學詩。

秀水縣

郡城廠。委員：照磨陳懷珍，司獄陳宗禮，把總劉萬年；董事：莊鳳苞，姚純錫，褚長春，楊曼孫，沈恂如，朱振榮，王旬安，馬韜韜。

新城鎮廠。委員：秀水縣主簿侯定光，把總林天德；董事：朱佩蒼，謝振裘，金甫田，翁樹萱，程九如，翁嘉谷。

陡門廠。委員：西水驛驛丞楊朝元，千總袁君選；董事：陳端書，李俊升，彭觀天，高勝公，仲鳴九，楊自亨。

海鹽縣

天寧寺廠。委員：海鹽縣典史王淳，外委楊士魁；董事：張燕昌，蔣維哲，朱文蔚，朱瑞榕，吾祖苞，李泉，陸周滋，何馨治。

石門縣

附郭城廠。委員：石門縣典史吳鑑泉，把總王大定；董事：鍾承哉，鄭養南，竇東井，勞讓木，蔡莘間，楊錦如。

洲泉鎮廠。委員：經歷張颺，把總徐堅；董事：宋培五，胡升初，周亦新，褚君標，朱德英，姚世昌。

羔羊堰廠。委員：試用縣丞金思元，外委楊士榮；董事：吳佶松，錢運犖，鍾正遠，鍾允懷，吳槐庭，史振寰。

桐鄉縣

屠甸鎮廠。委員：桐鄉縣縣丞鄭鴻文，千總蕭麟；董事：王仁安，宋宏戴，徐品章，王炳仁，尤燿，許廷槐。

爐頭鎮廠。委員：前署桐鄉縣典史邱家瀍，外委姚繼倫；董事：沈友詩，沈穎封，錢作梅，葛大經，張宏業，錢為鑑。

湖州府屬共該一十二廠內：

烏程縣

在城大倉廠。委員：訓導高體亨，典史陳攀桂，外委徐彪，潘國龍；董事：楊闓仲，閔鶴，葉雲衢，方乾楚，沈如龍，潘嵩年，畢文龍，丁士超，嚴寅，王崑來，孫大受，施南英，陳枚功，施英彩，盧槐堂。

白雀寺廠。委員：縣丞崔進，府司獄余際昌，把總徐亨；董事：吳之劍，張啟，凌衛方，凌錦喬，姚景宏，沈廷瞻，費之新，盧調元，畢夔諧，潘大緯。

神墩廠。委員：候補縣丞黃懷瑾，主簿徐用中，把總陸大茂；董事：溫純，王榮懷，葉浩，金有仁，沈雲表，沈榮春，宋相黎。

歸安縣

在城大倉廠。委員：縣丞楊恒德，典史熊象樽，千總楊庚；董事：楊蘊華，陳中和，陳加錫，陳恒，石應麟，羅秀沅，朱立羣，朱彩臣，李雍書。

雙林鎮廠。委員：府經歷金國勳，巡檢趙附青，守備程德隆；董事：施邦大，吳遜銓，鄭佶，姚春巖，湯世傑，沈飛泉，沈士元，沈青，蔡景苟。

菱湖鎮廠。委員：訓導陳懷，主簿尹青柱，千總施廣；董事：王以鑑，吳經世，朱玉章，沈驥雲，孫雲鵬，陸如舜，吳香輪，沈勤成，費殿榮。

長興縣

便民倉廠。委員：訓導柴季高，典史鄒詒德，把總沈德餘；董事：朱適，沈錫禎，章相成。

東嶽廟廠。委員：教諭龔志正，主簿馮孝本，外委楊鳳林；董事：吳如劍，孫鷔峯。

德清縣

吉祥寺廠。委員：教諭張凱，典史蘇致中，把總莫文貴；董事：戴高，蔡麟錦，余翔，袁榜，蔡義治，姚燦。

鳴因寺廠。委員：主簿黃均，巡檢張虛中，把總周覲清；董事：陳伸，沈志燦，沈元亮，姬璜，陳兆熊，錢兆鵬。

武康縣

大慈寺廠。委員：長興縣丞吳敬義，教諭徐寶燠，縣丞黃銓，把總周鷔；董事：費樹本，孫成震。

城隍廟廠。委員：訓導項熊，典史費珏，把總周鷔兼辦；董事：長發，林煩。

附塘棲鎮賑廠事宜二十條

一、塘棲賑廠在于營盤兩旁空地搭設，男廠二大座，女廠二大座，每座可容四千人，備廠二座，老人廠一座。于東嶽廟設散粥廠，相離約半里許。沿路遇有溝塹，俱預為填平，遇有池

河，沿岸設立木欄，以防擁擠失跌。

一、木廠必須堅壯，篾簟俱用雙蓋，以免雨淋日曬之苦。廠內用木柵分隔數層，俟著底一層人滿，即將內柵栓鎖，派兵役看守。及各層俱滿，人數齊集，然後開門給籌。先放老人廠，次放女廠，次放男廠，不致男女雜混。

一、每廠須逐層開設外門，分頭給籌。若數千人專令從一門出，必致擁擠喧讓。每日散粥畢後，親看各廠，遇有脫壞，即令搭篷匠修整。

一、粥籌用漆書明大口、小口字樣，再用鐵烙押印，以杜假偽。每日黎明，該董事發籌出廠，每百籌為一束，用印發聯票填明，交給籌官。該給籌官查數收明，按人給發，餘剩若干，給籌官即登注聯票，存與票根核對，如籌數不符，惟董事是問。

一、每日三更發米淘洗，四更煮粥。粥熟後即放頭炮，俟各貧民齊集，放二炮。給籌給畢，即放三炮。三炮後，來者不准給籌。

一、散粥廠前設立木柵欄，兩頭開門，派兵役看守，中可容一二百人。令領粥者左進右出，不致凌雜。其散粥處所，設立長木欄，將粥缸安放欄內，挨次分設四五缸，每缸派兵役二名欄外把巡。司事二人站立欄內，一人接籌，一人給粥，隨到隨給，毋使停留。自卯至午，可給萬數千口。散畢，即放炮封廠，不許閒人進出。

一、煮粥地灶磚砌堅固，每灶安大鍋一口，小鍋一口，俱用木接口，高四尺許，上用平板鍋蓋，灶面須蓋木板，以便站腳掉粥。一灶兩鍋，每次可煮米一石餘。

一、煮粥米一石用柴二百斤，其水之多少先以米升許試煮，視米性為盈縮。

一、初次煮粥熟後，即用大缸淺貯，以便撥運。俟各次煮畢，即督率水夫用長洗帚將鍋及接口淨洗。散粥畢，各缸亦令淨洗。

一、煮粥存貯粥缸後，監廠官及該董事不論何缸，盂食一椀，有無穅秕、石灰攙和及粥之厚薄俱不問可知。所派兵役、人夫，除給工食外，黎明時各給粥籌一支，令其食粥，以便辦公。

一、分粥銅杓，奉憲頒發，大者以盛四合米粥為準，小者以盛二合米粥為準，齊口鏨明某廠字樣，以防剗口，致減米粥。其或有情愿領米，不愿領粥者，亦宜酌量聽從民便。

一、散粥時收回竹籌，眼同籌夫盤數，分別大小口，以百根為一束，捆好收貯。須隨到隨捆，以防飛度之弊，次早即照束點發。

一、賑過大小口數，照聯票簿核明總查，監廠各官及該董事連名開單，五日一通報。

一、生員貧苦者，不能與貧民一例赴廠領粥。奉有憲示，查明該生家口，另立小票，五日一給米，知會監廠給籌。各官每日照票提籌，以符米數。

一、董事、紳士在于藩庫領銀動用，由該地方官出具印領。廠務畢後，董事先在各憲衙門呈遞清實賬目，仍由地方官核算報銷。

一、董事買米若干，先將米數及價值報明各憲，候委員斛驗後，再行收貯入廠。

一、廠中派設司事二十四人，每人日給飯食錢七十文，點食錢十二文，辛資銀一錢，分作日夜兩班，夜班專司發米煮粥，日班專司散粥盤籌。該董事不時查察，如有未善，立即更換。

一、兵役、人夫俱給腰牌。每廠每門派兵役二名，煮粥夫每灶二名，一看火、一掉粥。每名每日給工食錢七十文，撥粥夫、馱米夫、更夫等工食同。

一、民廠人數眾多，兼值酷暑，穢惡氣息在所不免，奉憲頒給痧藥六合定中丸，施濟甚眾。其由男女廠至散粥廠中途搭設茶篷施飲，係地方紳士公捐。

一、貧民領粥，間有在廠猝病身故，又有貧婦在廠生產者，俱量加撫卹。產婦次日不便領粥，當預給數日粥米，亦須知會監廠給籌，各官提籌核數。

粥廠應用人役：

官兵，衙役，木匠，泥水匠，搭篷匠，煮粥夫，水夫，撥粥夫，籌夫，馱米夫，更夫，炮手。

粥廠應用物件：

搭廠木，大篾簟，中篾簟，紫花篾，麻皮，秋柴，鐵鍋，木接口，鍋蓋，灶面蓋板，大缸，中缸，米袋，竹籌，籌袋，銅杓，倉斛斗，升箭，水桶，提桶，水桶鈎，扁挑，木杓，掉粥木梶，火鉗，火叉，火鍬，大鏟鍋刀，鐵燈盞，燈籠，鐵鎖，腰牌，梱籌索，抬籌竹夾，抬柴竹夾，掃帚，提箕，各廠號旂，拉旂。

按嘉慶六年七月，諸暨被水，先生倡捐銀三千兩，紳士共捐銀二萬餘兩，由紳士散賑。事竣報部，蒙恩紳士議敘職銜頂戴，先生亦蒙恩加一級。其散賑議敘章程失錄，僅錄謝恩摺于後：

奏為恭謝天恩事：竊照嘉慶六年，諸暨縣紳士捐賑議敘一案，接准部文，內敘及臣倡捐銀三千兩之語，附請議敘，奉旨：「阮元著加一級，餘依議。欽此。」當即望闕叩頭謝恩訖。伏念臣于屬邑災務捐廉倡始，分所宜然，故未敢專摺奏聞，祇以案內敘述緣起，致與紳士同邀部議，仰荷聖恩，予以加級。聞命之下，感激既切，愧悚益深。為此繕摺具奏，叩謝天恩，伏乞皇上睿鑒。謹奏。嘉慶九年六月十九日拜發，七月二十七日奉

硃批：「覽。欽此。」

按嘉慶十三年浙西被水施恩上諭一道、奉摺一件，附錄于此。

嘉慶十三年十月二十六日內閣奉

上諭：「阮元奏《查明偏隅被水田畝懇恩照例蠲緩錢漕並籌接濟》一摺，本年閏五月間，雨水過多，杭、嘉、湖、紹四府所屬各縣低窪田地多被淹浸，前經降旨，諭令阮元據實查辦。茲據查明仁和、錢塘、烏程、歸安、德清、武康、石門、桐鄉、長興、嘉興、秀水、海鹽等十二縣地畝及蕭山縣牧地最窪之

處，皆因積水未消，不及補種，或補種較遲，收成歉薄，民力不無拮据。著加恩將各該縣應徵本年地丁、漕項、漕截等銀、漕南等米暨蕭山縣牧地租課分別蠲緩，並將舊欠銀米租課遞緩徵輸，以紓民力。其蕭山縣牧地租錢另籌撥補。至烏程、歸安、長興、德清、武康五縣，本年補種之田計十餘萬畝，秋穫全虛，寒冬貧民乏食。著加恩于杭州節省充公耗米內動支一萬石，分交各該縣，散給實在貧民，俾資口食。仍俟來春察看情形，酌發籽種，以示朕軫念災區有加無已之至意。該部知道，摺並發。欽此。」

奏為遵旨查明浙省一隅災歉田畝分別借籽接濟情形恭摺覆奏事：臣欽奉上諭：「本年奉天、直隸、河南、江蘇、安徽、湖南、甘肅被災歉收，來年青黃不接之時，民力不無拮据。著傳諭該督撫體察情形，如有應行接濟之處，迅即詳查覆奏，候旨加恩。至浙省之杭、嘉、湖、紹四府屬間有被水田畝，是否成災，應即查明，據實具奏，候朕降旨加恩等因。欽此。」臣查杭、嘉、湖、紹等屬被水田畝情形，業經臣查明，奏奉諭旨：「仁和、錢塘、烏程、歸安、德清、武康、石門、桐鄉、長興、嘉興、秀水、海鹽十二縣及蕭山縣牧地，著加恩將各該縣應徵本年銀米租課分別蠲緩，並將舊欠遞緩徵輸。至烏程、歸安、長興、德清、武康五縣本未補種之田，著加恩于節省充公耗米內動支一萬石，散給實在貧民，俾資口食。仍俟來春察看情形，酌發籽種等因。欽此。」當即飭行藩司等欽遵辦理在案。茲奉旨飭籌接濟，為各省災歉之地普錫春祺，所有浙江一隅災歉田畝，仰荷聖慈，將新舊銀米分別蠲緩。其被水較重之處，蒙恩動支充公米石，散給貧民，俾資寒冬口食。復蒙垂念，來春播種拮据，酌發籽種，以助新畬。各農民既有果腹之歡，復荷春耕之補，恩施稠疊，有加無已。惟借籽應有區別。臣查仁和等十二縣內，桐鄉、嘉興、秀水、海鹽四縣民氣尚紓，毋庸借給，其仁和、錢塘、石門、烏程、歸安、長興、德清、武康八縣除有力之家不給外，其無力者應每畝按例分別借給穀三升、六升不等，俾耕作有資，以仰副聖主軫念民艱，恩澤疊加之至意。茲據藩司慶格、臬司朱理轉據各該道府覆查，具詳前來。臣謹會同督臣阿林保恭摺覆奏，伏乞皇上睿鑒。謹奏。嘉慶十三年十二月初一日附驛拜發，二十一日奉

硃批：「依議。欽此。」

又案十四年春，浙省米價騰貴，各屬麥石雖稔而民力不支。除各屬開倉平糶外，德清、上虞、餘姚三邑情形尤為缺乏，因倡捐，以助小民口食。至先生八月去任之前，六七月間歲已大稔，升米二十二錢矣。茲附錄覆奏米貴情形摺、片及告示并德清、上虞、餘姚三縣捐賑事略于後。

再臣欽奉上諭：「聞浙江等省海口出洋米石甚多，該逆等不惜重價購買，小民惟利是圖，干冒重禁。現在江、浙米貴，實由于此。地方官何嘗不出示禁止，皆不過視為具文，甚至胥吏、

弁兵得受陋規，私行縱放，可恨已極。如果該督撫認真辦理，則該匪口食無資，寧不束手自斃？又知賊船必資淡水，如果斷其汲取之路，又豈能久延殘喘？他如火藥、鉛彈、桅篷一切需用之物，若非海口偷漏，則賊匪久已罄盡，焉能支持至今？此皆該督撫辦理不嚴所致。現當辦賊喫緊之時，不可再有泄泄，務須嚴督地方文武，認真經理。欽此」等因。臣伏查米、水等物之接濟洋匪，除淡水隨處山島可以汲取外，若米物則非船使不能載運，而大幫盜夥則得自打劫米商船隻者為多。此次蔡、朱二逆竄入浙洋，臣先期飭令商、漁船隻全行收口，則打劫之資已絕，復令大小各船一概不許出口，則偷運之弊亦除。臣在鎮海屢登招寶山砲台瞭望海洋，絕無帆影。且偵探四出明查暗訪，實無偷漏滋弊。是盜船所用，初非取給于臨時，尚有可據。至今年夏間，江、浙米價騰貴，臣推求其故，總由浙地民稠，向多仰藉外來糧石，今年上游川、楚、安徽米販過蘇來浙者甚少，即以杭州米市長安鎮一處而論，自正月起至七月止，所到之米比較上年計少二十一萬八千五百餘石，且彼時蔡、朱二逆尚未入浙，浙洋惟張阿治一幫三十餘船，即令此半年全藉浙米接濟，亦不過一二千石而止，今杭州一鎮之米比上年已少到二十一萬餘石，是米貴由于商販稀少，似亦有據。惟是孤懸海中之廳縣及棋布星羅之海島，編戶不下數萬人，皆藉內地米貨以為生計，其中口岸失察，夾帶濟匪者實不能保其必無，否則土盜如張阿治等何由得食存活。臣不敢因查禁已嚴，閩寇已遁，即任各官弁等稍為鬆動，現仍明查暗訪，通飭口岸文武，實力查拿，並仍派試用道府彭人傑、孫德涵、殷華等不時密赴入海要道，嚴密截拿，務絕偷漏弊端，以仰副諭旨諄諄訓飭之至意。理合縷晰覆奏，惟祈睿鑒。謹奏。嘉慶十三年九月初七日具奏，二十八日奉

硃批：「隨時留心稽查，勿懈。欽此。」

為嚴禁海洋偷漏米石懸賞購緝事：照得浙省本地產米，除完漕外，本屬不敷民食，向藉客米接濟，比因東南各省歉收，以致川、楚米船到浙稀少，米貴之由，實在于此。本部院躬膺民社，首重民天，凡可有益閭閻，無不刻縈懷抱。因思海洋偷漏，從前尚有違禁冒險之徒，近年節次查拿，土盜漸已淨盡，且如蔡牽食米，歷係行劫台灣回棹米船，每得一船，足敷數月之用，若舍行劫不需價值之米，而爭海濱升斗奇貴之糧，盜雖至愚，似不出此。又如張阿治等各幫土盜，本部院上年蒞任時尚有三四十船，嗣經剿逼緊急，張阿治率夥在閩投誠，浙省水陸文武節次拿獲亦不下二十餘隻，芟夷殆盡。現在浙省零星餘匪，實已不過四五船，計盜不過一二百人。盜之不存，米將焉往？是米貴不係偷漏，亦屬有據。然本部院斷不敢竟謂偷漏淨絕，亦不能因今年春夏已來洋面寧靜，稍弛禁防。除委員密赴海口稽察查拿外，誠恐耳目或有未周，合再懸賞曉諭為此示，仰衿士、軍民人等知悉：爾等如有留心時務之人，儘可親至海口密訪偷漏蹤跡，盜船若干、米船若干、由何處上船、由何處出口、窩主係何住址、本犯係何姓名，查訪的確，許即赴轅據實首告，本部院立即賞銀五十兩，一面按址訪拿，依律嚴辦，並窮究黨類，務使顆

粒不能出洋。而後已其贓米、人犯現獲者，所獲之米全行充賞，本部院仍加賞銀一百兩。特示。嘉慶十四年六月示。

德清縣貧民艱于食貴，先生自發銀四千兩，交布政司崇祿。札曰：「札布政司知悉：本部院體察湖屬民情，上年歉收之後，惟德清縣民雖有耗米之賑，而缺乏之民尚多，現在春花尚未登場，允宜加以賑濟。今本部院捐發紋銀四千兩，合行飭發。札到，該司立即委員發交該縣，延至往年辦賑紳士，原任知縣蔡夔、同知沈朝宗、訓導談承毓等原封領去，妥為辦理，務使實惠及民。切切。」

德清縣設二廠，一在小南門外二里餘吉祥寺，此地與武康縣近，武康貧民亦來食粥；一在離城六十里之新市鎮鳴因寺，此地與歸安縣、石門縣相近，二縣貧民亦來食粥。

上虞、餘姚米貴民貧，先生倡捐銀五百兩，助紳士給濟貧民錢米。紳士鼓舞，捐至數萬兩。諭營弁盧大發：「將本部院捐銀二百兩賫交上虞縣，分給各鄉紳士，聊補賑需，毋違。」又札布政司知悉：「照得餘姚縣民入春以來，米價昂貴，貧民口食拮据，經本部院發銀三百兩煮粥助賑。今據該縣具稟，于三月底停止，本部院所捐銀兩尚未動用，眾紳士呈請代為呈繳。其捐輸最多之紳士給予扁音，數在一百石以下，當飭該縣酌量獎勵。前來當批已捐之銀未曾動用，繳回，無此政體，仍發交紳士暨書院董事，置買糧田，收入書院取息，以為膏火之資。勒石書院，并將此次捐米三千餘石之各紳士全行刊入碑內，以垂永久。所捐米四百餘石之楊景南，本部院書給『賑鄉首義』四字扁音。其捐二百石至一百石六名，書給『力賑鄉里』四字扁音，給發製掛，餘照行等因。除批飭遵照外，合行札知。札到，該司即將該縣暨縣丞趙球、委員楊達，辦賑認真，各計功一次註冊，以示鼓勵，仰即轉飭遵照。其賑務係該紳士等自捐自辦，不必取具冊給。切切。」餘姚縣知縣張青選稟覆云：「敬稟者，本月初三日，據紳士翰林院檢討銜黃岱、原任文淵閣檢閱內閣中書邵瑛、前署溫州府教授諸如綏等呈稱，竊姚邑因上年西鄉秋收稍歉，米價驛昂，仰蒙父師酌濟，大憲捐廉。荷一言以風千戶，皆勉為仁；自數石以至百困，咸知慕義。東西廠設，午集申歸。婦稚班分，肩摩踵接。相彼泛舟之役，源源而來；不使垂橐以歸，多多益善。欣知四境之安堵，惟恐一夫之饗隅。既分婦女，旋給男丁。更立一棚，又展九日。及人老，及人幼。覺一飽之易，謀至于再，至于三，免四方之糊口。現今膏雨連朝，春花秀穎，大田均已播種，隴麥立見有秋。凡天時人事之相宜，皆厚德深仁之所致。仰邀恩庇，迴逾推食而解衣；共托春暉，已見家給而人足。伏惟中丞大憲軫念民依，固知無微之不周；而吾儕小民仰承德意，願留有餘于不盡。一邑矢口，萬姓齊聲。所有飭發之項，岱等謹合詞籲請，伏乞俯順輿情，恭徼憲輯，敬祈據情轉達等情。據此，卑職查該紳士等所稟，實出至誠，除將奉憲捐發廉銀固封，仍交委員楊達賫繳，仰祈大人俯賜察核鑒存，並將各廠收放米數以及散賑起止月日，分別繕具清摺，稟呈鈞鑒外，理合據情轉稟，統惟慈照。謹稟。嘉慶十四年四月初三日稟。」奉撫憲院

批：「據稟，諸紳助賑，本不屯膏；所司捐祿，豈容反汗。既粥饘之式瞻，即訓廸之宜優。所有餘剩銀兩，當付本地書院置買田疇，量增膏火，實為允便。仍仰該縣廣諭，區區勿宜多讓此繳。」

《兩浙賑災記跋》

右《兩浙賑災記》四卷，烏程張明經鑑所編，乃儀徵阮先生撫浙時報災奏疏、奉到恩旨以及條教、號令、案牘之文。雖首尾不甚具，而大致可考，其章程足以垂法于後也。維能仰體聖天子視民如傷之心，以宣佈德音，痌瘝乃身為念，故能實惠及民，而又忠信明察，官吏不能行其欺，況又不忍行其欺，以負先生乎？賡芸備官于屬，嘗効臂指之使，不但耳聞而目睹也。猶憶庚申之臘，先生捐白金二萬兩，檄賡芸齎至金華、處州二郡，以八千兩令金華易錢散災黎度歲，以一萬二千兩令處州糴米減價平糶，以金盡為度。蓋栝蒼山深，米尤翔貴也。比至處，偕守令實力奉行，迄小滿麥稔價平而止，尚餘金四千餘。是年方值鄉試，先生悉以之購石，為貢院東西號舍甃地。越甲子冬及乙丑首春，又檄賡芸至嘉興、湖州二屬稽查賑銀及監借籽種事。越月，又檄往德清縣煮賑，以食餓者。是年五月，浙西淫雨，蠶麥失收，再舉煮賑之政。時賡芸已假嘉興守，率各令恪恭將事，賴邑紳士之匡助，幸得免于譽咎。先生乘舴艋，攜轅弁一人、傔從一人，歷各廠親嘗粥焉。災民之食粥者，不知先生為撫部也。先生撫浙久，多善政，而尤盡心者為災賑。甲子，浙西大水後，秋深轉歉為豐，嘉興各邑田中禾一莖輒抽十數穗，七八十歲人詫為未見，有繪為圖畫、作為歌謠者，蓋嘉禾也。顧先生每對人言，必以水旱不時引為己咎，不知明周文襄公撫應天，頻遇水旱之災，而至今賢名猶掛于吳民之齒頰。則飢穰出于遭際，而賢否要各存乎其人爾。自賡芸以私艱歸，先生旋亦去浙。頃來都下，獲覯是編，喜其信而有徵，因識數語于簡末，願世之良有司各置一編于座右焉。嘉慶十有七年二月之朔，屬吏李賡芸謹跋。

瀛舟筆談卷六

揚州阮亨仲嘉記

先祖琢菴公雅歌投壺，有儒將之度，雖在軍旅，不廢吟詠，有《珠湖草堂詩集》三卷行世。今敬錄《征苗軍營雜詩》，以見當年忠勇之心焉。

《城綏軍營》

行營入深山，布幔千家屋。雄兵次第來，已合楚南北。有苗自恃險，竊據在大谷。意在老我師，欲遲不欲速。苗性野而狡，成羣若麋鹿。我久不攻之，彼且來相觸。破險固有術，安可漫相逐。進言罷是非，慎行病孤獨。拂意歎秋風，且安今夜宿。

《曉起》

兵氣滿南楚，連營接粵西。夜來望星月，曉起看山谿。大局殊難定，參謀總不齊。中心常耿耿，最怕野猿啼。

《三界谿紀勝》

麋鹿離山計本非，我今縱獵破堅圍。暫看躑躅入林去，不到深山誓不歸。

《次韻韋總戎軍營感懷》

邊徼身經第一秋，西風鼓角幾時休。山間壁壘連雲築，林外旌旗帶雨收。但覺此生心坦白，終須元老樹奇謀。請君試看行軍際，頃刻安危動我愁。

《即事》

不見秋來北雁飛，崇山疊澗打重圍。凌晨宿霧連營滿，向晚蠻烟逐馬歸。豈願謀猷由我定，但須進取得全機。辛勤恐自成虛話，終日心懸料是非。

《飛毛坪龍家谿寨紀勝》

提兵直入又何難，一日連教五寨殘。發伏搜糧皆古法，請君一一到來看。

《紀懷》

軍行無雜念，富貴等雲浮。但計國家事，方為將帥謀。人情渾似水，時序正逢秋。若久徒無計，征夫盡白頭。

《秋日軍營》

風風雨雨苦無休，欲使征夫白盡頭。但願北堂慈竹好，平安之外復何求。

風入山營脫葉飛，凋零漸次覺寒威。榮枯不一天時定，人事何曾得少違。

《南山大箐紀勝》

山深箐復密，望此人皆愁。正攻屢不得，間道運奇謀。鄧艾裹氈入，淮陰拔幟收。傷膝夜更進，膝血繞足流。但能破此關，大局皆無憂。五更苦力戰，勢如驅火牛。賊敗失其險，巢破不能留。廓清百里內，山景望清秋。

《橫坡紀勝》

橫坡負固幾多年，劫殺頻頻不畏天。今日王師彰撻伐，魚游釜底少生全。

《風雨贈韋總戎》

除殘臨遠徼，山壘護層雲。苦雨艱行步，淒風怕聽聞。癡愚惟讓我，險阻卻同君。但盡當然職，寧邀分外勳。

《軍營雜感》

瘴雨連綿潤水潺，星羅行帳駐崇山。但期醜類歸王化，誰記艱辛幾月間。

苦雨淒風那不聞，寒威漸逼尚行軍。創傷眠勉猶從事，不到平蠻不策勳。

《橫坡和薛協鎮軍營雪霽韻》

雪霽山容瘦，南中頗不寒。冰消征馬健，雲散野營團。越嶺尋梅萼，臨谿看竹竿。賊氛消已盡，心緒快無端。

《和薛協鎮軍務告峻雪霽對月韻》

積雪千巖與萬巒，月光映射白成團。談深清夜都忘倦，飲傍紅鑪不畏寒。故壘重重閒秣馬，軍聲寂寂靜聞灘。穹廬一碧明如晝，淨埽蠻烟黎庶安。

《薛協鎮凱旋偕行》

雪消雲淨喜班師，策馬偕行笑語時。戎務一心勤到底，世情滿眼任如絲。興來遣眷無如酒，事過敷陳莫若詩。邊境廓清民復業，往來八月未為遲。

《和韋總戎軍營寫懷》

觸蠻連楚粵，天討壯三軍。恍似西風起，驅除萬里雲。

轉戰懸軍入，身先矢石中。但能無喪失，不欲尚奇功。

惟期身報國，不憚此勞勞。筋力雖云苦，平蠻氣頗豪。

《師旋》

師行紆八月，十戰楚南陲。勝負何能料，安危不可知。

皇威能遠屆，臣職盡當為。每到艱虞處，吁嗟繫我思。

《庚申除夕》

南楚歸來日，青陽度歲時。一栖除夕酒，奠爾眾魂知。

先祖琢菴公所用征苗刀，近時名士多歌之者，已見《定香亭筆談》中。兄有《苗刀歌》一篇，作於十五六歲時，未入稿，今錄之云：「輕刀寒鋩長三尺，瑟瑟清風暈冷碧。等閒未出韝琫中，中攝千人百人魂。刀無渠眉亦無環，鋩花繡澀文斕斑。精金應采赤朱山，鎚鍊本是荊南蠻。南蠻被髮聯臂歌，花裙帶刀聲相摩。穴中犵狫三萬輩，乃據蝸角思橫戈。長沙南北齊飛檄，壯士發硎聲驕毒。達人仗此出軍門，先啟元戎摩賊壁。賊壁堅似天山高，士卒攀葛升如猱。三更月落深箐黑，苗猶臥枕腰間刀。奪刀反刺萬靈號，天明腥血污征袍。虞廷獻馘徹干羽，臣家鑄鼎紀臣武。四十年來精銳藏，沈薶如在豐城土。偶然拔出驚寒秋，坐令舊鬼生悲愁。更思當年大樹下，受降免斷千人頭。」

先祖九谿生祠，當時軍民所建，至今傳苣伐鼓，報祀無戹。今秦小峴侍郎自浙移臬湖南，兄寓書侍郎，屬為訪之。侍郎作《九谿營阮將軍祠堂記》見寄。

《九谿營阮將軍祠堂記》

秦瀛

浙江巡撫阮公嘗為余言，其先招勇將軍官湖南九谿營遊擊，宦蹟甚著。公，將軍孫也，屬余自浙臬移湖南，九谿實隸澧州之慈利縣。余詢之澧州牧，曰：「九谿有將軍生祠，其地軍民感將軍德，將軍沒，歲祀之，數十年無廢。」蓋將軍在事時，適城步、綏寧兩縣苗匪數萬人，踞山谷，殺傷官兵，肆劫掠。將軍奉檄隨鎮篁鎮總兵掩捕，駐三界谿。苗匪悉精銳，屯山谷。將軍身先士卒，鎗礮矢石齊發，斃賊甚眾，賊奔潰〔註1〕。復進攻八樹寨及南山、大箐、橫坡諸險隘，次第克之。首尾十戰，深入數百里，兵無少挫，功為諸將最。將軍以乾隆元年受事，凡十一年，始遷河南衛輝營參將去。其在九谿，曾請于督撫，以官山周二十餘里，上為牧馬地，下以瘞軍民之不克葬者。它諸惠愛甚眾〔註2〕，是以民尤德將軍。將軍儀徵人，諱玉堂，字履廷，號琢菴。康熙辛卯中武舉，乙未成進士，由侍衛出為遊擊。性好文史，往往上馬殺賊，下馬賦

〔註1〕「賊」字原闕，據《小峴山人文集》卷四《九谿營阮將軍祠堂記》補。

〔註2〕「它諸惠愛甚眾」六字原闕，據《小峴山人文集》卷四補。

詩，有古儒將風。祠在九谿衛城，有地一區，向以其入給守祠者。嘉慶二年，守備馬建功、九谿衛巡檢朱鳳藻曾重修。今阮公篤念祖德，寓書於余，麋白金若干兩，屬鳳藻為增葺〔註3〕，易土牆以甄而加封植焉。守祠者史宏禮，年八十餘，故營卒，少時嘗從將軍捕苗匪，能道將軍事甚悉。余記之，爰誌將軍之澤之長並以諗後之輯志乘者有考云。將軍以公貴，加贈光祿大夫經筵講官戶部右侍郎。仍稱將軍者，從軍民所稱故官也。

亨父諱承義，字方訓，弱冠後早卒，貤贈翰林院庶吉士。母江氏，貤贈安人，苦節四十餘年。亨以姪繼為後。生祖母吉氏，貤贈夫人。亨本生父諱承春，字載陽，縣學生員，深於儒術。嘗謂顏子本有專書，故《大戴禮》曾子曰：「吾無顏子之言，何以語汝？」可見顏子之書在曾子之前，因輯《論語》及各經傳子史雜記中凡顏子之言為一書，以還顏子舊觀。事載《揚州府志》。劉曙填諱。

家兄在浙江、山左，宦跡所至，往往得草木之奇華以為色養之助。余叔父有《三花圖》，題詠甚多。叔父自為記云：「乾隆五十八年，歲在癸丑，兒子元奉命視學山左，迎養至署。城北有華不注、鵲山，城南有歷山，東南有龍洞佛峪，皆岱陰分脈。署前臨大明湖，南有小滄浪亭七十二泉水，水明瑟。夏時，萬荷競發，清芬襲人，洵佳境也。明年夏，亭前有一蕚四花者，折歸，以荷露養之。又明年，元復拜浙江學使之命，西湖、三竺、龍井、雲栖，山川靡不佳勝。署中西園多蘭，盎中有並蕚及一蕚四花者。己未，在京朝為戶部侍郎，借居衍聖公賜宅，偶於小院種蕉數本，不閱月發一花，綠苞倒垂，甘露盈蕚，予招同人賞之，相與賦詩為樂。論者固以花為瑞，非也。方今朝廷仁明，羣生仰治，大臣勤職之暇兼得遂其色養之志，而予以皤然一老，亦得杖履優游，樂此歲月，謂此一花一草為一家和順所感召，理或有之。若為大臣者因此自以為靈異，耽家庭之逸樂，忘君上之憂勤，徒矜詞翰，不加修省焉，烏在其為瑞也？老友劉君蒙谷合寫為圖，因論而記之。」

> 瘦石清流繞畫闌，甘蕉紅芰露方溥。瑞超五桂三槐上，并勝南陔只采蘭。
>
> 傍花隨柳襟期勝，弄月吟風雅趣多。不獨鯉庭三樂備，蒲輪到處播嘉和。
>
> 箕疇衍福孰能同，只有西涯語最工。天上貤封來一品，郄前稱壽是三公。
>
> 萬花錦繡滿堂塗，小扇輕衫豈自娛。家慶端知由國慶，嘉禾瑞麥并成圖。王昶。
>
> 異花幾度費天工，處處春生杖履中。絕勝商山空皓首，紫芝吟對夏黃公。

〔註3〕「鳳藻」，《小峴山人文集》卷四作「慈利令柳萬泰」。

旌節花開物望孚，南陔樂事在西湖。蒲輪舊日經行處，子舍重看五瑞圖。孫星衍。

異蕊奇葩到處同，使君腳底有春風。須知造物冲和意，端在高堂燕喜中。

花滿一家小天地，根蟠千歲大春秋。由來草木依忠孝，待看圍腰金帶頭。吳文溥。

嘉祥共說魏公家，金帶圍開一樹斜。何似羣芳爭獻瑞，五年三度發奇花。

鯉庭綏撫浙東西，福壽平分萬姓知。此日民和即家瑞，桑麻蔽野麥雙歧。汪恩。

草木飲天和，善導在人意。暢以仁者風，苔發輒靈異。琅嬛有上仙，含真而蘊粹。杖履生春暉，藹藹松霞被。崇埤勤樹人，遠過百年計。豈博門庭榮，所希羣物遂。此願最吉祥，應之為國瑞。吾師今儒宗，擷藻析道閟。栽培徧士林，和風隨節使。萬樹桃李中，三花出奇致。入畫妙丹青，聊作宦遊誌。要知贊盛明，休養不勝記。造化效全功，嘉徵特餘事。慈訓秉鯉庭，努力敦古治。瞻仰圖中人，奚啻大椿庇。坐觀萬物春，生機滿天地。童槐。

仙人手植三株樹，五色樽桑射曉暾。瑤葉玲瓏開寶萼，慶雲重疊護靈根。頻將花瑞徵家瑞，須識春恩是國恩。笑指鯉庭桃李樹，南陔深處是龍門。陳文述。

少年豪邁志彎弧，老境雍容儼大儒。百歲休嘉緣作德，三花奇艷總堪圖。遇災知警心常切，逢吉加修識更殊。讀到先生課兒語，哲人胸次世誰符。林道源。

皇華賡後譜循陔，天遣奇葩處處開。若向揚州徵舊事，葯闌春夜魏公來。

前度風流滿浙中，鯉庭桃李尚春風。不知旌節重臨後，異樣花開又幾叢。姚文田。

草木有殊理，能為君子容。紫芝懷商皓，帶草依鄭公。吾師專鈞和，毓物如春風。蓂莢既盈畝，樹杜亦千叢。眾芳發其英，三花動昭融。清心與蓮靜，馨德比蘭崇。甘露名最佳，澤物彰元功。琅嬛有老仙，佩芭紉蕙藭。持以引曼壽，為樂無終窮。張惠言。

奇花南北頻番見，三瑞之堂定不如。旌節早生椿壽永，趨庭歲月御祥初。

戒養久知白華潔，詁經重見書帶生。八坐起居三不朽，貽家嘉穀及昇平。吳鼒。

和氣蘊嘉符，靈卉發清淑。菡萏絕緇埃，芳蘭播幽馥。巴且丞天漿，傾液甘可服。含英被露鮮，散葉滋雨沐。頤志在勖忠，垂歡謹昏夙。種異理不殊，地仙瑞彌毓。家慶亦國慶，是為福人福。邵保初。

《蕉花賦》

以下詩詞專詠蕉花。

翳江南之名卉，有蕙圃之芭苴。裁縹玉以為葉，舒青霞以為荂。揚翹葳蕤，樹萼頷顱。夫容發披，倒植菡萏。擢孤榮以四照，苞深房之密掩。馨回綠以風轉，芳滋紅而露湛。於時朱炎曜夏，素晷移秋；芳草欲歇，繁英既收。心百重而獨展，葩千番而遞抽。既榮朝而萎暮，若昔逝而今遒。諒榮萎其迭運，何今昔之相侔。奉君子之盼睞，效弱植於軒墀。豈華豔之敢飾，幸

芳臭之在茲。感蘭蕙之早晏，念蘅杜之相違〔註 4〕。恐秋風之易落，怒芳洲之未歸〔註 5〕。馳清暉而結思，恒百卷以為期。辭曰：赤巖山前路以遠，扶荔宮中日以晚。願持兮素心，報眾芳兮九畹。張惠言。

新涼雨足，正乍回曉夢，天影都綠。半拓吟窗，忽見低垂，重重芳意如壓。煮茶烟澹秋痕瘦，罅牆角一枝寒玉。笑美人別逞妖妍，小露紅情猶俗。

想為著書人倦，墨華棃几瀋，相伴幽獨。史槁焚餘，點筆圖成，仙掌露珠成粟。詩家愛寫蕭寒景，恨未入雪中橫幅。更待他鳳實成時，留配故園修竹。《題蕉花圖·調寄綠意》。郭麐。

琅嬛春入瓊田深，琅玕七尺蓮花心。井闌玉乳濕瑤草，當空雀扇搖珠林。

蕊珠宮小碧紗護，南天夜徙菩提樹。出袖冰壺仙雨涼，灑來花頂成甘露。

瑤華仙子青羅裳，珊珊雜佩千明璫。掌上無聲振微步，翠霞散作蘭麝香。

魚枕秋盃薦深酌，葛衫初解紫絲絡。香風吹透綠天心，蘿月滿盤寒不落。

鴨桃羅列皆十圍，帳前悟徹真香微。春雲百朵掩青莦，一點忽著雙璃扉。

如輪蝙蝠撩空黛，金稜朝熏和沉瀩。硯滴雲膏寫綠章，筆花飛落青鸞背。

蓮開四照蘭並頭，人間三度陪仙遊。問花欲借碧城住，仙人一笑高天秋。

夢破丹山么鳳起，抱孫龍擇將成蕊。露壇閒聽綠鸚哥，報說重房添百子。童槐。

種紙秋窗翠影沉，一花初坼畫檐陰。碧雲瓣瓣芙蓉葉，金縷絲絲荳蔻心。細毯不隨紅雨落，妙香微覺綠天深。遊仙笑看堯賓醉，谿鹿閒眠宛轉吟。

魚枕幽香冷欲飛，雨聲細碎隔薔薇。呼將小字紅牙瘦，裹就芳心綠蠟肥。仙子曉貽青玉佩，美人秋捲碧羅衣。半開不學丁香結，七尺琅玕倚夕暉。

小院清陰鳳尾長，重跗高出葉中央。翠綃一剪花留影，紅蝠雙飛月滿廊。織練機寒秋入夢，學書人去筆生香。不須摩詰圖中雪，自有芳華耐晚涼。

翠旗高卓倚風圓，細細吹香上綠淺。蕊簇雲房花百子，蕚承仙露壽千年。西園舊放同心蕙，北海曾題四照蓮。自是詩仙多瑞應，一枝長傍小琅嬛。陳文述。

芳心微展葉重重，冷蕊全非碧蘚封。綠蠟苞含雲影簇，翠綃香鎖露華濃。校書人影初三月，宣梵僧歸八百鐘。我亦臨池須種紙，隔簾栽徧玉芙蓉。

分得炎洲一抹烟，綠雲晴護蔚藍天。吟成桂子香宜佛，看到蓮花夢亦仙。證果似經大瀛海，托根況近小琅嬛。朝來好共薔薇盟，待草黃麻奏日邊。

〔註 4〕「念」，原作「今」，《茗柯文三編》卷一《蕉花賦并序》作「念」。按，「念」與前句「感」相對為文，作「今」非，今據《茗柯文三編》改。

〔註 5〕「芳」，原作「方」，《茗柯文三編》卷一作「芳」。按，《楚辭·九歌·雲中君》：「采芳洲兮杜若，將以遺兮下女。」《文選·七命》：「乘鼋舟兮為水嬉，臨芳洲兮拔靈芝。」作「方洲」不辭，今據《茗柯文三編》卷一改。

綺閣香清鶴夢闌，碧紗廚外翠霞攢。為酬涼意偏宜竹，欲寫同心恰有蘭。曉坼未妨耽午蔭，半開先已逗秋寒。何當共展丁香結，無數青羅暎畫欄。

博物張華志有無，玲瓏羊角認模糊。詩題芝檢封逾密，露滴荷盤味更腴。一樹清陰經雨洗，半膅香影倩人扶。丹青好借松年筆，重仿黃筌水鶴圖。顧廷綸。

琅嬛仙館甘蕉樹，種不多時已垂露。深坐紗窗聽雨聲，清香吟遍翻書處。

聞道南天是福州，一叢嫩碧此時抽。庭風滿扇清宜夏，天酒盈杯澹瀉秋。

密藏底用煩郵傳，今向綠天深處見。金粟分來桂子香，冰輪映出蓮花面。

明珠的皪玉玲瓏，閒倚東墻句最工。翠羽旗開青帝宴，百花春露一盤中。

端溪夜滴金莖沆，剪剪涼生秋意爽。月曉風清夢欲仙，墨花一片浮書幌。

鸚鵡千聲喚曲廊，綺琴彈罷雪生香。小欄定有吟花客，淺碧羅衫一樣長。阮亨。

叔父湘圃老人七十壽辰，予兄率余及子姪奉觴上壽。朋酒在堂，琳文賁室。凡兄交友及門下士能文章者，莫不各有介壽之詞。老人每讀一文一詩，遇賞心處輒為稱歎久之。至于屬吏外交，未嘗受一縑一觴也。又嘗手選呂叔簡先生格語授予兄弟，以持盈守謙，無忘諸君子頌禱之雅。今錄諸君所作于篇，以志百朋十賚之貺云。叔父選叔簡先生格語序云：「明寧陵呂叔簡先生，書大有補于世道人心。士大夫立身行事，事君臨民，皆當以此為法。其言中正和平，篤實通達，無講學家偏僻空誕之習，固皆從聖賢經傳中推衍而出者也。桂林相國有摘錄本，予又從此中選錄之，鈔為二卷，以付家塾弟子，使知君子務本之道也。時年政七十。」

《誥封光祿大夫湘圃太老夫子七十壽序》

陳壽祺等

恭惟太夫子心通六甲，身是仙宗；腹有三壬，生徵壽骨。醇氣蒸於靈芝，豐祿受於天稷。囊中丞師僛直禁近，優被宸眷。曾緣樝梨之對，垂問黃綺之年。退食私家，述之歡甚。其就養山左，則登泰山之觀、闕里之堂、靈巖雒華之瑰琦；扶侍越中，則覽胥母之山〔註6〕、明聖之湖、鳳嶺甌江之偉麗。綸綍五采，特進槐階；昭陽中春，甫躋仗國。佐餿者，龍蹲之淑女；分甘者，烏巷之諸舅。人咸以是為公榮，而猶未殫其蘊也。公躍馬如飛，連鵑善射。蕭育乃名父之子，毛璩本累將之家。先大父招勇將軍，抗颺虎螭，綏輯賨嶕。有王渾之上功，邠漢之清行。雖許國忘家，而求忠在孝。戒公勿仕，善事大母。公勒移無文，陳情有表。田文雅子，虞詡順孫。論者多之然，而驥心不老，鸞情日高。將生步景之蹏，彌厚培風之翼。而後恢張風矩，導

〔註6〕「覽」，原作「攬」，《左海文集乙編》卷二《誥封光祿大夫阮湘圃先生壽序》作「覽」，今據改。

啟門基。以父老堯舜之軀,衍孕育伊顏之緒。蓋公之淵才亮茂,惟所以翼我中丞師者,徵其大焉。初,師生而秀,羸弱不好弄。公以為既謝武達,當致文通。乃謹其青藍,屏其鞶帨。幼自塾歸,嘗口授歐陽公《縱囚論》、蘇公《代張方平諫用兵書》。陳咸戒子,議法依于輕比;魯稱導訓,賦事咨于故實。師是以斧藻其德,神禋其辭。金璧于淵海,黼黻于河漢。覃思六學,綜摰七志。凡西州漆書、汲郡竹簡、《凡將》《滂喜》之篇,重差、夕桀之數,美陽、汾陰之鼎,魯郡、青州之尊,靡不經目諳心,擘肌分理。所譔《曾子注》十篇、《經籍籑詁》百有六卷〔註7〕,闡一貫之津源,括九流之鈐轄,解經奪五十席,入省稱第一人。則公殖學之教,雖桓榮傅書、曹充持禮,無以尚也。師前後督學山東、浙江,宏獎士類,甄藻人倫。公以為櫽括之門多枉木,砥礪之旁多頑鈍。苟登龍過峻,則希驥安追。古人進賈淑于互鄉,拔庾乘于門士。觀禾則三變,樹木則十年。矧茵溷相懸,豈菅蒯可棄。師是以聚沙而雨,洗金以鹽。九九亦見于庭燎〔註8〕,七十皆招于白屋。因翟酺而拓囊者千室,就張興而著錄者萬人。則公鑄人之教,雖馬援詘伸龍杜,楊準優劣裴樂,無以尚也。嘉慶四年,天子優賢揚歷,俊乂在官,知師經術儒雅,身兼數器,特命以戶部侍郎巡撫兩浙,師年甫三十有六。公念曼容清宦,論石不過六百;謝掾蚤榮,擁旄尚需四十,命師堅辭焉。不獲請,復以為職雄方面,權寄維垣。徒守雞廉,曷副龍節。且錘石不可拯溺也,故箴以達政體;膠漆懼其相憎也,故勗以和同官。遂使四行興能,六條察吏。飭釐金布,明正丹筆。關輕船算,海息隄緜。吏畏之如神明,民愛之如父母。則公苞政之教,雖考父銘恭三命,武侯條章七識,無以尚也。師撫浙之明年,南夷浮海抵台州,窺松門。是時,迅發戎旃,創造巨礮。仿范蠡之蜃石,法孫武之火人。公觸冒炎歊,監視匠冶,牙璋未起,雲旛立成。復以為伐蛟取鼉者,澤國之政;兔起鳧舉者,兵機之速。扉屨親散,赤囊屢馳。謀符豹韜,賞動鳧藻。在幄中決勝千里,從竈上騷除一方。遂使樓船不橫,鯤鯢已築。龍伯之國罷釣,鯤人之鄉無波。則公禽暴之教,雖遊俠遊濟勳大耿,安石策能二謝,無以尚也。慈惠如彼,明智如此。非直枝葉之歸美也,乃所謂資其庭誥、肅若朝典者乎?若夫種耨仁義,綱紀門戶。衣無常主,祿不入家。假館宛陵,捨金以拯火宅;鳩族甃社,置產以廣圭田。孔伯本之神祠,連理自長;鄭子真之宅舍,五讓斯崇。約舉數端,可推百善。斯又陰德所積,方受九寸之符;陽報無差〔註9〕,應享期頤之壽矣。昔東都公卿,奉酒太尉之府;兩序生徒,侍宴新昌之第。福門盛事,前史稱

〔註7〕 「百有六」,原作「百六十」,《左海文集乙編》卷二作「百有六」。按,《經籍籑詁》以平上去入四聲分為106部,以一韻為一卷,共一百零六卷,故作「百六十」非,今據《左海文集乙編》卷二改。

〔註8〕 「九九」,原作「九二」,《左海文集乙編》卷二作「九九」。按,《韓詩外傳》卷三、《說苑》卷八《尊賢》均載齊桓公設庭燎求賢,有以「九九之術」見者,故作「九二」非,今據《左海文集乙編》卷二改。

〔註9〕 「陽」,原作「陰」,《左海文集乙編》卷二作「陽」。按,上句作「陰德」,則下句必作「陽報」,方得成對偶句式,今據《左海文集乙編》卷二改。

之。然一則田里優游，無聞弓冶；一則簪纓先後，易侈光榮。豈如志潔飧霞，功襄浴日〔註10〕。鵲銜金印，代高忠孝之門，雀吐白環，天大公侯之祚。比壬戌之秋，吾師審定樂器，鼓鑄辰鐘。吉金既聲，夾鐘中律。月汁攬揆，慶歸祴華。豫期多福，綽縋眉壽。豈非神感于至誠，天錫於純嘏者哉？于是壽祺等抱《魯詩》而北面，先拜韋賢；斟菊水於南陽，代勞伯始。高瞻旐翼，近祝門墻。壽以琅函，書之銀管。

姚文田等

蓋聞河源萬古，崑岷之流長；霖雨九州，嵩岱之積厚。其在人也，地靈所覘，隱德食報于門才；星精誕生，和聲休召于神聽。伊古僕學輔世，延墜緒于微言；盛德匡時，拯生民于末俗。比於六鼇鎮海，七曜輔天，功良偉矣，業且久矣。然考其初，必有懷珠抱璞之彥，栖霞挹月之姿。坦道履幽，衡門勤誨。詁君子之穀，比櫛崇墉；具天爵之尊，韜鱗掩藻。于是文章之草根大于靈芝，旌節之花蔭成於壽柏。茲于我師門徵之矣。惟我太老夫子大人，家傳顏柳之訓，世知稊呂之名。鐘鼎器尊，宜位于宗廟；桂椒馨遠，自寶于山林。虎帳陳詩，親觀講武，鯉庭受命，習聞教忠。蓋太老夫子，生大將之門，為名臣之子。當夫馬援眂師，韓宏籌賊。畫九地九天之策，督百戰百勝之兵。帶甲心齊，靸刀志壹。馳驅丁甲，鳴鉦而壁壘朝新；跌宕風雲，聞鼓而欃槍夜淨。惟時我太老夫子，侍安於旌麾之下，博歡於鋒鏑之餘。戰士同勞，戒養則猶廥笙雅；元戎多暇，最勤則兼受兵書。迨乎三礮受降，九谿歸化。六月奏平成之績，三殿旌戡定之功。帝鑒精忠，人歌遺愛。說劍橫戈之地，已建專祠；張旟列戟之門，曾無長物。所謂象畫丹青，心貽清白者矣。于是太老夫子簞瓢樂志，弧矢懷恩。發楹而箭譜猶存，守硯而陣圖能設。顧以昔日者，出坎曾占，全師匪易。意氣貫金石，神明協菁龜。置危地而後安，鑿傷門而乃吉。慈闈述事，心悸于決策之初；孝子守身，神怵于銘勳之後。我太老夫子念值文德舞干之代，熙朝卧鼓之年，報國不更恃枕戈，傳家詎專資磨盾。捧珠璣之集，儒將風流；憶鐵馬之聲，勝兵露處。四海尚思頗牧，此家已產荀陳。烽火靖而國士身閒，烟霞腴而幽人德立。凡夫蓬戶卻金之節，棣園讓棗之心，指困郵孤之仁，停車解紛之義。一身兼粹，六行並完。江淮瞻處士之星，吳楚迂人師之杖。我太老夫子謂門基宜擴，家學能綿。高情自愜于林泉，宏業方需乎黼黻。開鄭賈之塾，貴經訓而賤詞華；儲姚宋之材，惡虛聲而崇實用。琢磨清節，養正于觸鑼之辰；揚厲嘉謨，觀效于封疆之寄。我中丞老夫子，經綸則韓，富器則顧而兼儲；節概則顏，原道則夷而兼尹。綺齡少作，慶雲華日之祥；高步隆名，北斗泰山之望。六書研榷，代惠戴而任斯文；四國旬宣，總外內而觀所學。君臣一德，兩朝倚柱石之才；文武兼資，六籍備鹽梅之用。率吏

〔註10〕「浴」，原作「洽」，《左海文集乙編》卷二作「浴」。按，《山海經·大荒南經》：「有女子名義和，方浴日於甘淵」，又《宋史》卷三六〇《趙鼎傳》：「浚有補天浴日之功，陛下有礪山帶河之誓」，作「洽」非，今據《左海文集乙編》卷二改。

則霜清百邑，湖水含澄；督師則波靖重洋，天風助順。此皆我太老夫子嚴訓之誠，長善之報也。而況德與年峻，祥以時駢。惠在儒林，多士上臺萊之頌；慶周海國，萬家知覆幬之恩。立德立功立言，不朽之業三世；多男多福多壽，太和之兆一心。公卿不慚，斯為門範；仙佛不貴，專拜經神。當政成海晏之時，正福集川增之會。自天露湛，綸言光續命之絲；所治春多，蘭路郁宜春之樹。固休嘉之極軌，實經術之殊榮。文田等韓門弟子，知積功累行之詳；曾子門人，聞沂水舞雩之志。茲逢初度，特獻蕪言。愧非小雅之賓，請上大年之祝。謹序。

　　查揆等

　　嘉慶八年癸亥，今大中丞雲臺夫子撫浙之四年，於是封公湘圃太夫子開七秩〔註11〕矣。問年書亥，和神當春。中丞鞠奢奉觴，黎收上壽，禮也。三貂盈座，百笏連床。獻海人之膏，酌榑里之醴。婆留三浙，江水騰歡；姑蔑百城，部民負曝。披方慶之錦衣，腰李靖之圍玉。曳鄭尚書之履綦，奉王太保之如意。金藻四升，蘭帳百尺。簪纓拜前，笄珈跽後。一星爛爛，老人正見于東南；萬石闐闐，天子亦知其門第。恭惟太夫子貌古雲罍，聲抗金石。翌翌充德之符，秩秩清流之望。有文在手，兆繼三公。惟嶽降神，聲聞四國。莫音克類，福履斯綏。當招勇將軍之有事於楚也，刀佩呂虔，甄鳴周訪。免子儀之胄，回紇心驚；靡瑕叔之旗，許人肉袒。太夫子則侍行帷幄，祗奉鞭弨，以伏波之子弟受郤縠之詩書。警枕聞雷，磨盾若雨。既而弓名克敵，城號受降。鐵鑄定秦，檄傳詛楚。鼻飲頭飛之俗，爭供壺漿；辰山癸水之區，多輸賨布。勒衡陽為銅柱，挽沅澧作銀河。斯時也，雖日碑卻賞，爛武尚功，而官周勃之子，細柳屯營；獎李晟之勣，浚郊拜爵，固其所也。乃太夫子則謝榮絨冕，栖志烟蘿，僕爵深衣，雕今潤古。蓋猶然祭遵雅歌之風，杜預春秋之志焉。洎中丞丹毫晝日，聽馬觀風。錫金紫於宮庭，萬釘寶帶；覽江山于吳會，一色緋魚。方且參佐扶輪，亭公負弩，法冠蟬翅，赤舄鳳文。韋公門側，列畫戟之六雙；叔向座中，侍繡衣者五百。太夫子顧謂勵委珠之節，則重肉尚可惡也〔註12〕；聆生魚之謠，則飲馬亦足式也。笑靖郭君之綺縠，卻安重霸之中金。徵傅說于子舍，乘舟迴日月之旁；比裴令于歸田，埶服過江湖之上。每當漚波春汛，蓴鄉夕游，栖雲不驚，水禽無忤。若夫丹篆鐫胸，黃圖在掌。纂風后之金法，法遁母之素書。託志韜鈐，頤情墳典。八關齋後，賡漢武之鐃歌；一品集中，演衛公之隊執。蓋自中丞莅浙以來，汝水生金，涼州雨粟，霧沈蜃市，沙淨鷺帆。三神山色全歸益地之圖〔註13〕，萬戶鮫人同聽鈞天之樂。此固中丞之鼎可銘螭，犀能燭怪，抑亦得于過庭之訓為多焉。揆等龍門沆瀣，鯉庭桃李。何武入郡，先詣學宮；馮高知人，嘗縮賜鏡。翹材館敞，文選樓崇。當對揚入覲之時，正介壽躋堂之日。歸邪見而老

〔註11〕「七」，原作「八」，《簣谷文鈔》卷四《誥封光祿大夫阮湘圃先生七十壽序》
　　　　作「七」，今據改。

〔註12〕「肉」，原作「月」，《簣谷文鈔》卷四作「肉」，今據改。

〔註13〕「益」，原作「葢」，《簣谷文鈔》卷四作「益」，今據改。

鳳高鳴,屈軼生而大椿並茂。幔亭宴罷,八驪起行;華黍歌成,雙旌先路。召溫嶠于丹揚,遲德林于禁內。倘使鑑湖可乞,則西湖亦湯沐之鄉;所望袞衣歸來,而萊衣壯星辰之色。敢乞匏奏,用侑金尊。

朱為弼等

蓋聞積善之家,必有餘慶;明德之後,必有達人。是以喬木千尋,托根靈嶽;莊椿曼壽,敷蔭丹棠。彼萬石傳家,徒侈榮於縷綵;一經貽子,僅儷美于籯金。從未有守武侯八務之訓,敦至行以篤前光;傳考父三命之銘,勵清操以啟碩輔,如我誥封光祿大夫阮太夫子湘圃公者。公殷邦令宗,晉室華閥;鍾傑淮甸,樹聲邗江;直諒性成,忠貞世篤。公父招勇將軍琢菴公,入領宿衛,秉呂伋之戈;出蒞師干,建曹彬之策。傳三門于虎帳,授六甲於鯉庭。公由是精研素書,洞悉金海。飛虻而發銅飲石,靡騎而籥景騰雷。識可匡時,才能經武。允宜嗣守韋布,蹄屬風雲矣。昔韓都統之平蔡州,恃公武以左右戎行;范經略之克西夏,得純佑以疏剔民隱。公稱驍勇,業紹箕裘。時則九谿征苗,三捷奏凱。當展驥足,丕佐鴻勳。無如忠不辭勞,孝當養志。定遠以身許國,齊賢有母在堂。遂奉嚴命以遄歸,爰被斑衣而代養。師虞詡之辭史,慕李密之陳情。粟發西籬,芹生大澤。脂膏是絜,形影勿離。是公之孝行足式也。介徽丕顯,哲嗣挺生。我中丞師,當幼學之年,鄴侯生有仙骨;質稍清羸,廷碩思若湧泉。才徵公輔,自來神武必先能文。公命釋勞弓刀,專業經史。翼子有訓,率祖攸行。謂讀書當以聖賢為師,立志毋以溫飽為務。守身清白,勿騖乎名;處己寅恭,勿迕乎物。雖劉向王修之誡,殷褒羊祜之書,詞簡義精,蔑以過也。且也宣文授羣經之義,克申矩方;德耀司中饋之儀,不愆規式。公得鑄別離之鏡,制遠遊之冠。困書劍于風塵,蒙雪霜于湖海。而樂善不倦,施惠靡涯。萍寄宛陵,賚金造焚室以賙其窮災,有鄭子產之德焉;蓬飄漢上,傾囊贖貧女以諧其伉儷,有衛端木之仁焉。公之慷慨任邮,類如此者。泊我師鵬騫天池,鶯遷禁籞。時值夔龍之對命,首詢黃綺之紀年。臣寵無加,天顏有喜。惟義文臨海宇,眉壽無疆;視盧狄入香山,齒齡尚幼。退朝敬述,喜可知也。師奉帝命,視學山左,移旌浙西。公命以樂育菁莪,曲成樗櫟。用是斧藻文物,綱紀人倫。經學蔚興,茂才薈起。當潔蘭以迎養,每策騎以探幽。登云亭日觀之峯,攬三竺六橋之勝。鼎鐘之奉隆矣,山水之情暢焉。皇帝御宇之四年,有秉鉞兩浙之命。師承庭訓,入對堅辭。帝知臣才,委任勿貳。爰敷潞鄭之惠政,董方召之戎功。吏治肅清,海氛消戢。士民觀教而化,僚屬如樂之和。凡仲郢之風規,皆公綽之軌憲也。撫浙次年,夷匪入境。師方移駐旄節,親督戈船。公素習豹韜,深明駠伐,馳諭方略。洞中機宜,鼓鑄狼礮,則不避炎歊;躬閱鑪鞴,飛調虎符,則不辭勞瘁。手給資糧,俾壯軍威,用擒渠帥,東山啟後,西平詒謀,以古證今,曾無多讓。公孝慈大義,彪炳千秋,而又寬以待人,儉以養德。未治宮室而祠廟先成,不營田園而族黨咸恤。《詩》美愷悌之君子,《易》稱貞吉之丈人,公之謂矣。歲在昭陽大淵獻,律中

夾鐘，公七十生辰也。

龍章昭德，鳳彝介眉。綵戲裒衣，饌蒸台鼎。盤出桃實，雪萬斛之菊泉；墀下桐孫，挺三株之瓊樹。名德無雙，福祿總百。為弼等幸列鄭眾門牆，敢拜韋賢几杖。祝我公壽如松栢，為上國之靈光；視吾師澤沛黍苗，作熙朝之燕伯。爰稱觴而介壽，敢製錦以陳言。謹序。

嘉慶癸亥二月廿六日，為叔父湘圃老人七十生辰。兄命工依古法作寶龢鐘一、刻扃鐘一，仿古制。器之辭自為之，銘以紀國恩、介眉壽而詔後嗣也。寶龢鐘銘云：「臣元受兩朝恩，侍從禁近，備官司徒。惟帝四年，歲在己未，命臣撫浙，臣辭。帝手詔曰：『卿宜力任仔肩，為朕宣猷贊化。』臣拜受命。撫浙三年，海烽未徹，風雨未龢。作器能銘，臣何有焉？惟帝八年春二月丁酉初吉，越二十六日壬戌，臣父年七十，受祿於帝，封光祿大夫，敢作寶龢鍾，以應中春夾鐘之律，以蘄眉壽縜綽多福，以對揚天子丕顯休命，阮氏子子孫孫其永寶用之。」刻扃鐘銘云：「惟帝八年春二月丁酉初吉，越二十六日壬戌，臣父年七十，受祿於帝，封光祿大夫，用作刻扃龢鐘，以應中春夾鐘之律。將命銅史金徒運其甲子，司其商刻而自擊之。喤喤離離，以蘄眉壽于無疆，以對揚天子丕顯休命，阮氏子子孫孫其永寶用之。」

吾家阮氏之在揚州北湖公道橋者甚眾，儀徵嚮為虛籍，宗族廬墓皆不在焉。自先祖招勇將軍以下，律以古義，亦當別立為宗。近家兄奉叔父之命，於揚州府舊城文選樓北興仁街建立家廟，並為碑以誌其事。

《揚州阮氏家廟碑》

阮元

嘉慶九年，歲星次甲子，元撫浙五年矣。父呼元于庭，語元曰：「元，汝知古禮乎？知今制乎？《孝經》謂：『守其宗廟為卿大夫之孝』，《禮》：『君子營宮室，宗廟為先，居室為後』，故古卿大夫、士皆有廟以祭其先祖，此古禮也。我《大清會典》載品官皆有家廟，一二三品官，廟五間，兩室，階五級，兩廡，三門。以朝服、少牢、俎豆、釧爵祀高、曾、祖、禰四世，祧者以昭穆藏于夾室，此今制也。我顯考琢菴府君，以武功貴，雍正十三年受恩贈封，祖、父皆招勇將軍，姚皆淑人。吾教汝學，汝貴，嘉慶四年受恩贈封，曾祖、祖父皆光祿大夫，姚皆一品夫人。今吾家惟北湖公道橋有族祠，在城無家廟，非禮制也。卿大夫受祿于朝，恩及先世，至正一品，崇矣。乃猶若庶人祭于寢，可乎？今年帝考岳牧之績，帝曰：『汝元有守有為，清儉持躬，勅部臣加一級。』汝奉職無微勞，恩至重、褒至榮，曷克稱此。顧儉于躬，勿儉于乃先祖。其遵

《會典》，立阮氏家廟，吾將敬奉祠事。」元拜受命，廼卜地于揚州府舊城文選樓北興仁街，鳩工庀材。越九月，廟成，奉高、曾、祖、禰四世木主及祔位主入廟，祭田、祭器、祭服咸備，以成禮制，以致孝敬。樹碑于外東階，與文選泉東西相直。銘曰：

阮氏偃姓，肇受商周。晉宋之間，著望陳留。唐宋乃南，臨江分流。元末江右，武功以顯。明徙豪傑〔註14〕，江淮運轉。大河阮氏，族姓乃衍。明季徭頻，脫籍于揚。崇禎之終，遷于北鄉。我朝選材，甲科騰驤。匪曰甲科，實有隱德。歷世仁厚，節儉正直。內備宿衛，在帝之側。出將楚兵，南征有苗。十戰皆捷，受降于郊。碑題綬帶，家藏佩刀。帝錫四世，階如孫秩。作廟揚州，得祀四室。非敢後也，有待今日。祖德蔭後，後嗣奉先。隆厥棟梁，潔我豆籩。子子孫孫，保之萬年。萬年永保，作善降祥。報國之恩，衍家之慶。文武孝慈，世系繁昌。

兄積書甚多，幼時叔母林太夫人嘗繪《石室藏書圖》，文宣之教有自來焉。汪芳佩夫人等皆有題句。

《題石室藏書圖》

錢塘汪方芳佩

懿行傳江左，披圖仰母儀。謝庭偕樂日，韋幨授經時。黃卷饒開濟，青年韞偉奇。即看恩界重，八座起居宜。

顯親敷茂績，報國不徒文。旌節臨吾土，謳歌徧海濱。趨庭承色笑，入室憶慈雲。仿佛春暉在，清香午夜焚。

甘泉黃張因

炷香盥手拜慈容，仰止如瞻天姥峯。骨抱九仙青簡註，衣披一品紫泥封。文章教子成蘇白，禮法持家比郝鍾。冰署談詩慚後學，幸傳懿訓想溫恭。

歡騰兩浙口成碑，母教還從惠政知。猶憶六經嚴課讀，偏因三釜起哀思。祭豐泣血悲今日，予在節署，見中丞祭太夫人哭泣極哀。案舉齊眉記昔時。湘圃封翁每憶太夫人，輒揮淚不已。留得慈雲化膏雨，徧霑海澨與江湄。

子婦孔璐華

敬題藏書圖，盥手展卷軸。開圖心更傷，先姑倚書屋。端嚴坐幽居，風景滿清目。詩書藏石室，庭前蔭桐竹。夫子尚幼年，侍親捧書讀。我舅因遠遊，慈訓嚴且肅。夫子本好學，顯親與宗族。哀哉孝思純，每憶慈親哭。命吾當勤儉，往蹟說心曲。詩書親口傳，典衣買薪粟。常

〔註14〕「徙」，原作「從」，《揅經室二集》卷二《揚州阮氏家廟碑》作「徙」，今據改。

自憶昔時，抱恨意未足。我聞惟淚下，哽咽對清燭。未得侍慈顏，百身何所贖。銜哀拜遺容，濡毫更奠祝。

子妾劉文如

開匣拜遺容，悽然山暗傷。未及見慈親，惟見圖卷長。夫子秉遺教，顯親早名揚。當年課夜讀，教以古文章。治家似鍾郝，半典嫁時裳。聚得千卷書，訓以石室藏。夫子成德器，終天憶北堂。四祭陳五鼎，舉爵每彷徨。哀哉寸草心，難報春暉光。于今選樓上，即是古墨莊。聖恩酬母德，更圖一品妝。

子妾謝雪

盥手披圖看遺跡，圖中石室神仙宅。卷軸參差疊六經，都是慈親手所積。當日嚴親游歷時，慈親彝訓在書帷。自課四聲通韻語，膝前把卷勝名師。敬睹遺容開淚目，依稀小楊依花木。秋庭新爽扇涼生，石室紬書隨意讀。幼學初資慈教成，壯學還因嚴訓行。一品紫泥封誥後，聖人許說顯親名。夫子嘗奉有顯揚親名之諭旨。

子妾唐慶雲

選樓啟匣爇香烟，共仰慈顏意黯然。今日華封真一品，當時庭訓比三遷。半園花木歸圖內，萬卷詩書在膝前。石室洞天皆福地，好將仙館說琅嬛。

孫媳劉藻榮

聞昔我祖姑，貞靜本淑質。相夫兼教子，治家敦樸塞。卓識明大誼，忠厚積隱德。克篤生吾親，年已近三十。吾親總角時，聰明却超時。作詩見清新，讀書深有得。所以我祖姑，愛親尚柔克。嚴法孟母遷，勤效敬姜織。教親窮經史，必當求絕識。教親務聖學，不可聽異術。教親明世務，通達貴正直。教親習禮儀，謙約尚謹飭。每當塾課歸，親即侍几側。夙夜奉慈顏，動必循典則。書聲四處聞，闇然居石室。嗟乎吾祖姑，鄉閭本其式。披圖神往之，能不憶當日。

雷塘本招勇將軍琢菴公舊阡，叔父湘圃公亦祔於先兆，故今之神道碑合昭穆以為辭。雷塘神道碑有二：一散行，為無錫秦小峴先生瀛所撰；一駢體，為查梅史揆所撰。刻石者為秦文。又湘圃公墓誌乃孫淵如先生星衍所撰，梁山舟先生同書所書，已刻成納壙中矣。又刻一通，嵌置雷塘阮公樓壁間。今並錄碑銘於後。

《阮招勇將軍琢菴公暨光祿大夫湘圃公昭穆神道碑》

太常寺正卿無錫秦瀛撰

琢菴公諱玉堂，字履庭，姓阮氏。系出陳留，宋遷江西，明初徙豪傑實江南，遂居淮安。其後有諱巖者，以明季遷揚州之江都。迨公以武科起家，乃占籍儀徵。曾祖考贈武德將軍，諱秉謙，妣贈恭人，厲氏。祖考贈招勇將軍，諱

樞良，妣贈淑人，蔣氏。考封奉政大夫，贈招勇將軍，累贈光祿大夫，諱時衡，妣封宜人，晉太淑人，贈一品夫人，周氏。公長身健臂，善馳射。康熙五十四年，賜武進士出身，尋授藍翎侍衛。雍正元年，改授三等侍衛，戴花翎。三年，出為都司，管湖北撫標中軍游擊，兼管左營事。十年，部議改撫標中軍為參將，即署參將印務。乾隆元年，任苗疆九谿營游擊。二年，詔督撫各舉所知，總督史貽直疏列公名以聞。五年，橫嶺苗叛。橫嶺當城步、綏寧兩縣叢山之內，連諸苗寨數百里，介楚粵。先是，有逆苗粟賢宇以能察銀窖煽動苗眾，遂糾合莫宜崗逆苗楊清保，詭太子名殺傷官兵，四出劫掠。公奉檄，隨鎮篁總兵劉名策督兵進勦。賊所在保險，而界溪為諸苗門戶。賊悉精銳據山口，抗禦尤力。公偵探，盡得其地勢，率兵薄賊寨，槍礮刀矢並進，殺傷甚多。賊奔潰，遂破界溪。復攻入樹寨，克之。乃次第攻克長安、鹽井口各寨，飛毛坪、龍家溪、竹林各寨。當是時，劉名策所率諸軍，九谿兵最精，而身先士卒，大小十餘戰，戰無不克者，公之功為多。會貴州總督張廣泗來湖南總制全軍，雅知公，令督諸營兵攻南山。賊運木石斷隘口，兵不能進。公率健卒五百人，中夜間道懸嶺而下，撤其木石。賊覺，來拒。公力戰久之，隘口兵大進，呼聲沸山谷，遂合勢殺其黨八百戶。退據南嶺，已而遂降。時各山賊寨亦並破，惟橫坡山梁陡峻，攻久不下，復奉令督勦。公以奇兵由左路奮登，遂入其寨。凡俘獲男婦數千人，苗寨悉平。十三年，擢河南衛輝營參將，尋落職。十六年，純廟南巡，公迎駕高旻寺。明年，起廣東羅定協都司。二十一年，擢欽州營游擊。卒于官。公馭士嚴而有恩，所蒞有惠政。在九谿時，開北山，畀兵為樵牧耕葬之地。兵民立祠祀之，至今不衰。性好文史，工賦詩。初封招勇將軍，後以孫官累贈至光祿大夫、戶部侍郎。配汪氏，繼配江氏，皆封淑人，贈一品夫人。子四：長承德，次承義，次承仁，次即湘圃公。

　　湘浦公諱承信，字得中。初，橫嶺之役俘獲生口，經略張廣泗欲盡戮，以絕反側。琢菴公設方便活，降苗無算。識者曰：「阮氏必有興者。」時公生七年矣。公將家子，能挽強洞堅，善相馬法，喜乘馬疾馳，千里不假息。然為人恂恂儒者，內行純篤。江太夫人嘗語公曰：「爾父轉戰苗崗，奇績聞天下。然吾方是時寐不交睫者十閱月，秘之不敢言。慎矣，毋為將！」公聞惻然，遂絕意進取，補國學生。食貧家居，嘗往來漢陽數歲，又嘗客宣城。及公嗣貴，始就養。性豁然，喜施予。嘗暮歸得囊金，候其主返之。楚有舊家女鬻于娼，罄囊中金贖之，嫁諸士人。客宣城日，有除夕火其居者，罄所蓄資給之，使結舍。

其厚德皆此類。以子官封榮祿大夫，累封光祿大夫、戶部左侍郎。配林氏，明敏通書史，先公卒，贈夫人，累贈一品夫人。子一人，元，賜進士出身，翰林院編修，歷官詹事府少詹事、正詹事，日講起居注官，南書房行走，文淵閣直閣事，內閣學士兼禮部侍郎，提督山東、浙江學政，禮部、兵部、戶部侍郎，經筵講官，己未會試總裁官，浙江巡撫。公雖不仕，然幼讀書為古文辭，間覽諸史，熟其治亂成敗之迹，尤習兵家言。公嗣之撫浙也，擊賊海上，製巨艦、大礮，自鳳尾、箬橫、水澳諸著名賊以次擊滅，又督三鎮兵會勦安南夷盜，會大風雨，一夕殲其眾，獲其大統兵進祿侯倫貴利，亦繇公從容指畫之力居多云。辭曰：

桓桓將軍，彪國虎臣。畀師一旅，遂靖爾楚。嶪嶪橫嶺，谿頑簣獷。桀苗我賊，孰霆而殛。孱苗我嬰，孰煦而生。桓桓將軍，實威且仁。天錫爾世，歲昌月熾。俾引以長，載韜其光。赫赫爾績，穆穆爾德。世繼其休，克大厥猷。雷塘之隴，鬱鬱雙冢。子孫繩繩，視此碑銘。

《大清誥封光祿大夫戶部左侍郎加三級阮公湘圃暨妻林夫人合葬墓志銘》

賜進士及第山東督糧道陽湖孫星衍撰文并篆蓋

賜進士出身日講官起居注翰林院侍講錢唐梁同書書

嘉慶十年，星衍遭大母許太恭人之喪，自德州馳書，乞浙江撫部阮雲臺先生表墓之文，以傳太母節行。書到，撫部於閏六月丁光祿公艱歸里，以星衍年家子，辱知契最深，伻來亟命為文，誌墓并篆蓋，將乞翰林侍講梁山舟先生書之。星衍不敢以不文辭。按狀，公姓阮氏，諱承信，字得中，又字湘圃，江蘇揚州府儀徵縣人。先世居陳留尉氏，南宋至元、明，一遷江西之清江縣，再遷江南淮安府。至明嘉靖間有諱巖者，始遷揚州，生子榆林衛正兵千戶諱國祥；國祥子文廣；文廣子贈武德將軍秉謙，為公高祖；子贈招勇將軍諱樞良，為公曾祖；子贈光祿大夫時衡，為公祖父；子康熙乙未科武進士，歷官湖北、湖南、河南衛輝營參將，贈光祿大夫諱玉堂，為公父，配汪太夫人，繼配江太夫人，實生公。有庶長兄二，曰承義，承仁；嗣兄一，曰承德。公生將門，少善讀書，好《春秋左氏》，熟悉《資治通鑑》古今成敗事，嫺騎射，能挽強發矢洞達，習相馬法，乘騎馳千里，補國子生，家無儋石儲，意泊如也。性伉爽好施與，嘗暮行，蹴得囊金數鎰，坐其處至夜分，俟返而求者付之。客游宣城，除夕有貧者或於火燼數十家，公罄所蓄資給之，使結舍。年三十一，生撫部公。擇師

教讀甚嚴，親授古文辭，稱曰：「讀書當為有用之學，徒鑽研時藝無益也。」撫部以名諸生舉鄉薦，游學京邸，通經學訓詁，聲名籍甚，中乾隆五十四年進士，官翰林，大考第一，擢少詹事，以講官供奉南書房，由正詹擢兵、禮、戶部右、左侍郎，先後提學山東、浙江，皆迎公就養。教子以受知愈深，宜以勤慎効萬一，在禁近當戒不密，校文當無所不收，勿以一隅之見去取，致有棄材也。高宗純皇帝嘗因撫部公入覲，問及父年，奏以五十有八。上曰：「年紀甚小。」時聖壽八十餘，故云然。嘉慶四年四月，誥封榮祿大夫、戶部左侍郎，加一級，其秋晉封光祿大夫。冬十月，撫部公拜浙江巡撫之命，明年迎公之節署。是時，閩、浙海盜合夷匪肆劫為患，公指畫方略授撫部公，奏製巨艦、大礮遏禦之。撫部公會三鎮總兵進勦，夜有颶風大雨，乘勢擊覆盜船無算。又設伏海島，獲其酋豪已下數百人。自是夷匪不敢窺浙海，閩盜黃葵等先後降，放出難民。公曰：「此活千百人，勝於擒獲功矣。」六、九年，浙東西水災，公前後出銀萬四千兩，賑活飢民，曰：「此命予省數年養廉所儲，今得其用矣。」先是，公以阮氏自明季遷郡城公道橋，無宗祠，乃捐貲建祠室、祭田，延師設塾課子弟之能讀書者。又建廬雷塘祖墓之側，以為展謁依慕之所。及年過七十，復呼撫部公語曰：「《孝經》『守其宗廟為卿大夫之孝』，《禮》『君子將營宮室，宗廟為先』。今世士夫築園池、美居室，吾不為也。」乃命依《國朝會典》「一品家廟，五間三門，祀四世」之禮，建祠堂於揚州選樓街，祭田、祭器咸備。今年夏，公始從浙中歸，將奉栗主入廟。行至吳門，疾而返見撫部公，凄然淚下曰：「吾竟不能奉主入廟耶？」乃遣孫常生代行奉主歸。公病增劇，以閏六月丙申日酉時卒於節署，春秋七十有二。生平正直剛毅，心事光明，不為欺人語，而天性慈仁，嘗稱曰：「孝友睦婣任恤，《周官》之行，士大夫不可以廉儉謝責也。」配林夫人，福建大田縣知縣廷和公女，通書史，明古今大義，逮事祖姑盡孝，動止依禮法，遭舅及祖姑之喪，不肯從俗延釋道治懺醮，曰：「吾阮氏、林氏皆儒家，無用此。」嫁夫妹治裝甚豐，曰：「無減先姑存日也。」撫部公六歲就傅，讀書期期口吃。夫人授讀曰：「爾毋遽，姑從我緩緩讀之。」乃成誦如流。累贈一品夫人。乾隆四十六年八月壬申日卒於里第，得年四十有七。子一，元，巡撫浙江等處，兵部侍郎兼都察院右副都御史。孫四：曰常生，六品廕生；曰福；曰祜；曰禕。將以今年十二月乙酉日合葬揚州府北雷塘祖塋之側。銘曰：

殷國受氏，陳留嬗代。烈烈華望，遷於淮海。明德之後，篤生耆英。武事

徹札，文學橫經。高門有容，大儒之効。用晦以顯，作忠移孝。錫命玉闕，問年彤庭。珥貂晨省，擁節郊迎。潢池埽氛，餘艎覆盜。折衝樽俎，寢門有教。拯黎發粟，活人萬千。損家紓災，不費禁錢。乃營丙舍，乃立宗祐。禮器新碑，隋賢舊宅。言歸梓里，嬰疾葦杭。易簀所憾，敬宗不忘。孟光比德，宣文傳學。佳城同室，彤史有作。魯衧制古，燕觀禮存。不朽之石，無媿之文。

雷塘既族葬，則山向方位各有不同。家兄為久遠之慮，為記刻于神道碑陰。至公道橋九龍岡祖塋，亦有圖說，載《文集》內。

《雷塘阮氏墓圖記》

雷塘在揚州宋寶祐廢城之北。漢謂之雷波，亦謂之雷陂，六朝後稱雷塘。有上、中、下三塘之分，中塘最大，長亘東南，形如連阜，築其缺處，可瀦水千畝。今惟田中一澗，寬數丈，出其異方缺處而已。雷塘水源從西北甘泉山來，行十餘里，入秦九女澗。又十餘里，入上雷塘、中雷塘。又五六里，入下東塘，由槐子河入運河。別有煬帝溝，水出上雷塘之後，由中塘之北而東至辰方，交于中雷塘之水。其迤南之巽方，即元祖招勇將軍墓所向也。元考光祿公墓在祖墓之昭，為子午兼壬丙向。刻立阡表，阡中灰隔深八尺，圍四丈，墓銘在灰隔中，墓中不藏寸金片玉。今以弟八世光祿公墓起算，由墓向西北為西辛闓線長一丈五尺，為叔祖憕聞公墓；由墓向西北為西辛闓線長四丈，為祖招勇將軍墓；為坤申闓線十六丈，為高祖妣蔣太淑人墓，為曾祖光祿大夫宗尹公暨曾祖妣周太夫人墓，為叔曾祖發菴公之配秦太安人墓；為亥線十八丈，為庶祖妣吉夫人墓；二十一丈為二伯父庶吉士方訓公暨配江安人墓，為四伯父長殤端四公墓；為寅線六丈五尺，為四世祖武德將軍尊光公墓。為辰巽闓線十九丈五尺，乃至神道碑下；為坤線一百二十丈，乃至墓道石坊及墓廬阮公樓下；為辰線二百三十四丈，為雷塘出水之巽方。煬帝溝今俗名楊家澗，在煬帝墓南一里許。此雷塘阮氏墓之大略也，別為圖以明之。嗚呼！佳城何常，惟德是依耳。祖父以德居此，子孫不以積善行德永保之，是不孝矣。書此刻於神道碑陰，子姓讀者，其敬凜之。

《北湖公道橋阮氏墓圖記》

揚州府西北三十里之大儀鎮，地勢甚高。其脈自其西南橫山來，至大儀特起，復東北行二十里，至黃子湖滸，為九龍岡，即今公道橋鎮也。本名孫渡橋，官名僧道橋。橋鎮距府城四十五里。出府城北門，北行過上雷塘橋、方家巷、雨膏橋、避風菴、渡湖，始達於橋鎮。鎮居民千餘家，有關帝、司徒諸廟。明末，予三世祖奉軒公、四世祖妣厲太恭人挈四子避高傑兵亂，自城逃止於此，因聚族居之。去鎮西南二里許，有小橋曰陳家橋。大儀以南、甘泉山以北之水東滙于荒湖，北流經橋南，繞鎮而東而北，為黃子湖矣。陳家橋之北，百步內之平岡，即予三世祖、四世祖妣、高祖孚循公墓所在也。予妻江夫人舊殯雷塘，嘉慶二年，奉光祿公命，卜葬于四世祖

妣墓之西北，向西兼南。以予視之，其所謂「樂哉！瑕丘」者乎？阮氏宗祠，則在鎮市之南，面臨湖水，西望墓田，近在目前也。因記雷塘墓，遂并圖記之。

雷塘丙舍之後，兄築小樓三楹，焦里堂先生為之題署曰「阮公樓」。兄三年憂服，樓息時多，嘗刻四代石象供其中而為之記。

《雷塘阮公樓石刻象記》

揚州城北中雷塘，即隋之大雷，《漢書》所謂「雷波」也〔註15〕。其地勢自甘泉山來，兩水夾地而行數十里，會於塘之東南。元四世祖武德將軍尊光公，明天啟間實始葬于此，六世祖、曾祖考光祿贈君宗尹公，七世祖考招勇將軍琢菴公，八世考光祿封君、湘圃公皆以昭穆附葬焉。墓西南半里許有墓廬，廬北有樓三楹〔註16〕，高二丈許，東望松楸碑石，皆在目前。每當霜草風木，寒雪夜月，噭然以號，曷可言已。樓中繪四世象，刻于石。焦君循書扁，質言之曰「阮公樓」。庶幾先世靈爽棲降于此，顧視子孫丙舍無恙，罔所恫也。爰記此，命子常生書石之後，俾子姓世守葺新之。九世孫元敬記，十世孫常生、福、祜、禧侍。

揚州舊城北王巷，今呼白瓦巷，乃先祖在城故居，久質于他姓。予嫂孔夫人以此地南偏為余兄誕生之所，因贖其半為海岱菴，有小碣嵌菴壁中。

《海岱菴石碣》

吾阮氏世居揚州，祖舅招勇將軍琢菴公舊第在西門內白瓦巷中，其右宅為吾舅湘圃封公所居，乾隆二十九年正月二十日，吾夫子寔誕生于此。此宅質于他族卅餘年矣。璐華等思復宅基，勿褻勿廢。爰各脫簪珥贖得右宅，捨為海岱菴。莽祀觀世音菩薩、天后、泰山碧霞元君。蓋因先姑一品夫人林太夫人平日虔祀碧霞元君，夫子撫浙，于嘉慶五年六月擒滅安南夷寇，寔荷天后神風之助，是以皇上有誠感神祐之諭旨，而普陀天竺，又皆祈晴禱雨大士之所慈庇也。復于東序立先姑林太夫人栗主，令老女僧虔奉香火，後之子孫皆當以歲時瞻拜來此，且加修葺，永保之也。嘉慶八年夏六月，孔子七十三代長孫女孔璐華率側室劉文如等敬記。

西山陳家集南有宅一區，兄亦改修為天后宮。屋側奉叔母林夫人栗主。屋之西有屋兩層，別啟一門，歸之林氏。林氏諸昆仲修為林梅溪榮祿公支祠，即兄外祖父也。

予家舊居鱉社湖，秋風之思，明月之懷，不能不睠然于故鄉。嘗倩王椒畦、

〔註15〕 「波」，原作「坡」，《揅經室二集》卷二《雷塘阮公樓石刻象記》作「波」，又《漢書》卷五三《景十三王傳》：「后游雷波，天大風，建使郎二人乘小船入波中。」今據改。

〔註16〕 「廬」字原闕，據《揅經室二集》卷二《雷塘阮公樓石刻象記》補。

楊補帆二君畫珠湖草堂前後二圖以見意。吾師童蕚君先生槐題二絕云:「畫裏家山翠一螺,夕陽門外又春波。小欄曾倚吟花客,衫影分明漾碧羅。」「昔年騎鶴下雲端,飛絮江天作雪搏。指點竹西歌吹外,一湖明月草堂寒。」予在京師作《蕉花詩》,末句云:「小欄定有吟花客,淺碧羅衫一樣長。」為師所賞,故詩中及之。予亦自題云:「波光如鏡月如珠,一棹秋風蕚社湖。擬到草堂歸射鴨,先礬生絹倩君圖。」

《題珠湖草堂圖》

蕚社湖中有明月山谷句。二分天上借輝光。同來夜映書牕讀,雪作鐙檠螢作囊。

芸馥溫馨溢竹林,不教瞻岳竚聞琴。泖湖如鏡峯如黛,便勝家江遠夢尋。君為吾郡琅琊贅婿,今送眷返焉。

鴛湖渡去似珠湖,烟景迷離入畫圖。我亦緣慳西子面,一年栽得一歌呼。

誅茆近向富林遊,欲扰珊湖作釣鈎。輸與西山東閣侶,翠禽軟語雪香幽。陳廷慶。

珠湖十里鏡新磨,蟾影浮空瑟瑟波。占得揚州二分月,清光定比六橋多。

紅橋曾踏水雲行,欲向烟波結鷺盟。料得名園如畫裏,花陰飛出讀書聲。吳傑。

一榻琴齋臥少文,眼中鄉樹綠團雲。泖湖烟水西湖月,不奈簫聲靜夜聞。

清江帆影作雲飛,無限春波舊釣磯。鄉夢二分明月裏,榜歌低唱阮郎歸。趙榮。

蕚社湖波易夕陽,西風草木近秋涼。分明畫出秦淮海,山抹微雲學士鄉。

家住吳興紅藕灣,年年落拓憶青山。何時也乞盧鴻乙,寫我花南屋兩間。張鑑。

無恙家山入畫圖,二分明月滿珠湖。微唫朗誦樂復樂,更有閒情射鴨無。

一篙春水碧於油,歸夢還隨江上舟。殘月曉風楊柳岸,珠簾初捲十三樓。陳鴻壽。

門掩樹痕齊,書聲一水西。月流人影去,山壓草堂低。小閣尊罍古,高齋鸞鳳棲。九峯鄉夢在,斗酒聽黃鸝。王溥仁。

烟樹環迷濛,雲山互回複。此中結草堂,萬卷書可讀。少年氣英發,林泉居豈卜。惟切好學心,避喧常抱獨。溶溶珠湖流,襟度比清穆。寫圖寄深思,絕勝季倫谷。汪大經。

兄亦嘗屬椒畦畫《珠湖草堂圖》,系以詩云:「月落湖水平,珠光弄殘夜。夕霏已媚人,況是斜陽下。吾家蕚社西,臨水有茅舍。當年達人歸,行吟得清暇。投壺登小樓,射鴨來虛樹。柳細早分涼,荷香始知夏。我豈不懷鄉,塵鞅安可謝。武林好山水,未宜稅烟駕。終念甘泉山,青光向湖瀉。」

昭明文選樓之不在揚州。觀唐人李頎《送皇甫曾遊襄陽》詩云「元凱春秋傳,昭明文選堂」之句,可見後人因襄陽有高齋十子,遂移其事于廣陵,志地理者均沿其譌。其實揚州祇有曹憲、李善注選樓耳。兄既于選樓巷家廟之西構

樓一區，專藏圖書，額曰「隋文選樓」，復自為之記。鐵冶亭制府題其額，伊墨卿太守書聯曰：「七錄舊家宗塾，六朝古巷選樓。」

《揚州隋文選樓記》

揚州舊城文選樓、文選巷，玫古者以為即曹憲故宅，《嘉靖圖志》所稱「文選巷」者也。宋王象之《輿地紀勝》於揚州載文選樓，注引舊圖經云文選巷即其處也，煬帝嘗幸焉。元案《新》《舊唐書》，曹憲，江都人，仕隋為祕書學士，聚徒教授，凡數百人，公卿多從之遊，於小學尤邃。自漢杜林、衛宏以後，古文亡絕，至憲復興。煬帝令與諸儒譔《桂苑珠藂》，規正文字，又注《博雅》。貞觀中，以弘文館學士召，不至，即家拜朝散大夫。卒年百五歲。憲始以梁《昭明文選》授諸生，而同郡魏模、公孫羅、江都李善相繼傳授，于是其學大興。羅官沛王府參軍事、無錫丞。模，武后時為左拾遺。模子景倩官度支郎，及曹君門人句容處士許淹皆世傳其學。善，見子邕《傳》。又《李邕傳》云：「江都人，父善，有雅行，淹貫古今，不能屬辭，人號『書簏』，官太子內府錄事參軍。顯慶中，累擢崇賢館直學士，轉蘭臺郎兼沛王侍讀。為《文選注》，敷析淵洽。表上之，賜賚頗渥。除潞王記室參軍，為涇城令。坐與賀蘭敏之善，流姚州，遇赦還。居汴、鄭間講授，諸生四遠至，傳其業，號『文選學』。」善又嘗命子邕，北海太守、贈祕書監，補益《文選注》，與善書並行。又《藝文志》載曹憲《爾雅音義》二卷、《博雅》十卷、《文字指歸》四卷、《桂苑珠藂》一百卷，李善注《文選》六十卷、《文選辨惑》十卷，公孫羅注《文選》六十卷、又《音義》十卷，曹憲《文選音義》幾卷。元謂古人古文小學與詞賦同源共流，漢之相如、子雲，無不深通古文雅訓。至隋時，曹憲在江淮間，其道大明。馬、揚之學傳於《文選》，故曹憲既精雅訓，又精《選》學，傳於一郡。公孫羅等皆有《選》注，至李善集其成。然則曹、魏、公孫之注，半存李善注中矣。憲于貞觀中年百五歲，度生于梁大同時，爾時揚州稱「楊一益二」，最殷盛。文選巷當是曹氏故居，即今舊城旌忠寺文選樓西北之街也。今樓中但奉昭明栗主，元以為昭明不在揚州，揚州選樓因曹氏得名，當祀曹憲主，以魏模、公孫羅、李善、魏景倩、李邕、許淹配之。《唐書》於李善稱「江夏人」，而《李邕傳》則曰「江都人」，蓋江夏乃李氏郡望。《唐韻》載李氏有江夏望，《大唐新語》亦稱「江夏李善」，李白詩亦稱「江夏李邕」，是善、邕實江都人，為曹、魏諸君同郡也。唐人屬文，尚精《選》學，五代後乃廢棄之。昭明《選》例，以沈思翰藻為主，經、史、子三者皆所不選。唐、宋古文以經、史、子三者為本，然則韓昌黎諸人之所取，乃昭明之所不選，其例已明著于《文選》序者也。《桂苑珠藂》久亡佚，間見引于他書，其書諒有部居，為小學訓詁之淵海，故隋、唐間人注書引據便而博。元幼時即為《文選》學，既而為《經籍纂詁》二百十二卷，猶此志也。此元曩日之所考也。嘉慶九年，元既奉先大夫命，遵國制，立阮氏家廟，廟在文選樓、文選巷之間。廟西餘地，先大夫論構西塾，以為子姓齋宿飲餕之所。元因請為樓五楹，題曰「隋文選樓」。樓之上奉曹君及魏君、公孫

君、李君、許君七栗主，樓之下為西塾。經營方始，先大夫慟捐館舍，元于十年冬哀敬肯構之。越既祥，書此以示子孫，俾知先大夫存古蹟、祀鄉賢、展廟祀之盛心也。元謹記。

予嫂孔夫人字經樓，為至聖七十三代長孫女，幼嫻《詩》《禮》，于歸後受封一品，所撰詩卷數未定，偶錄二首以見其概。

《聖駕巡幸闕里隨祖母程太公夫人恭迎宮輦》一首

簫韶風暖淨塵沙，縹緲爐烟吐絳霞。鳳輦曾停携半袖，玉音重問賜名花。時宮車駐問年歲，並携手袖賜花。千章寶炬春光曉，十里旌旗泗水斜。何幸隨親同被澤。時伯母于公夫人、母封公袁夫人皆隨侍。皇恩優待聖人家。

《冬日雷塘墓廬有感》

十載歸陳留，每每思故園。未識我姑面，含悲惟自吞。常見吾夫子，逢節慕親恩。傷心不敢語，幸有椿堂存。視媳如弱女，義訓諄諄言。凡為婦道者，德謙禮儀純。優然而待下，僕婢亦和溫。克勤亦克儉，所聞敢不尊。誰料今夏時，變幻更莫論。山穨天忽傾，傷心復斷魂。耿耿肺腑碎，淚痕變血痕。幾度悲往事，無語望黃昏。衰草被長阡，松柏圍古墩。罪重復何說，哀哀守墓門。

孔夫人待庶以惠，謂之閨中詩友，唱和甚多。予請于嫂，乞錄數詩。嫂持《養蠶圖卷》謂予曰：「風雲月露非婦人所重也。予嘗自浙攜蠶種歸揚州，養之甚繁盛，可見水土亦頗宜蠶。揚州不乏桑葉，惜人家不知習養。因命月莊繪為卷，共題之，叔錄此可也。」今錄各詩于後。

《江北不養蠶因從越中取蠶種來揚州採桑飼之得繭甚多詩以紀事》

靜思吳越中，民婦實可憐。每到春夏交，育蠶勝力田。採桑不辭勞，陌上破曉天。江北蠶獨少，求繭尚艱難。我取越蠶子，育之樓榭間。北郊多柔桑，買此不費錢。越中舊僕婦，養蠶已多年。率彼懷其種，如蟻生蝡蝡。每日親視之，桑葉何攢攢。將成色明潔，分箔上簇山。如雨食葉聲，三起還三眠。吐絲皆成縷，作繭皆成圓。繰絲可為帛，剝繭可為綿。我思淮南人，耕稼業已專。何不教村婦，采桑滿陌阡。民風既可厚，民力亦少寬。為語兒女輩，物力當知艱。幾樹桑青青，千個繭團團。貧女一月工，織成綺與紈。綺紈在爾身，忍令污且穿。所以萊公妾，諷諫詠詩篇。經樓。

昔年蠶事傳餘杭，以紙裹種來維揚。一冬霜雪不甚冷，幾番任向書樓藏。時光又到二三月，焚香試拜馬頭娘。蜷蜷細種活如蟻，手持鸞羽親分將。此時食葉須細葉，買葉卻向城北鄉。一籃嫩綠不沾雨，青青顏色含輕香。頭眠剛到聲寂寂，無風無雨調溫涼。越中僕婦最諳此，命伊率事居西堂。二眠二起漸多食，分箔滿室還滿床。夜來添葉直到曉，聲如筆落紙奔忙。三眠已老不食葉，腹中嫩絲含清光。素絲吐盡結成繭，可憐自裹如入囊。草山簇簇摘不盡，珠丸玉果

盈傾筐。繰車向風取涼意，輕輕抽得冰絲長。從此織成羅與綺，從此染成玄與黃。傳與江城田舍婦，曷不努力興蠶桑。書之。

邗江不見育春蠶，應是人家未盡諳。遙憶越中蠶事好，為收佳種引淮南。收來蠶種黏籐紙〔註17〕，出懷試浴初春水。連朝拂拭自辛勤，開視箔中將出矣。出蠶時候趁晴光，縱有春陰不覺涼。幾日蠕蠕將食葉，北郊人去採柔桑。簷外春光搖布幌，分箔紅蠶如蟻長。此時食葉始聞聲，滿箔蕭蕭春雨響。始知蠶事最堪憐，蠶婦惺惺四月天。縱使半絲還半縷，也須三起又三眠。夜來惟恐青桑少，負籠持鉤趁清曉。頻添嫩葉繞幽房，輕灑筐中將欲老。吐盡新絲苦不知，一齊作繭更驚奇。化生豈得如伊巧，不見蠶身但見絲。繰絲軋軋鳴機軸，剝繭飛蛾破圓玉。為留佳種篋中藏，好待年來更成簇。月莊。

江北人家少育蠶，越中取種到淮南。懷來三月看將出，佈葉分筐愧未諳。曉來親手摘桑枝，浴種才逢穀雨時。卻是江南三月裏，羅敷一曲唱新詞。終日看蠶不惜勤，幽窗同坐到斜曛。馬頭驚見隨時長，移箔頻來細細分。剛到頭眠人已忙，不辭辛苦住閒房。夜來惟恐蠶飢了，早起開簾問採桑。紅蠶滿箔更堪憐，才過頭眠又二眠。看到三眠蠶欲老，清和時候半晴天。生怕桑稀睡不成，教人添葉到殘更。伴他偶爾揮詩筆，比似時時食葉聲。一月何嫌身未閒，為伊終日掩花關。幾時絲熟將成繭，不採條桑看上山。喜見今朝結繭初，和風陣陣到紗廚。卻如剖得湖中蚌，擎出光明一寸珠。幾日流鶯繞樹歌，箔中新繭問如何。數來多少同功樣，化出雙雙粉翅蛾。才閒半日啟書帷，欲傍芸窗小詠詩。又聽堂前喧笑語，清泉漂得好新絲。看遍眠三又起三，問來蠶婢共詩談。若將此事傳村婦，十里人家盡養蠶。多少工夫做繭成，繰絲開視最關情。閨人若解蠶桑苦，不把綾羅看太輕。古霞。

予嫂與閨友唱酬，各有佳句，嘗各舉句，如《題畫》云：「對面白雲起，繞身清澗流」，《過雷塘寶祐廢城》云：「草木荒原迥，風霜破廟寒」，《春晴》云：「圖書整頓簾櫳靜，山石玲瓏草木香」，《夜窗》云：「最喜宵分傳漏點，不愁風緊減鐙花」，《圍鑪》云：「半晌笑言何款款，大家衫袖恰依依」，《詠牡丹》云：「嬌態直宜金屋貯，新詩也合碧紗籠」，《夜雨》云：「涼氣潑香聞茉莉，繁聲驚綠醒芭蕉」，《懷月莊》云：「關心惟有夜來夢，舉首忽停天上雲」，《題高房山畫》云：「白雲濃似雪，高樹遠如山」，又云：「松連蒼靄合，鶴借白雲眠」，《春草》云：「青青二月東風裏，淺淺西湖兩岸邊」，《撲螢》云：「暫停燭外三分艷，小落風前一點青」，《冬至夜》云：「明月當頭梅影直，朔風吹面雁聲高」，《雙峯插雲》云：「半空倒罩崔巍影，兩岫齊分靉靆天」，《牡丹》云：「衫色比

〔註17〕「收」，原作「攺」，當為版刻壞字，《詠絮亭詩草》卷二《江北不養蠶因從越中取蠶種來採桑飼之得繭甚多詩以紀事》作「收」，今據改。

來皆淡薄，書香薰透更清華」，《揚州寒夜》云：「小山得雪高三寸，寒月無雲顯二分」，《登平臺》云：「微風消雪氣，遠樹帶江聲」，《晨登文選樓》云：「曉日射窗隙，輕霜描瓦痕」，《竹窗》云：「綠浮畫案濃無迹，韻入書堂暗有聲」，《秋暮》云：「蛺蝶有情還曬粉，芭蕉無力尚抽心」，《蘇堤春曉》云：「山翠乍明殘月落，柳烟初起早鶯飛」，《春林》云：「湖光掩映青遮寺，人影依稀綠上樓」，《夜坐》云：「燭影搖紅上人面，月光爭白到窗櫺」，《綠陰》云：「連成一碧渾無迹，落盡千紅尚有香」，《初冬曉起》云：「早鴉驚落月，老樹耐新霜」，《薄寒》云：「峭侵雙袂覺，輕度一窗知」，《登村樓》云：「桑葉漸舒村女意，麥苗初長老農心」，《文選樓看雨》云：「高城雲散千家雨，小院涼成八月秋」，《初夏夜》云：「風從嫩竹梢頭軟，月向新桐葉底圓」，《臘夜》云：「林北小山先積雪，窗西新月漸橫梅」，《小樓》云：「窗紙漸明知月上，鐙花自落識風生」，《竹窗》云：「清入案頭浮墨色，淨流人面洗鉛華」。